Wo der Brüllaffe zum Frühstück schreit

„Man sagt, dass Gott während der Erschaffung der Welt
zwischen zwei Meeren einen idyllischen Rückzugsort
aus Smaragden und heilsamen Quellen
für seine eigene Mittagspause versteckt hat.
Von dorther stamme ich, aus Kolumbien, einem Land,
in dem Zuversicht und Kaffee nur so sprudeln,
und von dessen Schönheit einem das Herz aufgeht…"

(Erste Zeilen des kolumbianischen Hits „Colombia es Pasion" aus dem Jahr 2006. Darin haben 15 verschiedene Interpreten gemeinsam die kulturelle und ethnische Vielfalt und Schönheit ihres Heimatlandes Kolumbien besungen.)

„Ich habe heute das Paradies gesehen."

(Eintrag im Tagebuch von Christoph Kolumbus, nachdem er 1498 die östliche Küste Venezuelas erreicht hatte und an der Mündung des Flusses Orinoco an Land ging. Es war das erste Mal, dass er und seine Mannschaft das amerikanische Festland betraten.)

„In Panama", sagte er, „ist alles viel schöner, weißt du.
Denn Panama riecht von oben bis unten nach Bananen.
Panama ist das Land unserer Träume, Tiger.
Wir müssen sofort morgen nach Panama..."

(Aus dem illustrierten Kinderbuch „Oh, wie schön ist Panama" von Horst Eckert [alias Janosch], das 1979 mit dem Deutschen Jugendbuchpreis ausgezeichnet wurde.)

Marion Fennel-Stüber

Wo der Brüllaffe zum Frühstück schreit...

Als Öko-Touristin unterwegs in Kolumbien, Venezuela und Panama

Bibliografische Information der Deutschen Nationalbibliothek
Die Deutsche Nationalbibliothek verzeichnet diese Publikation
in der Deutschen Nationalbibliografie; detaillierte bibliografische
Daten sind im Internet über http://dnb.d-nb.de abrufbar.

Copyright © 2017 Marion Fennel-Stüber

Umschlaggestaltung:
Rudolf Kinzinger / Anja Fricker-Stüber
Coverfoto: Marion Fennel-Stüber
Bilder im Text: Marion Fennel-Stüber,
(weitere Fotoquellen siehe Seite 266!)

Satz und Layout:
Rudolf Kinzinger

Der Inhalt wurde sorgfältig recherchiert, ist jedoch teilweise
der Subjektivität unterworfen und bleibt daher ohne Gewähr
für Richtigkeit, Aktualität und Vollständigkeit.

Herstellung und Verlag:
BoD - Books on Demand GmbH, Norderstedt
ISBN 978-3-7431-8160-1

Inhalt

Vorwort 7
Abreise 11
   Fluch der Technik 11
Kolumbien 19
   Aufbruch in den wilden Osten 19
   Stadt-Zeiten 59
   Natur pur im Chocó 71
   Adiós Colombia 109
Venezuela 117
   Willkommen im Land des Mangels 117
   Karibik-Flair und Hitchcock-Feeling 125
   Wo Delfine rosa sind 141
   Namensverwirrungen um Städte und Brücken 173
   Reise zum Sitz der Götter 183
   Venezolanische Problemlösungen 213
   Die hundert Farben des Meeres 221
Panamá 245
   Viel mehr als nur ein Kanal 245
Wieder in Deutschland 261
   Pannen und Diebe 261
Anhang 265
   Dank 265
   Externe Bildquellen 266
   Die Autorin 269
   Weitere Bücher der Autorin 270

Übersichtskarte (mit besuchten National-Parks *[NP]*)

Vorwort

Auf uns Menschen üben Mysterien, Rätsel und Entdeckungen ungewöhnlicher Dinge oder unbekannter Landschaften, exotische Tiere und fremde Kulturen von jeher eine Faszination aus. Unser Bedürfnis danach wurde in den verschiedenen Zeiten durch Märchen, Sagen, Legenden oder Fantasy-Romane geweckt und zugleich halbwegs gestillt. Und doch hat es nie gereicht. Noch immer lockt das Fremde, Exotische, Unwahrscheinliche und Unerklärliche.

In den Jahren 1835 und 1844 führte der deutsche Forschungsreisende und Botaniker Sir Robert Hermann Schomburgk[1] mit Hilfe der Britischen Geographischen Gesellschaft wissenschaftliche Expeditionen in Britisch-Guayana und Brasilien durch. Sein Bruder, Richard Moritz Schomburgk, begleitete ihn auf seinen Expeditionen als Schreiber. Dabei dokumentierte er auch Geschichten der Indigenen, die von unzugänglichen Hochebenen der venezolanischen Tafelberge berichteten, auf denen angeblich Fabeltiere und Monster ihr Unwesen treiben würden. Die Einheimischen selbst hatten diese Berge niemals bestiegen, und auch den beiden Schomburgks gelang es nicht, sie zu erklimmen. Von deren Expeditionsberichten war der britische Schriftsteller Sir Arthur Conan Doyle[2] dermaßen angetan, dass er sich dadurch zu seinen Roman „Die vergessene Welt" inspirieren ließ. Darin erkundet ein Professor ein geheimnisvolles Hochplateau mitten im venezolanischen Dschungel, um darauf nach Urtieren zu suchen, die sonst überall auf der Welt schon lange ausgestorben sind. Die Geschichte, die die Generation meiner Eltern noch in Buchform geradezu verschlungen haben muss, war auch für meine Generation noch ein interessanter Lesestoff.

1988 las ich das gerade erschienene Geo-Buch „Inseln in der Zeit", das mich vollkommen in seinen Bann schlug. So etwas Fremdes und Unentdecktes sollte es auf unsere Welt noch geben, die bis in den kleinsten Winkel erforscht und bekannt zu sein schien? Das würde ich für mein Leben gerne einmal sehen. Aber ich hatte damals ein Kleinkind und zudem einen Ehemann, der Reisen in solche Gebiete niemals mitgemacht hätte. Es blieb also bei dem Wunsch, von dem ich sicher war, er sei für mich ganz und gar unerfüllbar: Zu entlegen, zu heiß, politisch zu unsicher, mit zu viel Zeitaufwand und Anstrengungen verbunden, zu dies und

---

[1] **Sir Robert Hermann Schomburgk** (* 5. Juni 1804 in Freyburg/Unstrut; † 11. März 1865 in Schöneberg) war ein deutscher Forschungsreisender.

[2] **Sir Arthur Conan Doyle** (* 22. Mai 1859 in Edinburgh, Schottland; † 7. Juli 1930 in Crowborough, Sussex, England) war ein britischer Arzt und Schriftsteller. Seine bekanntesten Werke handeln von den Abenteuern von Sherlock Holmes und dessen Freund Dr. Watson.

Vorwort

zu das. 1990 drehte Steven Spielberg den Film „Jurassic Park". Das Drehbuch dazu stammte von Michael Crichton[3], der sich dazu von Conan Doyles Roman hatte inspirieren lassen. Wie schon Generationen davor, war auch die der damaligen Kinogänger fasziniert von der Geschichte. Eine wahre Dino-Manie schien die Jugendlichen überall auf der Welt erfasst zu haben. Es war die Magie des Unbekannten, des Besonderen, des Blicks in die Vergangenheit unserer Erde, die erneut die Menschen ergriffen hatte. Offenbar gibt es bei der Mehrzahl der Menschen eine Art Grundbedürfnis nach Geheimnisvollem. Etwas zu sehen, das es eigentlich seit Jahrmillionen gar nicht mehr gibt – diese Aussicht elektrisiert uns Menschen. Welche Fachgebiete eignen sich dazu besser als Geologie oder Paläontologie? Nun, die Aussicht auf noch lebende Dinosaurier gibt es nicht, aber doch auf einen Einblick in die ganz alte Geschichte unseres Planeten. Uralte Gesteine, die Hunderte von Jahrmillionen in der Tiefe verborgen waren und erst seit etwa 60 Millionen Jahren durch tektonische Prozesse nach oben gepresst, zu einem heute noch immer aufsteigenden Gebirge aufgewölbt und die durch Erosionsprozesse zu bizarren Tafelbergen modelliert worden sind – das Hochland von Guayana in Südamerika, wo auch schon die Geschichte aus Conan Doyles Roman spielt. Während alle Welt plötzlich von einer Dino-Manie erfasst wurde, entsann ich mich erneut der fantastischen Fotos in dem Buch „Inseln in der Zeit", die in der atemberaubend schönen Landschaft der venezolanischen Gran Sabana entstanden waren. So habe ich auch nie den Wunsch ganz begraben, einmal in meinem Leben die Tafelberge Venezuelas – dort Tepuis genannt – aufzusuchen. An diesen Wunsch wurde ich im Jahr 1991 ein weiteres Mal erinnert. Da sah ich im Fernsehen eine Reportage mit dem Namen „Inseln über dem Regenwald" (der Serie „Terra X"), die von einer Expedition zu den Tepuis handelte. Und zugleich erhärtete sich meine Befürchtung, eine Reise dorthin sei dermaßen hammerhart und schwierig, dass ich sie niemals würde machen können. Aber sag niemals „nie"! Die Gründe, die mich früher zurückgehalten haben, gibt es für mich inzwischen nämlich nicht mehr. Meine Tochter ist heute erwachsen und selbst eine begeisterte Reisende, mein Mann, der niemals nach Venezuela reisen wollte, hat mich vor ein paar Jahren verlassen, ist inzwischen verstorben, und ich bin im Ruhestand, habe also Zeit für lange Reisen. Wer oder was kann mich jetzt noch von dieser Unternehmung abhalten? Nachdem ich in den letzten Jahren als Alleinreisende schon andere touristisch kaum erschlossene Gegenden Südamerikas bereist habe, ist die Zeit endlich auch reif für eine Reise zu den Tepuis. Nur sind die Presseberichte über Venezuela ausgerechnet momentan besonders ungünstig. Von Reisen nach Venezuela, die nicht aus irgendwelchen Gründen absolut notwendig sind, wird sogar dringend abgeraten. Mir läuft aber die Zeit davon. Ich

---

[3] **John Michael Crichton** (* 23. Oktober 1942 in Chicago, Illinois; † 4. November 2008 in Los Angeles) war ein US-amerikanischer Schriftsteller, Drehbuchautor und Regisseur.

Vorwort

kann aus Altersgründen nicht mehr lange warten, wenn ich so ein Gebiet kennenlernen und bereisen möchte. Noch bin ich fit genug dazu, also mache ich die Reise jetzt oder nie, auch wenn der Zeitpunkt mit dem der Wirtschaftskrise in Venezuela zusammenfällt. Wie reist man unter solchen Umständen? Ganz alleine zu planen und alles zu organisieren erscheint mir in so komplizierten Zeiten zu unsicher. Daher habe ich einen lokalen Reiseveranstalter kontaktiert. Vor Ort lebend, weiß er, was momentan möglich und erforderlich ist. Er hat außer diesem Ziel noch andere im Angebot, die man nach eigenen Wünschen und Vorstellungen miteinander kombinieren kann. Eines davon ist die fast ebenso unbekannte und entlegene Dschungel-Region des Orinoco-Deltas. Ich habe auch schon einmal zu Fuß eine Treckingtour am Amazonas gemacht. Dabei bin ich körperlich an meine Grenzen gekommen. Den Orinoco kann man hingegen im Delta nur per Boot bereisen, das erscheint mir für meine physische Verfassung eine etwas einfachere Art des Herumkommens zu sein. Nun habe ich mich also für einen reinen Natururlaub mit Tepuis und dem Orinoco entschieden, da fällt die Wahl auf weitere Stationen nicht mehr schwer. Den schönsten Fluss der Welt[4] und die unberührte Traumküste des Chocó[5] am Pazifischen Ozean, in dem die Buckelwale ihre Jungen gebären und aufziehen, wollte ich bereits seit Jahren kennenlernen. Beides liegt in Kolumbien und dort in Gebieten, die bisher politisch als äußerst unsicher galten. Seit 2012 laufen jedoch zwischen den verfeindeten Lagern der Regierung und der FARC[6] intensive Friedensverhandlungen, die gerade zur Zeit meiner Reise vor dem Abschluss stehen. Nie erschien der Moment günstiger als gerade jetzt,

---

[4] Der **Caño Cristales** ist ein Fluss im Departamento del Meta in Kolumbien, der im Nationalpark Serranía de la Macarena, einer Bergkette, entspringt und in den Guayabero mündet. Wegen seiner Farbenvielfalt von Juli bis November wird er als „Fünf-Farben-Fluss" oder als „Flüssiger Regenbogen" bezeichnet.

[5] Das **Departamento del Chocó** ist ein Departamento im Nordwesten Kolumbiens. Es grenzt im Westen an den Pazifik und an Panama und im Norden an den Atlantik.

[6] **F**uerzas **A**rmadas **R**evolucionarias de **C**olombia (Revolutionäre Streitkräfte Kolumbiens); Es handelt sich um größte und aktivste Guerillaorganisation Lateinamerikas, die sich selbst als marxistisch bezeichnet. Ursprünglich wollte die FARC die große soziale Ungleichheit und Ungerechtigkeit insbesondere in den ländlichen Regionen Kolumbiens abschaffen. Seit 1964 wurde dieser Kampf mit Waffen ausgetragen, deren Finanzierung aus Drogenhandel sowie Geiselnahmen und Lösegelderpressungen erfolgte. Zunehmend gerieten die ursprünglichen Ziele, die für eine größere Gerechtigkeit innerhalb der kolumbianischen Bevölkerung sorgen sollten, in den Hintergrund. Immer wieder wurden auch Unbeteiligte und Zivilisten zum Ziel gewalttätiger Aktionen. Während des langen Konflikts kamen in Kolumbien rund 220.000 Menschen ums Leben, von denen über 80% Zivilisten waren. Zudem wurden innerhalb des eigenen Landes rund 6 Millionen Menschen (13% der Bevölkerung) aus ihren Heimatgebieten vertrieben. Seit 2012 verhandeln FARC und die kolumbianische Regierung um Bedingungen für einen Waffenstillstand und Friedensvertrag. In einem nicht bindenden Referendum lehnte am 2. Oktober 2016 eine knappe Mehrheit von 50,22 % der Kolumbianer den Friedensvertrag zunächst ab, da er ihnen in einigen Details zu weit ging. Wegen seiner Friedensbemühungen erhielt der kolumbianische Präsident Santos 2016 den Friedensnobelpreis. Nach dem Scheitern des Referendums werden die Verhandlungen weiter fortgesetzt.

wo alle Parteien auf Frieden hoffen. Da steht dort sicher auch das Reisen unter einem guten Stern. Zwischen diese Hauptziele meiner Reise lege ich noch ein paar andere Ziele in Venezuela, die aus verschiedenen Gründen für mich als Biologin besonders interessant sind – die Guácharohöhle, den Mochima-Nationalpark, und als Abschlussgebiet meiner Reise entscheide ich mich für die Los Roques-Inseln, wo ich noch ein paar Tage einfach nur relaxen und tauchen will. Ein Urlaub der Highlights für einen Naturliebhaber, ganz ohne Schickimicki, in landestypischen Unterkünften ohne Luxus und daher auch bezahlbar für mich. Das Einzige, was weder preisgünstig, noch „Öko" an der Reise ist, sind die Flüge zwischen den einzelnen Zielen. Aber anders sind sie nun einmal nicht miteinander zu verbinden.

Vorbereitung ist der erste Teil einer gelungenen Reise.

Ab März beginne ich zu planen und Nicky, mein lokaler Reiseanbieter in Venezuela, „zimmert" mir im Laufe der nächsten fünf Monate eine tolle Route zusammen, bei der auch wirklich alles stimmt. Am Ende wird die „Reise meines Lebens" daraus. Dorthin möchte ich meine Leserinnen und Leser nun noch einmal mitnehmen.

Abreise

Fluch der Technik

„Schon wieder nach Kolumbien? Wird das nicht irgendwann mal langweilig?", fragt mich eine Freundin, als ich ihr von meinen Reiseplänen berichte. Auch dass ich dieses Mal Regionen aufsuchen möchte, die ich noch nicht kenne, kann sie nicht nachvollziehen. „Was, in den Chocó? Das kann doch nicht dein Ernst sein! Darüber habe ich unlängst etwas in der Zeitung gelesen. Da soll es momentan drunter und drüber gehen. Das ist doch viel zu riskant. Was? Auch noch in die Serranía de Macarena? Hast du nicht in deinem eigenen Buch schon darüber geschrieben, wie unsicher das Reisen, ja allein sogar schon das Ankommen, in dieser FARC-Hochburg sein soll? Und dass du danach auch noch nach Venezuela weiterziehen willst, halte ich für geradezu selbstmörderisch. Sogar Lufthansa fliegt dort jetzt nicht mehr hin. Warum dann ausgerechnet du? Willst du dein Schicksal unbedingt herausfordern? Liegt dir nichts mehr am Leben?" So hat mich schon lange keiner mehr runtergeputzt. Als hätte ich mir alle diese Gedanken nicht auch schon gemacht. Aber wohin kann man in diesem Jahr überhaupt noch reisen? Es häufen sich die Schreckensmeldungen über Terroranschläge und Selbstmordattentate nicht nur irgendwo weit entfernt in der Welt, sondern sogar bei uns mitten in Europa.

In Kolumbien hingegen habe ich bereits auf meiner letzten Reise vor vier Jahren an allen Ecken das Bedürfnis nach Frieden erkennen können und mich immer sehr sicher gefühlt. Seitdem hat der Staat zusammen mit Vertretern der FARC im nahe gelegenen Kuba in den letzten Jahren ein Friedensabkommen erarbeitet, das mehr als ein halbes Jahrhundert Bürgerkriegszeit[7] beenden soll. In der Zeit, in der ich dort sein werde, soll dieser Vertrag durch eine Volksabstimmung gültig werden – ein historischer Moment. Beide Seiten werden Zugeständnisse machen

---

[7] Beteiligte Parteien des über 50 Jahre anhaltenden Bürgerkriegs in Kolumbien sind die kolumbianische Polizei, die Streitkräfte, der (2011 aufgelöste) Inlandsgeheimdienst DAS (Departamento Administrativo de Seguridad), die Guerillagruppen FARC (Fuerzas Armadas Revolucionarias de Colombia) und ELN (Ejército de Liberación Nacional) sowie bis ca. 2006 auch die AUC (Autodefensas Unidas de Colombia), ein Dachverband paramilitärischer Gruppierungen unterschiedlichen Ursprungs. Die Drogenmafia ist keine eigenständige Konfliktpartei, sondern mit einer oder mehreren dieser Parteien verbündet, da sich Guerilleros und Paramilitärs seit Anfang der 1980er-Jahre verstärkt durch den Anbau und Verkauf von Drogen – insbesondere Kokain – finanzieren.

Abreise

müssen, die allerdings einem Großteil der Bevölkerung zu weit gehen, weshalb die Friedensvereinbarung in dieser vorliegenden Form auch Ende September 2016 erst einmal abgelehnt wurde. Zum Zeitpunkt meiner Reiseplanung ist eine solche Entwicklung zwar noch nicht abzusehen, aber unabhängig vom Ausgang des Referendums ist bereits davon auszugehen, dass die Kolumbianer Frieden wollen – so oder eben anders in einem weiteren Anlauf. Ich sehe das für meine Reise nicht als ein Problem an, sondern eher als einen Grund, erneut dorthin zu reisen. Viel mehr sehe ich ein Problem in meinem Alter, denn so eine Reise sollte man sich nur vornehmen, wenn man körperlich einigermaßen fit ist, um sie genießen zu können.

Wenn mich nur nicht alle Freunde und Bekannte ständig mit schlechten Nachrichten über beide Länder geradezu bombardieren würden! Dabei lese ich dieselben Berichte ebenfalls. Ich bin bestens informiert und gewappnet. Und nein, Angst habe ich trotzdem keine. Stattdessen war ich noch nie vor einer großen Urlaubsreise so ruhig. „Das einzige, was mich beunruhigt, ist, dass ich so ruhig bin!", sage ich zu meiner Freundin und lache über mein Wortspiel. „Ach, ich kenne dich doch. Das kommt noch", sagt sie. Wenn sie mir schon die Reise nicht ausreden kann, dann hofft sie vielleicht, dass ich selbst aus lauter Angst im letzten Moment noch abspringe. Doch wie könnte ich von so einer Reise noch abspringen wollen? Ich habe mir meine Ziele mit viel Herzblut gewählt. Das sind Orte, die ich schon immer einmal kennenlernen wollte. Klar, dass es nicht einfach sein wird, dorthin zu gelangen. Neben dem Hinflug nach Kolumbien, dem Transfer nach Venezuela und von dort weiter nach Panamá und am Ende dem Rückflug nach Deutschland liegen 10 Charter-Flüge mit kleinen und kleinsten Maschinen. Fliegen ist oft die einzige Möglichkeit, überhaupt zu den ausgesuchten Zielen zu kommen. Diese Flüge und Aufenthalte zu koordinieren, zu organisieren und zu planen, war enorm aufwendig. Ich habe mir daher Hilfe geholt – allein war das nicht zu schaffen. Wenn ich es dennoch hätte tun wollen, wäre es zudem garantiert teurer geworden, und ich hätte zudem sicher Fehler gemacht. Reiseplanung soll, so meine ich, auch schon eine Art Vorurlaub sein und nicht in Stress ausarten.

Auch am Morgen der Abreise bin ich noch immer unverhältnismäßig ruhig. Die Prognose meiner Freundin hat sich bis jetzt noch nicht bewahrheitet. Ein wesentlicher Grund dafür besteht darin, dass das Packen einfach ist, da es an meinen Zielen nirgends auf schicke Kleidung ankommt. Überall ist es warm, beziehungsweise heiß, ich brauche also auch keine dicken Sachen außer einem Pulli für die Zugfahrt von Frankfurt nach Basel. Noch nie habe ich so wenig eingepackt. Ich habe einen großen Koffer, dessen Gewicht sogar vier Kilogramm unter dem zu-

Fluch der Technik

lässigen Höchstgewicht liegt. Mein Handgepäckkoffer ist fast leer. Er enthält in erster Linie meine Dokumente und Voucher sowie zwei Rucksäcke. Da ich an vier Urlaubszielen nur insgesamt 10 Kilogramm Gepäck mitführen darf, werde ich vor jeder Etappe umpacken müssen. Dann wird der große Koffer irgendwo deponiert – auch das ist bereits organisiert – der Handgepäckkoffer mutiert zum „normalen" Koffer, der eine Rucksack zum Handgepäck und der kleine, absolut wasserdichte kommt im Koffer mit.

Die Frage der Schuhe ist auch sehr einfach zu lösen: Ich reise in Wanderschuhen und nehme Treckingsandalen und noch dazu ein Paar normale Sandalen mit – fertig. Für die Touren mit leichtem Gepäck habe ich kleine, leichte Fläschchen und Tiegel dabei, die ich vor jeder Etappe wieder auffüllen kann. Dann wiegt auch der Kulturbeutel wenig. Wenn doch noch irgendetwas fehlt, kann ich das in Medellín vor dem Weiterflug nach Venezuela kaufen. Dort herrscht gerade, wie man überall lesen kann, Mangel an fast allem – soweit es mich betreffen könnte, sind das Nahrung, Kosmetika und Medikamente. Also schön alles dorthin mitnehmen, besser zu viel als zu wenig. Was übrig bleibt, kann ich ja am Ende verschenken. Ich kaufe deshalb in Medellín, wie wohl fast alle anderen Venezuela-Reisenden, erst mal Klopapier ein. Eine gute Idee, wie sich herausstellen wird, da in dem sozialistischen Staat während meiner Reise ein akuter Klopapier-Notstand herrscht.

Ganz entspannt sitze ich am Abflugmorgen beim Frühstück und löse noch das Kreuzworträtsel in der Tageszeitung. Mein bester Freund wird in meiner Abwesenheit Haus, Post, Garten und Hund versorgen. Er wird mich jetzt gleich mit dem Auto zum Badischen Bahnhof nach Basel bringen. Von dort aus fahre ich mit dem Intercity nach Frankfurt zum Flughafen. Koffer und Handkoffer stehen neben dem Esstisch und sind bereits per Nummerncode verschlossen. Mein Blick fällt auf die Hülle mit allen Vouchern an meinem Essplatz – die habe ich ja noch gar nicht eingepackt! Also Handkoffer schnell noch mal öffnen. Es geht nicht. Nochmal Code eingeben. Ohne Erfolg. Und nochmal – gleiches Ergebnis. Es geht nicht. Und jetzt, nach Wochen der Ruhe vor dem Abflug, werde ich total hektisch, geradezu panisch. Ich kann mein Handgepäck nicht öffnen! Selbst wenn es jetzt doch noch irgendwie gehen sollte (was es aber nicht tut), scheint doch etwas Wesentliches daran kaputt zu sein. Wer weiß, wie oft ich dann das gleiche Problem noch unterwegs bekomme? Irgendwie kann man den Code ändern und neu eingeben. Ich war sogar so schlau, mir die Beschreibung dafür einzupacken – sie ist im Koffer drin. In dem, den ich ja nicht öffnen kann, und somit unerreichbar unter diesen Umständen. Die Zeit läuft mir davon. In zehn Minuten muss ich los zum Bahnhof. Also in Hektik vom Dachboden einen anderen Handkoffer holen –

ein altes, schwereres Modell, das auch kein Schloss hat, und daher unterwegs nicht verschlossen werden kann. Aber wie kann ich nun den Handkoffer, in dem sich die Sachen jetzt noch befinden, öffnen, um sie herauszunehmen und dann in den anderen Koffer umzupacken? Ich hetze in den Keller zu meinem Werkzeugraum. Dort habe ich zwei Werkzeugkoffer, deren Inhalt im Laufe der Jahre nach dem Auszug meines Exmannes und nach diversen nie zurückgegebenen Ausleihen an andere Leute sehr reduziert wurde. Hoffentlich ist wenigstens in einem davon ein Werkzeug, das in diesem speziellen Fall hilft. Sicherheitshalber hole ich aus der Küche auch noch mein Zwillings-Küchenwunder – die Allzweckschere. Die beiden Werkzeugkoffer stehen jetzt neben beiden Reisekoffern, einer Fototasche und einer Handtasche um den Esstisch herum. Das Zimmer gleicht nun einer Gepäckdeponie, und mir bricht von der ganzen Hektik der Schweiß aus. Zum Glück kommt gerade mein Freund vom Gassigehen mit unseren drei Hunden heim. Mit allem, was uns zur Verfügung steht, öffnen wir das Schloss. Tatsächlich nur das Schloss – der Reißverschluss bleibt bei der Aktion funktionsfähig. „Jetzt kannst du die Sachen im alten Koffer lassen. Der andere geht ja auch nicht zu verschließen. Das dürfte aber kein Problem sein – das Handgepäck hast du doch ohnedies immer bei dir", meint mein Freund. Das ist jedoch falsch, da die Funktion des Koffers sich während der Kleingepäck-Etappen immer wieder ändern wird. Dieses Problem muss ich unterwegs noch irgendwie lösen. Vielleicht gibt es ja an irgendeinem der vielen angesteuerten Flughäfen einen Gurt und ein Zahlenschloss zu kaufen. Ich verschiebe notgedrungen die Lösung des Problems auf spätere Zeiten. Schon vorweggenommen: Einen solchen Gurt bekommt man auf keinem Flughafen, und bis ich zwei Wochen später in Medellín in einem Laden so einen Gurt entdecke, habe ich zwei der vier Touren schon gemacht – da sehe ich dann auch keine Notwendigkeit mehr für einen Kauf, denn im Charterflugzeug hat man das Nicht-Handgepäck während des Fluges ständig im Blick, da es im Gang und auf den leeren Sitzen verteilt wird.

Mit nur fünf Minuten Verspätung fahren wir in Richtung Basel mitten im Berufsverkehr und über die deutsch-schweizerische Landesgrenze. Zum Glück gibt es nirgends einen Stau. Dafür ist am Bahnhof mal wieder kein Parkplatz frei. Man kann nicht alles haben. Kaum ausgestiegen, weiß ich, wie schwer mein Gepäck wirklich ist. Foto- und Handtasche hänge ich mir jeweils um den Hals und über eine Schulter. Dadurch kann ich die Arme nicht mehr richtig an den Körper anlegen. Rechts und links ziehe ich einen Koffer hinter mir her. Zum Glück war ich schon vorgestern auf dem Bahnhof. Da habe ich mir mein reserviertes Ticket am Automaten gezogen, das erst frühestens 72 Stunden vor Zugabfahrt abgeholt werden kann. Ein paar Tage zuvor war ich schon mal hier und habe mir für Hin- und Rückfahrt Sitzplätze reserviert. Wie schön war das noch im vorelektroni-

Fluch der Technik

schen Zeitalter! Da hat man das in einem Schwung bei einem Schalterbeamten persönlich erledigt. Und da der ja „vom Fach" war, hat er es auch unter Garantie richtig gemacht. Ich tue mich mit Automaten aller Art immer schwer, ebenso wie mit Betriebsanleitungen. Hinzu kommt, dass ich dafür jedes Mal erst meine Lesebrille aus der Handtasche herausholen und anschließend wieder verstauen muss. Klingt einfach, ist es aber nicht. Wer Frauentaschen von innen kennt, weiß, dass so etwas immer mit erheblichem Wühlaufwand verbunden ist. Und da ist auch noch das Handy, meine wichtigste Verbindung nach Hause während der nächsten fünf Wochen. Ich habe mir wegen der Schwierigkeiten bei meinen früheren Kolumbienreisen dieses Jahr ein teures Smartphone gekauft, das – zumindest laut Verkäufer – sogar von Südamerika aus nach Europa einsatzfähig ist. Das alte konnte nämlich nicht ins kolumbianische Netz hinein. Kontakte zu meiner Tochter waren immer unglaublich kompliziert, selten und stets über drei Ecken. Während ich ja immer wusste, dass es mir gut geht, hat sie daheim Blut geschwitzt nach dem Motto: „Mama beim Trecken im Regenwald, keine Meldung. Was ist los? Lebt sie überhaupt noch?" Nun also die Luxuslösung. So luxuriös, dass mir eben dieses Smartphone auch gleich eine Woche nach Erwerb bei einem Festival in meinem Wohnort aus meiner offenstehenden Handtasche geklaut wird. Zum Glück kommt der von der Versicherung gezahlte Ersatz gerade noch rechtzeitig. Nun habe ich aber Angst, es könne mir erneut gestohlen werden. Da hilft es nur, immer die Tasche verschlossen zu halten. Lästig, wenn man schnell mal die Lesebrille braucht. Tasche auf, suchen, Etui rausholen, Brille benutzen, Etui wieder verstauen – an sich keine große Aktion, aber mit zwei Rollenkoffern im Schlepptau und einer um den Hals hängenden Fototasche sieht das dann doch wieder anders aus. Zudem habe ich das Gefühl, gedrängt zu werden, wenn hinter mir Leute in der Schlange am selben Automat warten. Wenn man einmal verstanden hat, wie so ein Automat funktioniert, weiß man es fürs nächste Mal. Dann sollte es schneller gehen. Sollte! Leider ist es dann auf dem Rückweg von Frankfurt nach Basel eben doch nicht so, aber das beschreibe ich jetzt noch nicht, sondern erst später. Jedenfalls ist das Erlebnis nicht dazu geeignet, mein Vertrauen in die Technik zu fördern. Ich werde wohl weiterhin mit solchen Automaten auf Kriegsfuß leben.

Als notorischer Bahn-Muffel gefällt mir der Gedanke, mit schwerem Gepäck hier unterwegs sein zu müssen, ganz und gar nicht. Es gibt zwar ein Rollband von der Unterführung zum Bahnsteig hoch, aber man hat mir erzählt, das sei auch oft kaputt. Wie soll ich dann nur meinen schweren Koffer hoch zum Bahnsteig schleppen? Aber zum Glück funktioniert das Rollband heute reibungslos. Oben versuche ich herauszufinden, wo denn der Wagen mit meinem reservierten Sitzplatz halten wird. Learning by doing finde ich heraus, dass es Anzeigetafeln gibt,

Abreise

auf denen die Reihenfolge der Wagen für jeden Zug angegeben ist, und da vor mir ein offensichtlich Bahnkundiger nach seinem Wagen schaut, erkenne ich auch, dass am oberen Tafelrand Buchstaben stehen – dieselben wie sie auch auf dem Bahnsteig in regelmäßigen Abständen angebracht sind. Man muss dann nur unten auf der Anzeigetafel bei seinem Zug die Wagennummer finden und mit den Augen nach oben gehen, dann weiß man, bei welchem Buchstaben der Wagen zum Stehen kommt. Aber entweder bin ich beim Zug in die falsche Reihe gerutscht, sie haben die Wagen dann doch anders hintereinander gehängt oder der Zug hält zu weit vorne. Jedenfalls stehe ich zwei Wagen zu weit hinten und muss, beladen wie ein Packesel, zum richtigen Wagen hetzen. Ich nehme an, es ist nicht mein Fehler, denn auch die anderen um mich herum rennen mit ihren Rollenkoffern alle in dieselbe Richtung und fluchen wie die Rohrspatzen. Man weiß ja, dass der Zug nicht wartet, sondern – zumindest theoretisch – pünktlich nach sehr kurzem Aufenthalt im Bahnhof wieder losfährt. Man muss sich also immer sehr beeilen. Nichts von wegen Eile mit Weile. Hetze mit Koffern trifft es eher.

Endlich habe ich es geschafft, das Gepäck in den Zug zu heben und in der Nähe meines Platzes zu verstauen. Puh, was für eine Hektik und was für eine elende Knochenarbeit. Wieviel schöner ist es da doch, am Flughafen einzuchecken und den Rest mit leichtem Gepäck zu erledigen! Ich hätte auch von Basel nach Frankfurt fliegen können. Aber so günstig wie ein AiRail-Ticket ist eben keine andere Lösung. Und mit einer Billigfluglinie müsste ich in Frankfurt erst auschecken, um danach bei Lufthansa wieder einzuchecken. In der gleichen Zeit kann ich auch mit der Bahn fahren und dabei noch Geld sparen. Die Reise ist so schon teuer genug. In Frankfurt habe ich laut Fahrplan eine ganze Stunde Zeit vom Bahnsteig bis zum Check-In. Ich halte das für großzügig bemessen. Was ich aber außer Acht gelassen habe, sind die inzwischen legendären Verspätungen der Bahn. Zwar sind wir in Basel pünktlich abgefahren, aber bereits etwa eine halbe Stunde später stehen wir in einem Tunnel. Eine Oberleitung ist defekt. Der Schaden wird erst nach etwa 35 Minuten behoben. Wenn jetzt noch etwas dazwischenkommt, wird es eng mit dem Einchecken. Auch so wird der Aufenthalt auf dem Flughafen schon ziemlich stressig. Endlich am Check-In angekommen, muss ich mir erst selbst eine Bordkarte ausdrucken. Wieder Technik, ein Automat, noch dazu ein mir unbekannter, mit einer Schlange Leuten davor. Lesebrille aufsetzen, zwei Koffer, Handtasche und Fototasche um mich herum drapieren, und dabei noch von der Rennerei vom Bahnsteig hoch zum Airport ziemlich außer Puste, mache ich mich notgedrungen ans Werk. Das mit dem Selbst-Ausdrucken gab es bei meiner letzten Kolumbienreise noch nicht. Die Technik hilft ganz sicher dem Personal bzw. es hilft, mit weniger Personal auszukommen. Mir selbst hilft sie eher nicht. Auch die zwei jungen Männer direkt neben mir mühen sich frustriert mit ihrem Automaten ab. Als sie nach drei Fehlversuchen endlich erfolgreich sind, bitte ich sie einfach um Hilfe mit dem Argument: „Nachdem Sie jetzt wissen wie es geht, könnten Sie mir da kurz noch behilflich sein?" Wenn sogar Junge Schwierigkeiten haben, so meine ich, muss man sich als Alte auch nicht schämen, etwas nicht kapiert zu haben. Schon gar nicht unter Zeitdruck, denn, Bundesbahn sei Dank, bin ich nun tatsächlich auf dem letzten Drücker.

Frankfurter Flughafen

Ich stehe als nächstes eine lange Schlange bei der Passkontrolle durch, wie alle anderen vor und hinter mir es ebenfalls tun. Der Passbeamte schaut mich mürrisch an und meckert los: „Warum haben Sie nicht die elektronische Passkontrolle gewählt? Damit ersparen Sie uns viel Arbeit." Wie? Was? Elektronisch geht auch? Wo? Und warum soll ausgerechnet ich das machen? Die anderen Leute vor und hinter mir haben es ja auch nicht getan. Mit denen schimpft keiner, nur mich hat es erwischt. Ich hebe schon zu einer überflüssigen Rechtfertigung an: „Ich habe es nicht so mit der Technik, wissen Sie. Ich bin von der Generation 60 Plus." Humor hat er wohl keinen, Toleranz schon erst recht nicht. Und was Freundlichkeit ist, ist ihm sicher gänzlich unbekannt. So schaut er mich kurz abschätzend an und meint: „Das würde ja sogar meine Oma noch kapieren." „Schön für Ihre Oma", sage ich nur. Den Rest verkneife ich mir. Soll der Mann sich doch freuen, dass er Arbeit hat und sein Platz nicht schon von einem Automaten ersetzt wurde. Der wäre auch nicht so pampig. Was soll's? Ich wünsche dem Muffelkopp noch

Abreise

zuckersüß einen schönen Tag. Ein Aushängeschild für die Freundlichkeit des Frankfurter Bodenpersonals ist er jedenfalls ganz sicher nicht.

Einchecken auf dem Frankfurter Flughafen

Flug über die Andenketten

Kolumbien

Aufbruch in den wilden Osten

Anflug über die Llanos

Bereits eine dreiviertel Stunde später ist das Flugzeug in der Luft. Ich bin jetzt in Urlaub und tatsächlich wieder auf dem Weg nach Kolumbien. Meine kolumbianischen Freunde sind gerade selbst auf Reisen, ich kann sie also daher nicht besuchen oder mir unterwegs Rat und Hilfe von ihnen einholen. Ersteres ist schade, letzteres eigentlich auch gar nicht mehr nötig. Ich kenne mich inzwischen mit den kolumbianischen Gepflogenheiten gut aus, verstehe die Sprache, kenne den Flughafen Bogotá gut und – Luxus – ich werde sogar von einem Mitarbeiter einer lokalen Reiseagentur abgeholt und zu meinem Hotel in der Innenstadt gebracht. Es gibt folglich keinen Grund zu irgendwelcher Unruhe. Ja, wenn ich nicht so ein Schussel wäre, würde das wohl so sein. Aber kaum angekommen in Bogotá, werde ich nach längerem Schlange-Stehen am ersten Schalter nach meiner ausgefüllten Zolldeklaration gefragt. So eine habe ich aber gar nicht. Die Stewardess hat die Formulare dafür wohl ausgeteilt, während ich gerade auf der Toilette war. Und jetzt? Wieder zurück gegen den Strom, die ganze Zickzacklinie durch mit meinem Gepäck. Verflixt noch mal! Ich finde endlich auch einen Stand mit Formularen. Jetzt wieder das ganze Gerödel: Gepäck im Auge behalten, Do-

Kolumbien

kumente erst mal zurück in die Handtasche, Lesebrille raus... Wo ist die Lesebrille? Das gibt es doch gar nicht! Sie ist unauffindbar. „Bleib ganz ruhig, Marion. Wo hast du sie denn zum letzten Mal gehabt? Im Flugzeug! Sie ist immer noch im Netz vor meinem Sitz! Und jetzt?" Ohne Brille geht nichts. Es hilft nichts, ich muss mit allem Gepäck im Schweinsgalopp wieder zurück zum Flugzeug eilen. Hoffentlich steht das noch am selben Gate. Ich renne durch Gänge, die normalerweise Einbahnstraßen sind – vom Flieger zum Ausgang. Nun also verkehrt herum. Wo, zum Teufel, bin ich denn jetzt so genau hergekommen? Zum Glück kommt mir gerade die Stewardess entgegen, die mich während des Fluges betreut hat. Sie übergibt mich einem kolumbianischen bewaffneten Soldaten, der bringt mich zu einem Mann vom Bodenpersonal, der ebenfalls bewaffnet ist. Bewaffnete machen mich immer nervös. Das kenne ich ja aus Deutschland nicht. Er sieht so aus, als traue er mir nicht so recht, also spreche ich nun zum ersten Mal nach langer Zeit wieder Spanisch und erkläre ihm mehr schlecht als recht die Sachlage: Las Gaffas (die Brille) vergessen. Jetzt lacht er und legt einen Zahn zu. Gaffas braucht man – er weiß es, ist selbst Brillenträger. Ins Flugzeug rein darf ich aus Sicherheitsgründen dann doch nicht mehr, aber vier hilfsbereite Leute, darunter auch der Pilot, suchen und finden die Brille. Heureka! Jetzt schnell wieder zurück zum Formulare-Stand, Formular ausfüllen, Lesebrille verstauen, Ticket und Pass wieder aus der Tasche rausholen und zum zweiten Mal ab in die Schlange beim Einwanderungsschalter. Ein Glück, dass mir das Dokument noch gefehlt hat, sonst hätte ich das Fehlen der Brille zu spät gemerkt, um sie noch zurück zu bekommen. Als ich die Formalitäten erledigt habe, beginnt gerade erst die Gepäckausgabe, die aus irgendwelchen Gründen heute besonders lange auf sich hat warten lassen. Ich habe also wenigstens unterm Strich keine Zeit verloren, nur habe ich sie in großer Unruhe und Hektik verbracht. Das hätte ich einfacher haben können. Meine Ankünfte in Bogotá sind bislang immer von irgendwelchen unerwarteten und einigermaßen chaotischen Begebenheiten begleitet gewesen. Liegt das an Bogotá oder an mir? Wie auch immer, jetzt ist alles in Ordnung. Ich sehe am Ausgang gleich meinen lokalen Betreuer, Andreas, einen Deutschen, der seit 25 Jahren in Kolumbien lebt und Mitarbeiter einer Agentur ist, die mit der meines eigenen Anbieters zusammenarbeitet. Er hat ein Schild mit meinem Namen dabei, ist also nicht zu verfehlen. Er holt das Taxi heran, bringt mich zu meinem hübschen kleinen Hotel in der historischen Innenstadt und verabredet sich mit mir für den nächsten Morgen um 6.30 Uhr. Da müssen wir nämlich schon wieder los zum Flughafen. Dann allerdings muss ich bereits zum ersten Mal reduziertes Gepäck mitbringen, deshalb muss ich heute Abend noch umpacken. Der große Koffer verbleibt für die nächsten vier Tage im Hotel und nach der Macarena-Tour schlafe ich zwei weitere Nächte hier. Im Zimmer geht gleich die große Pack-Aktion los. Noch habe ich darin keine Routine, daher ist alles ziemlich kompliziert. Außer-

Aufbruch in den wilden Osten

dem bin ich müde – in Deutschland wäre jetzt schon sechs Uhr morgens – und ich bin auch hungrig. Dagegen hilft ein Sandwich, das mir der Nachtportier bringt. Als ich alles fertig gepackt habe, will ich den Koffer wiegen. Dafür habe ich mir eine für die Reise neu gekaufte Kofferwage mitgebracht. Aber man kann sie nach Gebrauch nicht einfach wieder ausstellen. Als Mensch, der mit anderer Technik groß geworden ist, ahne ich nicht, dass die Waage nach einiger Zeit ganz von allein ausgeht. Stattdessen habe ich einfach die Batterie herausgenommen und gesondert in die Verpackung gelegt. Nun ist sie plötzlich verschollen, es gibt daher jetzt doch keine Waagebenutzung. Und das gleich vor der ersten Tour. Am nächsten Morgen, unmittelbar vor Verlassen des Zimmers, kontrolliere ich nochmal, ob ich alles dabei habe. Ich schlage die Bettdecke um und – plumps – fällt mir die Batterie entgegen. Wenigstens habe ich jetzt für die nächsten Touren doch noch eine funktionierende Waage.

Frühstück gibt es im Hotel erst ab 7.00 Uhr, aber der Portier hat mir ein Päckchen mit Sandwich, Getränk und Obst hingelegt und Kaffee, Coca-Tee und Schwarztee gibt es rund um die Uhr in der Lobby aus Warmhaltekannen. Also frühstücke ich im Taxi auf dem Weg zum Flughafen und trinke meinen Kaffee aus dem noch vor der Abfahrt im Hotel gefüllten Plastikbecher. Am Airport geht es nun zu einem mir bis dahin unbekannten Teil des großen Geländes, da ich ja einen Charterflug habe. Ich besitze auch noch gar kein Ticket. Das macht mich nervös, denn, soviel ich weiß, muss man zum Fliegen immer ein Flugticket haben. „Nein", sagt Andreas. „Das ist schon richtig so." Tatsächlich muss ich am Schalter nur den Pass zeigen, dann wird auf einer Liste mein Name abgehakt, Señora Marion, und das war das Check-In. Der Koffer wird noch nicht einmal gewogen.

Bevor sich Andreas verabschiedet, bitte ich ihn, mir noch beim Geldziehen am Automaten behilflich zu sein. Ich habe nämlich mit kolumbianischen Cajeros (Geldautomaten) meine ganz speziellen Erfahrungen gemacht. Mal funktionieren sie, mal funktionieren sie nicht. Und was zum Teufel muss man da wieder eingeben? War es ahorro oder credito? Das habe ich noch nie wirklich begriffen und mir daher auch nicht gemerkt. Ich bin dringend darauf angewiesen, dass ich noch vor Antritt meiner Reise in die Serranía de la Macarena Geld ziehen kann, denn ich habe versehentlich gar kein Bargeld zum Tauschen in den Urlaub mitgebracht. Tatsächlich bin ich ganz ohne Geldscheine von Basel mit der Bahn nach Frankfurt gefahren und danach von Frankfurt mit dem Flugzeug nach Bogotá geflogen. Die Euroscheine liegen irgendwo daheim, wo ich sie mir vor der Reise noch gerichtet und dann vergessen habe. Zum Glück habe ich sie bis jetzt auch nicht gebraucht. Nun muss ich mich also unbedingt am Automaten mit kolumbianischen Pesos eindecken. Und tatsächlich: Es klappt.

An meinem Gate sind mehrere Flüge angeschrieben, einer davon nach La Macarena. Es ist bereits Boarding-Zeit. Ich gehe deshalb auch gleich vor zum Schalter. „Nein, das ist nicht ihr Flug", sagt die Dame dahinter. Ihre Kollegin ruft derweil die Macarena-Reisenden auf. Warum nicht mich? Ich verstehe es nicht und frage nochmal nach. Erfahre etwas von Problemas, einem anderen Flugzeug und dass man mich aufrufen würde. Ich solle einfach sitzen bleiben und warten. Ich bin zum Glück nicht allein mit diesem Problem. Auch ein paar andere Reisende sehen ziemlich verunsichert aus. Die Mehrzahl der anderen Macarena-Reisenden ist inzwischen bereits dem Boarding-Aufruf gefolgt und schon nach draußen verschwunden. Sie wurden offenbar nach anderen Kriterien durchgelassen. Nur nach welchen? So eine Situation macht nervös. Zusammen mit mir sind es acht Personen, die vor dem Schalter unruhig auf- und ablaufen wie die Tiger im Zwinger. Etwa 20 Minuten später werden acht Namen aufgerufen, darunter endlich auch meiner. Wir eilen zum Gate und raus zu einem Bus. Darinnen sitzen und stehen bereits alle Leute, die zuvor schon aufgerufen worden sind. Nun sind also doch wieder alle beieinander. Die Frage, was das eben sollte, steht den meisten ins Gesicht geschrieben, manche lassen sich auch darüber belustigt aus. Aber, anders als es wohl in Europa der Fall wäre, schimpft keiner ernsthaft. Der Bus fährt eine wirklich lange Strecke bis zu einem kleinen Gebäude. Während der Fahrt kommt ein Flughafen-Bediensteter mit der Passagierliste durch den Bus und fragt jeden nach seiner Nummer, um sie dann auf seiner Liste abzuhaken. Nur was ist das für eine Nummer? Alle außer mir leiern eine etwa 15-stellige Zahlenfolge aus dem Kopf herunter. Als er mich fragt, bin ich völlig ratlos. Was, zum Teufel, will der eigentlich jetzt wissen? Irgendetwas, das wie „celular" klingt, zu Deutsch Handy. Meine Telefonnummer? Wozu das denn? Die weiß ich auch noch immer nicht auswendig und bekomme schon richtiggehend Stress. Wie und wo finde ich jetzt stehend im Bus, der über Bodenwellen und um Kurven fährt, meine Handynummer heraus? Die Frau neben mir zeigt mir jetzt ihre Identitätskarte. „Cedula, cedula", sagt sie. So lernt man neue Vokabeln: Cedula heißt Ausweis. Also Handy wieder in die Tasche packen, Lesebrille raus, Pass suchen. Applaus der Mitreisenden um mich herum. Peinlich? Oder einfach lustig? Ich entscheide mich für Letzteres. Ich erfahre, dass jeder in Kolumbien seine ID-Karten-Nummer auswendig kennt, weil man sie so oft nennen muss. „Mich hat in Europa noch nie einer nach meiner Ausweisnummer gefragt. Andere Länder, andere Sitten", sage ich. Jetzt staunen die anderen. Es gibt Länder, in denen man seine Ausweisnummer nicht auswendig kennt. Das ist nun ihrerseits für sie kaum vorstellbar. Nach dem Aussteigen aus dem Bus betreten wir eine kleine Wartehalle in einer Art umge-

Aufbruch in den wilden Osten

bauten Container und werden dort mit Gratis-Kaffee empfangen. Handgepäckkontrolle erfolgt durch ausgiebigen Schnüffeltest mehrerer Drogenhunde, die von bewaffneten Soldaten um die Rucksäcke herum geführt werden. Dann geht es lange Zeit nicht weiter. Eine zweite Runde Kaffee kommt, zudem wird jetzt auch zusätzlich noch Tee angeboten. Das ist zwar wirklich nett, aber eigentlich sind wir ja nicht zur Kaffee- und Teepause, sondern zum Abflug hier versammelt. Draußen schüttet es inzwischen wie aus Eimern. Wahrscheinlich wollen sie das Unwetter abwarten. Nach ungefähr einer halben Stunde fährt ein Auto mit etwa 30 Leih-Schirmen vor. Aha, es geht wohl jetzt irgendwann in absehbarer Zeit zu Fuß zum Flugzeug. Bald darauf erfolgt erneut ein namentlicher Aufruf, und wieder sind acht Namen nicht dabei, darunter auch mal wieder meiner. Keiner weiß, was das soll, das freundliche Bodenpersonal ebenso wenig wie die Passagiere. „Wir lesen nur vor, wer auf der Liste steht. Mehr wissen wir auch nicht." antworten sie auf unsere Frage. Wir bleiben notgedrungen sitzen und kommen untereinander ins Gespräch. Es herrsche wohl unterwegs gerade ein Unwetter, sagt ein Soldat zur Erklärung. Aber warum durften die anderen dann schon los? Das wäre ja dann doch auch für sie gefährlich. Nein, erfahren wir von einer der Frauen vom Bodenpersonal, nicht das Wetter sei der Grund, sondern die Tatsache, dass es zwei verschiedene Flugzeuge gäbe. Ein größeres für die anderen Leute und ein ganz kleines für uns. Eine Maschine, in der alle zusammen Platz gefunden hätten, sei heute nicht verfügbar gewesen. Hätte man uns das nicht gleich sagen können? Zu meiner großen, freudigen Überraschung höre jetzt neben mir zwei Leute Deutsch sprechen und drehe mich zu ihnen um. Es ist, wie ich später erfahre, eine Mutter mit ihrem erwachsenen Sohn. Sie ist Deutsche und arbeitet in Kolumbien, er ist Halbkolumbianer, wohnt in Deutschland und ist momentan auf Südamerika-Trip. Die beiden schickt der Himmel. Sie sind mir auf Anhieb sympathisch und sie sprechen die Landessprache fließend, im Gegensatz zu mir. Wenn sogar sie nicht verstehen, was hier los ist, liegt es wenigstens nicht an meinen Sprachfähigkeiten. Ich habe immer Angst, Fehler zu machen, weil ich etwas nicht verstanden habe und dass ich deshalb am Ende vielleicht mein Flugzeug verpasse. „Das kann doch fast nicht passieren", sagt die Deutsche, „so oft, wie die einen dann noch persönlich ausrufen." „Naja, niemandem außer mir", sagt lachend ihr Sohn. Ihm sei es nämlich erst bei seinem letzten Flug gerade vorgestern so gegangen. Da habe er in Lima so rechtzeitig eingecheckt, dass er meinte, jede Zeit der Welt zu haben. Auf die diversen Aufrufe hat er gar nicht geachtet. Sein Flugzeug samt Gepäck war dann irgendwann weg, und er hatte danach einige Probleme zu lösen, bis er in Bogotá eintraf und wieder mit seinem Gepäck zusammengekommen ist. Schön, wenn solche Dinge auch jungen Leuten mal passieren, dann ist es doch zumindest keine Alterserscheinung. Ich erzähle von meinem Brillen-Erlebnis am Vorabend. Pannen verbinden! Endlich kommt unser kleines Flugzeug – das kleinste, in dem ich bisher in meinem Leben gesessen habe. Hier feiern wir erst einmal Wiedersehen mit unserem beim Check-In aufgegebenen Koffern. Sie liegen einfach auf den hinteren Sitzen. Ich stelle meinen Rucksack noch dazu, denn es gibt keine Gepäckklappen über den Sitzen. Gegen die lauten Motorengeräusche bekommen wir Ohrenstöpsel in die Hand gedrückt. Und ab geht es in Richtung Osten über die zentrale und die östliche Kordillere, eine kurze Strecke über die Llanos, die von den Anden nach Osten konstant abfallenden Ebenen. Dann überqueren wir die Serranía de la Macarena, ein uraltes separates Gebirge, das in vieler Hinsicht ganz anders als die nahen und wesentlich jüngeren Anden ist. Es entstand bereits vor mindestens 1,2 Milliarden Jahren als Verlängerung des Guayana-Schildes zwischen Venezuela, Guayana und Brasilien, dem westlichen Teil der riesigen Landmasse des Superkontinents Gondwana, der vor 180 Millionen Jahren begann, sich in die heutigen Kontinente aufzuteilen. Hier liegt ein Teil des ältesten Südamerikas nur zirka 40 Kilometer entfernt von seinem jüngsten Gebirge, den Anden. Auch betreffs Flora und Fauna ist das Macarena-Gebirge ein einzigartiges Gebiet mit vielen endemischen[8] Arten, von denen viele noch gar nicht beschrieben sind. Es ist daher also in vieler Hinsicht ein biologisches Neuland für Forscher und Naturkundler. Das hat auch mit der jahrzehntelangen Unsicherheitslage dieser Region zu tun. Hier in der Provinz Meta liegt der „wilde Osten" Kolumbiens, der bis vor kurzem noch eine FARC-Hochburg war, wo es andere Regeln und Gesetze gab als anderswo, weshalb vom Bereisen dieser Region dringend abgeraten wurde. Erst allmählich öffnet sich die Macarena-Region dem Tourismus. Selbst Kolumbianer zögern noch, hierher eine Reise zu unternehmen. Dabei hat das Gebiet enorm viel und sogar auf der Welt Einzigartiges zu bieten.

Am Südrand dieses Gebirges liegt der gleichnamige Ort La Macarena, wo wir landen werden. „Wo wohnst du denn in La Macarena?" Tja, wo? Ich habe bei der Umpackaktion meinen Voucher im falschen Koffer gelassen, und der steht jetzt im Hotel in Bogotá. Also habe ich keine Ahnung, wie das Hotel heißt. Schon wieder habe ich etwas in den Sand gesetzt! Hoffentlich kommt mich jemand abholen, der es weiß. Sonst habe ich wohl ein Problem.

Zu Fuß geht man nach der Landung vom Flugzeug zum Ausgang des winzig kleinen Flughafens. Kontrollen gibt es keine mehr. Dafür wimmelt es im Ort von Soldaten, da sich der Flughafen in unmittelbarer Nachbarschaft zu einem bedeutenden Armeestützpunkt befindet. Auf der Straße steht ein junger Mann, wie sich herausstellt, ein Guía (Führer), der auf seine Gruppe wartet. Ist er auch für mich zuständig, oder kommt für mich noch ein anderer Betreuer? Es ist aber sonst niemand hier, schon gar nicht mit einem Schild, auf dem mein Name steht. Nachdem

---

[8] Ausschließlich in einem begrenzten Gebiet vorkommend.

Aufbruch in den wilden Osten

ich das einmal so erlebt habe, bin ich davon ausgegangen, es würde sich an allen Stationen so wiederholen. Aber nein! Das war wohl nur der Luxusservice eines internationalen Großflughafens. Also was passiert jetzt mit mir? Zum Glück sind auch noch die beiden Deutschen dabei, die mich bei der Klärung meines Problems unterstützen. Als der Betreuer losgehen will, halten sie ihn auf. „Da ist noch eine deutsche Señora, die nicht weiß, was sie machen soll." Als erstes fragt der Guía, welches Hotel ich denn gebucht habe. Seine Leute seien alle im Hotel Cascada untergebracht. Wieder muss ich gestehen, den Voucher vergessen zu haben. Vom Namen meines Hotels habe ich keine Ahnung. Peinlich. Aber der Guía schaut jetzt auf einer Liste nach, auf der auch tatsächlich eine Señora Marion steht. Schön! Ich bleibe also mit den netten Deutschen zusammen. Sie werden allerdings zwei Tage vor mir schon weiterreisen. Ein fröhliches und sehr angenehmes kolumbianisches junges Pärchen ist auch noch dabei. Wir fünf gehen gemeinsam zu Fuß vom Flughafen zum Hotel, nachdem mit einem Pferdewagen unser Gepäck vom Flugzeug zur Straße gebracht worden ist. Autos gibt es hier nur sehr wenige. Wohin sollten die bei den spärlich vorkommenden Straßenverbindungen auch fahren? La Macarena ist eine Art Siedlungsinsel, umgeben von natürlichen Feuchtsavannen und Viehweiden. Die wenigen Straßen sind für europäische Verhältnisse eher Pisten. Es gibt kaum noch andere Ortschaften, eigentlich nur Einzelgehöfte. Dafür braucht man kein ausgebautes Straßennetz. Wo keine Straßen sind, gibt es auch nur wenige Autos. Die wenigen von ihnen sind vorwiegend Transporter. Entweder transportieren sie Waren oder Touristen.

Fluggepäck-Transport

Kolumbien

Unser Guía heißt Sergio. Er sagt, wir sollen ganz schnell unsere Zimmer beziehen und dann gleich wieder in die Lobby zurückkommen, da wir dann gemeinsam zum Mittagessen gehen müssen. In meinem Fall ist das etwas komplizierter. Obwohl wir mit großer Verspätung hier eingetroffen sind, ist nämlich mein Zimmer noch gar nicht frei. Warum passieren solche Dinge eigentlich bevorzugt mir? Egal – ich muss mich zur Tour umziehen. Das darf ich in einem anderen Zimmer machen, das gerade frei geworden ist. Dann wird der Koffer an der Lobby deponiert, und schon geht es los mit dem Macarena-Programm. Zuerst also das Mittagessen. Unser Hotel hat aber keine eigene Küche und keinen Speisesaal, gegessen wird folglich immer außer Haus. Vollpension heißt hier nur, dass man drei Mahlzeiten am Tag bekommt. Nicht, wo diese eingenommen werden. Der Gerechtigkeit und Abwechslung halber ist das auch nicht immer im gleichen Restaurant der Fall. So können gleich mehrere Unternehmen am Tourismus verdienen. Da der Ort so klein ist, ist keines der Restaurants weit von der Unterkunft entfernt. Nach dem schnellen und recht guten Essen geht es erst einmal mit einem Kleinbus in das Gebäude der Naturparkverwaltung. Dort bekommen wir zunächst einen Vortrag über den gesamten Naturpark Serranía de la Macarena gehalten. Wir werden allerdings nur denjenigen Teil besuchen, in dem der Caño Cristales liegt, von dem man sagt, er sei der schönste Fluss der Welt. Ein Caño, so erfahren wir bei dieser Gelegenheit, ist ein Fluss, der nur maximal etwa 100 Kilometer Länge aufweist. Von denen gibt es hier gleich mehrere. Sie werden fast ausschließlich direkt vom Regenwasser gespeist und ihre Wasserführung richtet sich daher ganz stark nach dem aktuellen Wetter. An manchen Tagen sollen sie so voller Wasser sein, dass man dort nicht wandern kann. Hoffentlich ist das morgen nicht der Fall, wenn wir dorthin wollen. Alle Caños der Region entwässern zum Río Guayabero, einem breiten, sehr wasserreichen Fluss, der im weiteren Verlauf mit dem Fluss Ariari zusammenfließt und schließlich den Río Guaviare bildet, der in östlicher Richtung am Südrand der Serranía de la Macarena vorbeifließt und schließlich in den Orinoco mündet. Hier also bin ich zum ersten Mal im Einzugsgebiet des mächtigen Orinoco, den ich auf dieser Reise noch näher kennenlernen und sehr oft sehen werde. Das Hochland von Guayana, der „große Bruder" der Serranía de la Macarena, ist nicht nur Quellgebiet des Orinocos, sondern es ist zugleich für die von den Anden herabführenden Flüsse ein unüberwindbares Hindernis. Daher fließen sie alle noch vor diesem Gebirge in den Orinoco, der die enormen gesammelten Wassermengen dann am Guayana-Hochland vorbei zum Atlantischen Ozean weiterträgt. Die Andenflüsse, die südlich des Guayana-Hochlandes nach Osten fließen, entwässern zum Amazonas hin. Zwischen den beiden Flusssystemen gibt es über die Wasserscheide hinweg sogar eine Verbindung, die

Aufbruch in den wilden Osten

von Alexander von Humboldt[9] gefundene Bifurkation[10] des Flusses Casiquiare. Wenn man an Kolumbien denkt, hat man meistens ein Andenland vor Augen, aber etwa ein Drittel des Landes befindet sich östlich des Hochgebirges in den Ebenen von Orinoco und Amazonas. Hier im „wilden Osten" findet man in natur- und kulturräumlicher Hinsicht ein ganz anderes Kolumbien als im restlichen Land vor. Auch die Menschen in der Macarena-Region und den darum liegenden Savannenlandschaften der Llanos sind traditionell stärker auf Venezuela als auf Kolumbien ausgerichtet. Ein Besuch in der Macarena-Region ist daher für mich in mehrfacher Hinsicht eine Art Vorgeschmack auf meine zweite Urlaubshälfte im Nachbarland Venezuela. Dort wird mir der Begriff Caño wieder häufig begegnen, denn so heißen auch die vielen Flussabschnitte und Mündungsarme des Orinocos.

Schnittpunkt verschiedener Großlandschaften

---

[9] **Alexander von Humboldt** (* 14. September 1769 in Berlin; † 6. Mai 1859 ebenda) war ein deutscher Naturforscher mit weit über Europa hinausreichendem Wirkungsfeld, der insbesondere in Asien sowie Nord- und Südamerika auf mehrjährigen Forschungsreisen wissenschaftliche Feldstudien betrieb und in Lateinamerika immer noch als zweiter Entdecker verehrt wird.

[10] **Bifurkation** (von lat. *Furca* „die Gabel") ist eine Verzweigung eines fließenden Gewässers derart, dass sein Wasser in zwei unterschiedliche Flusssysteme abfließt. An der weltweit bedeutendsten Flussbifurkation zweigt der Brazo Casiquiare je nach Wasserstand 10 bis 30 % des Wassers vom oberen Orinoco zum Rio Negro und damit zum Amazonas-System ab.

Für den Besuch der Caños im Naturschutzgebiet gibt es klare Regeln und Auflagen, die unbedingt eingehalten werden müssen, wenn das hier herrschende ökologische Gleichgewicht nicht gestört werden soll, von dem nicht nur die Natur selbst, sondern auch die Zukunft des Tourismus in diesem weltweit einzigartigen Gebiet abhängt. Nachdem unsere Gruppe noch einen zusammenfassenden, sehr informativen Film über den Naturpark gesehen hat, bekommen alle ein Bändchen um das Handgelenk gebunden, das erst am letzten Tag entfernt werden darf und ohne das man an den Kontrollstellen nicht durchgelassen wird. Die Zahl der täglichen Besucher ist streng reglementiert und liegt, soviel ich verstanden habe, bei maximal 80 Personen. Sonnenschutzmittel oder Repellents gegen Insekten dürfen nicht verwendet werden, damit die ausschließlich hier vorkommenden Wasserpflanzen, die Macarenia clavigera (aus der Familie der Podostemaceae), keinen Schaden nehmen. Nach der Regenzeit – in der Zeit zwischen Juli und November – färben sich diese sonst grünen Pflanzen an den von Sonne beschienenen Stellen leuchtend rot. Dann nennt man den Caño Cristales hier „Flüssiger Regenbogen". Tief dunkle und auch ganz helle Gesteine am Boden und Ufer des Flusses, unterschiedliche Wassertiefen, Algen, Moose, Sand und die Spiegelung des blauen Himmels sorgen darüber hinaus für ein unglaubliches Farbspektakel in allen Schattierungen.

Für den Rest des Ankunftstages war eigentlich eine größere Tour zum Caño Cristalito geplant, dem kleinen Bruder des berühmten Caño Cristales. Durch unsere sehr verspätete Ankunft hat jedoch Sergio das Programm umstellen müssen, und wir fahren mit dem Kleinbus vom Gebäude der Naturparkverwaltung weiter zum Caño Piedras. Man kommt dort nämlich schneller hin als zu den anderen Caños, die es hier in der Nähe zu besichtigen gibt, weil eine halbwegs ordentliche Straße bis ganz in die Nähe führt. Durch eine wellige Hügellandschaft geht es vom Ort La Macarena aus in westliche Richtung hinauf bis auf eine Bergkuppe, von der aus man einen großartigen 360°-Rundumblick hat. Unmittelbar vor unseren Augen treffen die Großlandschaften der dunkelgrünen Urwälder von Amazonien mit den lichteren Wäldern und Savannen von Orinokien, den sogenannten Llanos, zusammen. Im Hintergrund, noch hinter den Ausläufern der hohen Tafelberge der Serranía de la Macarena, mehr zu erahnen als zu sehen, liegen die Anden, die dritte Großlandschaft. An diesem Schnittpunkt der Landschaftseinheiten ist vom Klima über die Fauna zur Flora vieles anders als im übrigen Kolumbien. Sogar der Himmel sieht hier anders aus. Man hat das Gefühl, unter einer riesigen Kuppel zu stehen, die ein ganz besonderes Licht auf die Landschaft fallen lässt. Diese besteht, vor allem in südlicher Richtung, aus vielen einzelnen Hügeln, und man bekommt unweigerlich das Gefühl, auf einem riesigen Golfplatz zu stehen. Hier hätte ich gerne viel mehr Zeit und dann auch noch ein Pferd unter mir. Es muss ein fantastisches Reitgelände sein. Wenn man nicht das Limit mit den 10 Kilogramm Gepäck hätte, könnte man hier sicher locker mindestens zwei Wochen lang einen abwechslungsreichen Urlaub verbringen.

Einheimische bei der Piscina am Caño Piedras

Nach ausgiebigem Fotostopp geht es im Auto weiter bis fast ganz hinunter zum Fluss, an dem wir zu Fuß entlang und auch an seichten Stellen mittendurch gehen. Das Wasser ist kristallklar wie ein Spiegel. Was für ein traumhaft schönes Gebiet! Schon hier kommen die für das Gebiet typischen, roten Wasserpflanzen vor. Kaum vorstellbar, dass es morgen am Caño Cristales noch schöner und bunter werden soll! Singvögel zwitschern, Tukane und Papageien krächzen und schreien, Brüllaffen überbieten einander an Lautstärke und auch Kapuzineraffen stimmen in den Chor mit ein. Ansonsten herrscht absolute Ruhe. In einer wannenartigen großen Vertiefung, genannt La Piscina (das Schwimmbad), haben sich Leute zum Baden niedergelassen. Sie stammen aus dem Ort und begehen hier ihr Wochenende. Ihre Autos waren uns schon am Straßenrand aufgefallen. Als wir nach etwa anderthalb Stunden von unserem Rundweg zurückkommen, sind sie bereits gegangen, und wir sind jetzt „dran": Eine Stunde baden in kristallklarem Wasser, das hier türkisblau aussieht wie ein Schwimmbecken. Dann fahren wir über den Aussichtspunkt, den Mirador, wieder in Richtung Ort zurück. Die Sonne geht gerade unter. Nun also auch von oben her alle Rottöne der Farbpalette und eine gute Begründung für einen weiteren ausgiebigen Genuss- und Fotostopp.

Kolumbien

Sonnenuntergang über den Llanos

Im Hotel ist inzwischen mein Zimmer für mich gerichtet worden, und sie haben sogar den Koffer schon hochgebracht. Den packe ich jetzt erst einmal aus. Viele Möglichkeiten habe ich da nicht, denn alle Zimmer sind hier sehr klein. Das heißt, das zum Glück breite Bett steht immer in der Ecke und die zwei noch freien Zimmerseiten bieten jeweils nur etwa 70 Zentimeter Platz, den man aber als Durchgang zum kleinen Bad braucht. Einen Schrank gibt es nicht, auch keinen Nachttisch oder eine Nachttischlampe. Nur eine Stange an der Wand mit ein paar Bügeln darauf ist vorhanden. Man merkt, dass man hier zu einhundert Prozent auf Gäste mit minimalem Gepäck für maximal fünf Tage Aufenthalt eingestellt ist. Was soll's? Ich habe als Alleinreisende ja die zweite Betthälfte als Ablage und ohnehin nur wenig Gepäck dabei. Wahrscheinlich bekommt das Hotel in Zukunft mal Probleme, wenn die Touristen auch andere Ziele in der Macarena-Region als nur den Caño Cristales ansteuern und dazu ihre Aufenthalte verlängern wollen. Doch das muss mich zum Glück nicht kümmern. Jetzt will ich erst mal duschen. Kalt, weil es keinen Warmwasserhahn gibt. Ich stehe in der Wanne – kein Wasser kommt. Wieder anziehen, an die Lobby gehen und reklamieren. Zu viert reparieren wir anschließend den Duschkopf. Drei Personen sind jetzt nass – nur ich nicht, die einzige Person, die ja eigentlich nass werden wollte. Ein guter Grund zum Lachen, zumindest für mich.

Aufbruch in den wilden Osten

Die Straße vor meinem Hotel

Unsere nun schon bewährte Fünfergruppe geht eine Stunde später gemeinsam gut gelaunt zum Abendessen ins nächste Restaurant. Alle bestellen Süßwasserfisch aus dem großen Fluss Guayabero, an dessen rechtem Ufer der Ort La Macarena liegt. Danach unternehmen wir zusammen einen Verdauungsspaziergang durch den quirligen, kleinen Ort. Die wichtigste Freizeitbeschäftigung der Bevölkerung scheint das Billardspielen zu sein. Überall sieht man Lokale mit mehreren Billardtischen, zu unterscheiden nur an der lauten Musik, die dort jeweils gespielt wird. Eine bunte Mischung südamerikanischer Rhythmen und ein Kontrastprogramm zur absoluten Ruhe im Caño. Hier herrscht ein Geräuschpegel wie auf dem Rummelplatz, allerdings nicht allzu lange, denn in La Macarena geht man früh ins Bett. Schließlich beginnt der Tag hier gleich im Morgengrauen und das für alle – die Touristen und diejenigen, die von den Touristen leben. Desayuno (Frühstück) gibt es bereits um 6.00 Uhr. Ich mutiere in diesem Urlaub, wenn das so weitergeht, wohl noch zur Frühaufsteherin. Als Sergio uns abholt, bringt er auch schon unsere Lunchpakete mit. Den Inhalt erkennt man nicht, dafür aber den exotischen Ort, an dem wir uns befinden. Die Verpackung besteht nämlich aus Bananenblättern. Sie ist natürlich abbaubar, falls einer auf die Idee kommen sollte, den Müll unterwegs zu entsorgen, denn auf Umweltschutz und Müllvermeidung wird hier allergrößten Wert gelegt. Im Laufe der Stunden im warmen Rucksack nimmt leider alles einen einheitlichen Blättergeschmack an, den ich nicht gerade prickelnd finde. Alles schmeckt ähnlich: Gemüse, Kartoffeln, Reis und Hähnchenfleisch. Aber schmackhaft zu essen ist ja auch nicht Ziel dieses Tages, sondern eine Tour in den Naturpark Caño Cristales.

Gemeinsam gehen wir ein kurzes Stück durch den Ort und hinunter zur Anlegestelle am Río Guayabero und steigen ins Motorboot ein. Wir sind nicht die einzige Gruppe mit dem einzigen Boot. Allerdings sind wir eine der ersten Gruppen, die heute Morgen einsteigt und abfährt. Schon die Fahrt auf dem hier etwa 150 Meter breiten Fluss ist ein wunderschönes Naturerlebnis. Nach etwa 20 Minuten Bootsfahrt kommen wir an einer weiteren Landestelle an. Sie sieht allerdings ganz und gar nicht so aus, wie man sich das als Europäer vorstellt, vielleicht mit einer Treppe und eventuell sogar einem Geländer, sondern hier gibt es tiefen, feuchten Matsch und sonst nichts. Noch dazu steil ansteigend. Reihenweise liegen Leute erst mal im Dreck auf dem Bauch und haben dann für den Rest des begonnenen Tages die entsprechende Patina; ich kann mich zum Glück gerade noch im Sturz fangen und bleibe – zumindest vorerst – sauber.

Cocasträucher

Aufbruch in den wilden Osten

Transportmittel am Guayabero

Anlegestelle zur Caño-Cristales-Tour

Es stehen mehrere Jeeps mit Allrad herum, die die Gruppen von hier aus weiter bis zum Eingang des Parks fahren werden. Die Straße, besser gesagt, die

Schlamm- und Schlaglochpiste, der wir folgen und dabei im Auto kräftig durchgeschüttelt werden, ist, so erzählt uns Sergio, eine vor Jahrzehnten von der FARC illegal errichtete Straße. Sie führt ein paar Kilometer weit ins Land hinein und trifft dann auf eine in südöstlicher Richtung zum Guayabero zurückführende andere Straße. Wobei der Begriff Straße himmelhoch übertrieben ist. Es ist mehr eine Art Piste. Entlang und in Nähe dieser Straßen wurden laut Internetangaben noch vor kurzer Zeit ca. 45 Quadratkilometer Land mit Coca bepflanzt. Am 4. August 2006 begann der kolumbianische Staat, diese Cocafelder mit Hilfe von Flugzeugen im Rahmen des heute sehr umstrittenen „Plan Colombia"[11] mit dem umweltgefährdenden Unkrautvernichtungsmittel Glyphosat zu besprühen. Und das unmittelbar neben einem Naturpark! Inzwischen sollen über 80% der ehemaligen Cocafelder vernichtet sein. Die FARC-Straße führt über das Naturschutzgebiet und den Caño Cristales hinweg. Allerdings ist sie nur eine kurze Strecke lang mit dem Jeep befahrbar. Ab dem Parkeingang sind Motorfahrzeuge aller Art verboten. Aber, so erfahren wir, es leben noch immer ein paar Familien entlang der Straße, die dort Wohnrecht haben. Für sie gelten andere Regeln. Sie leben im Naturpark und fahren, wie überall in Kolumbien zu sehen, meistens mit dem Motorrad. Bisweilen kommen welche an uns vorbei oder uns entgegen. Andere sind zu Pferd, wieder andere zu Fuß unterwegs und wenn ein Jeep noch Plätze frei hat, ist es ganz selbstverständlich, dass man die Fußgänger ein Stückweit mitnimmt, zumal diese meistens auch schwer beladen sind.

Am Parkeingang gibt es einen Kiosk, wo man vor der Wanderung noch etwas trinken oder essen kann. Auch ein Toilettenhäuschen ist vorhanden. Zudem könnte man sich mit Regencapes versorgen. Nein – die Sonne scheint, keine Wolke ist am Himmel. Ein Cape werde ich heute ganz sicher nicht kaufen! Ich erstehe stattdessen einen Liter Wasser, den ich gleich in meine gestern Abend noch gekaufte Plastiktrinkflasche umfülle. PET-Flaschen sind im Park nicht erlaubt. Man fürchtet mit gutem Grund, dass sie sonst nach der Benutzung von manchen Touristen einfach im Gelände „entsorgt" werden könnten. Auch am Kiosk gibt es daher diese Trinkflaschen zu kaufen. Vor Betreten des Parks erfolgt die namentliche Meldung bei den Mitarbeitern der Parkverwaltung und das Abhaken auf der Besucherliste. Sogar eine Rucksackkontrolle durch einen der zahlreichen hier stehenden Soldaten findet statt. Dann wird auf unseren Armbändchen eine Markierung vorgenommen. Sie wird mit dem großen Plan abgeglichen, auf dem alle Namen der Touristen von La Macarena stehen, die heute durch den Park geführt werden.

---

[11] **„Plan Colombia"** – ein seit 1999 bestehendes Programm der kolumbianischen Regierung, das die Armee legitimiert, für polizeiliche Zwecke aktiv zu werden. Offiziell ist der Plan auf den sogenannten „Krieg gegen Drogen" ausgerichtet. Er gilt als Teil eines durch die USA entwickelten, strategischen Sicherheitskonzepts für den amerikanischen Kontinent.

So ist nun klar, wo sich wer mit wem befindet. Wenn am Ende wider Erwarten jemand fehlen sollte, kann man dann im richtigen Gebiet nach ihm suchen. Noch einmal erfolgt die Aufforderung, unbedingt immer beieinander zu bleiben, die vorgegebenen Routen nicht zu verlassen und stets in Nähe des eigenen Guía zu bleiben. Es zeigt, dass nicht nur der Naturpark vor den Besuchern geschützt werden muss, sondern man sich auch Sorgen um die Sicherheit der Gäste macht. Die ist hier, im bis in jüngste Vergangenheit heiß umkämpften FARC-Gebiet, noch lange keine Selbstverständlichkeit. Erst als wir alle Anweisungen und Warnungen gehört haben, dürfen wir auf der FARC-Straße zu Fuß weitergehen.

Soldaten in La Macarena

Seit 2012 führt die FARC mit der Regierung Friedensgespräche. Übergriffe auf Zivilisten sind daher zum Zeitpunkt meines Aufenthaltes eher unwahrscheinlich, da sie im Widerspruch zu den auch von den Rebellen angestrebten Verhandlungszielen stünden. Das ist für mich der Grund, aus dem ich mich entschieden habe, diese Tour jetzt einfach einmal zu wagen. Doch man spürt die noch schwelende Unsicherheit recht intensiv. Wie schon im Ort La Macarena sind hier an allen Sammelpunkten oder Kiosken und zudem entlang der alten FARC-Straße Soldaten anzutreffen. Es sieht nur so aus, als hätten sie nichts zu tun als einfach hier herumzustehen, sich zu unterhalten und unendliche Langeweile zu schieben, aber wenn man Bescheid weiß, ist klar, dass sie jederzeit mit dem Schlimmsten rechnen und dann schnell handeln müssen. Es wäre für den jungen Tourismus und das Image der Region, aber auch für die hier lebenden Menschen, eine Katastrophe, wenn sich ein gewaltsamer Zwischenfall ereignen würde. Bis vor wenigen Jahren gab es im Macarena-Gebiet regelmäßige Gefechte zwischen FARC und Regierungstruppen und vor Reisen hierher wurde eindringlich gewarnt. Am Flughafen steht heute ein riesiges Werbebanner, das einen hochgerüsteten Soldaten neben dem Caño Cristales zeigt. Für Ausländer steckt darin eher ein Widerspruch – Armee im Naturparadies schreckt mehr ab, als dass es zum Wohlfühlen beiträgt. Kolumbianer hingegen beruhigt es: Hier kann man heute reisen, zu Fuß trecken, im Fluss und unter Wasserfällen baden – die Armee passt auf. Aber kann man den Soldaten ihrerseits immer trauen? Die Bevölkerung hat auch schlechte Erfahrungen mit der Armee gemacht. 2010 wurde nahe der Ortschaft La Macarena das wahrscheinlich größte Massengrab in Lateinamerika gefunden. Es stellte sich heraus, dass die Armee im Jahre 2005 hier etwa 2.000 Tote anonym beerdigt haben soll, laut Militärangaben tote Guerilleros, die im Kampf getötet worden seien. Aber wieso dann diese Heimlichkeiten? In Kolumbien kennt man den Begriff „Falsos positivos", darunter versteht man durch getötete Zivilisten „blutig geschönte" Statistiken. Menschenrechtsorganisationen nennen als Gründe dafür den Druck, der von den USA ausgeübt wird, die Resultate im Kampf gegen die FARC sehen wollen, aber vor allem die von der Regierung an die Soldaten gezahlten Kopfgelder für getötete Rebellen.

Wer als Tourist hier wandert, meint, in einem Paradies angekommen zu sein. Es ist schwer vorstellbar, durch welche düsteren Vorkommnisse und Unrechtshandlungen die Bevölkerung hier jahrzehntelang drangsaliert wurde. Aber man wird dieser Tage immer wieder Zeuge von Gesprächen, bei denen es um das Referendum geht, in dem über die Art und Weise abgestimmt werden wird, ob und wie der Frieden zwischen Rebellen und Regierung zustande kommen soll. Die Dinge, die ich dabei zu hören bekomme, sind grauenvoll. Eine Frau im Ort erzählt von einem Massaker, bei dem sie einen großen Teil ihrer Familie, darunter drei ihrer Kinder, verloren hat. Nein, sagt sie, auch wenn die Rebellen ihre Bereitschaft zum Frieden noch so laut bekunden, glaubt sie ihnen nicht. Ihnen nicht und dem Staat genauso wenig. Sie ist den ewigen Krieg und die Gewalt so unendlich leid. Hoffnung hat sie schon lange keine mehr. Sie hat Angst um die Zukunft ihrer Enkelkinder. Während sie berichtet, scheint die Sonne, die Vögel singen, die Blumen duften – größer kann ein Gegensatz gar nicht mehr sein: Traumhafte Naturbedingungen und vom Menschen geschaffene Alpträume! Alle hier hoffen und bangen, dass der angestrebte Frieden, unabhängig vom Ausgang des Referendums, in naher Zukunft zustande kommt und danach auch erhalten bleibt und nicht am Ende nur ein kurzes Zeitfenster zwischen den Kriegszeiten gewesen sein wird. Für den jungen, aufstrebenden Tourismus der Region ist Frieden eine grundsätzliche Bedingung. Und das nicht nur wegen des Caño Cristales, sondern noch wegen vieler anderer toller Stellen und Treckingmöglichkeiten in der Serranía de la Macarena zu weiteren Naturspektakeln innerhalb der etwa 130 Kilometer langen und nur 30 Kilometer breiten Bergkette. Archäologisch oder völkerkundlich Interessierte können zudem interessante und rätselhafte präkolumbische[12] Piktogramme[13] und Petroglyphen[14] besichtigen. Geografen und Landschaftsliebhaber genießen Tafelberge und bizarre Abbrüche, tief eingeschnittene Täler und bis zu 2.000 Meter hohe Tafelberge. Sie sind die Reste des uralten Kontinentalkernes aus der Entstehungszeit des südamerikanischen Kontinents. Um die nötigen Infrastrukturen zu schaffen, damit man als Tourist zu weiteren Stellen des über 100.000 Hektar großen Naturparks gelangen kann, der zudem von der UNESCO zu einem biologischen Reservat der Menschheit erklärt wurde, ist der Frieden die wichtigste Voraussetzung. Nur wie man ihn erreichen und dann auch noch dauerhaft erhalten will, ist nicht wirklich klar. Es gibt heute ein Pilotprogramm, genannt PCIM (Plan de Consolidación Integral de La Macarena), bei dem es sich um eine Strategie zur Wiedergewinnung des Territoriums und Schaffung fortdauernder Sicherheit durch staatliche Sicherheitskräfte handelt.

Die FARC-Straße

Von Seiten der kolumbianischen Zivilgesellschaft und Menschenrechts-Organisationen wird er vor allem wegen der starken militärischen Komponente sehr

---

[12] Aus der Zeit vor der Entdeckung Amerikas durch Christoph Kolumbus im Jahr 1492. Der Begriff wird oft verwechselt mit präkolumbianisch, was vor der Bildung des Landes Kolumbien bedeutet.

[13] Stilisierte Darstellung in Form von Bildsymbolen.

[14] In Stein gravierte, geschabte oder gepickte Felsbilder aus prähistorischer Zeit.

kritisiert. Eine vernünftige Alternative scheint es aber nicht zu geben. Historisch gilt das Gebiet La Macarena nicht nur als strategisch wichtiges Operationsgebiet der Guerillaorganisation FARC, sondern auch der ERPAC (Ejército Revolucionario Popular Antiterrorista de Colombia), die der wichtigste Akteur in der Herstellung und dem Handel mit Kokain ist. Der Friedensschluss zwischen Staat und FARC allein kann folglich auch nur einen Teil der ganzen Problematik lösen. Es ist und bleibt für den Staat, die Region und alle ihre Bewohner eine Riesenaufgabe, wirklichen Frieden zu erlangen und ihn dann für folgende Generationen zu sichern. Aus unserer Sicht ist kaum vorstellbar, dass die Mehrheit der Bevölkerung hier noch niemals in ihrem Leben echten Frieden gekannt hat! Während meines Aufenthalts ist jedoch ganz intensiv eine Art Aufbruchsstimmung zu fühlen, die dafür sorgt, dass ich das traumhaft schöne Gebiet auch voll genießen kann, ohne mir über die eventuell noch vorhandenen Gefahren allzu viele Gedanken machen zu müssen. Stattdessen kommt sich jeder Besucher hier ein wenig wie ein Entdecker vor. Nur ein Bruchteil von Fauna und Flora der Serranía de la Macarena sind inzwischen bekannt und katalogisiert. Bereits bekannt sind hier über 500 verschiedene Vogel-, 1.200 Insekten- und 100 Reptilienarten. Zudem findet man Ameisenbären, Flachlandtapire, Pumas, Hirsche, Wasserschweine und viele Affenarten. Brillenkaimane, Orinoco-Krokodile, Jaguare und Ozelots kommen hier ebenfalls recht häufig vor. So waren die ersten Touristen in dieser Gegend in den 1950er-Jahren Jagdtouristen aus den USA.

Schöne Passionsblume in der vorherrschenden Farbe der Macarena-Region

Wo so viel Wasser vorhanden ist wie in der Macarena, gibt es natürlich auch eine riesige Zahl von Amphibien. Ähnlich artenreich ist die Pflanzenwelt. Davon sind viele Arten endemisch, also ausschließlich hier vorkommen, wie ihr Eigenname schon verrät, darunter Gustavia macarenensis aus der Familie der Topffruchtbaumgewächse mit Blütenständen aus wunderschönen, großen Blüten, zudem die bereits erwähnte Wasserpflanze Macarenia clavigera oder auch Vellozia macarenensis, die zu den Schraubenbaumartigen zählt, hier riesige Flächen bedeckt, die Höhe eines normalen Menschen erreichen kann und große weiße Lilien-Blüten trägt. Sie ist äußerst robust und kann sogar Trockenheit und Brände überstehen.

Unterwasser-Aufnahme von Macarenia clavigera

Bei aller Schönheit des Gebietes sollte man auch über ein paar Naturgefahren Kenntnis haben, wie beispielsweise über die kleinen Milben, die Saugkanäle in die Haut bohren und dabei eine heftig juckende Hautkrankheit verursachen können, die Trombidiose. Sie ist zwar nicht lebensbedrohlich, kann einen Erkrankten aber etwa 14 Tage lang intensiv quälen. Natürlich plagen auch diverse Stechinsekten, zumal man sich ja hier aus ökologischen Gründen nicht mit chemischen Mitteln vor ihnen schützen darf. Eine der hier häufigen Mückenarten überträgt bei ihrem Stich das Gelbfieber-Virus, das Vögel, Affen, Fledermäuse, Schlangen und auch den Menschen befallen kann und dann nach einer etwa einwöchigen Inkubationszeit mit einem allgemeinen Unwohlsein zu inneren und äußeren Blutungen führt, die sogar tödlich verlaufen können. Eine Gelbfieber-Impfung ist in der Macarena daher obligatorisch. Am besten gegen fast alle diese Plagegeister und die durch sie übertragenen Krankheiten hilft leichte Kleidung mit langen Ärmeln und Hosenbeinen. Die gibt es sogar aus Stoff, der Insekten fernhält. Hier kommt auch die sogenannte 24-Stunden-Ameise (Paraponera clavata) vor. Ihr Name rührt daher, dass man etwa so viele Stunden lang massiv unter ihrem Stich leidet, der unter allen Insektenstichen als der schmerzhafteste überhaupt gilt. Groß ist nicht nur dieser von ihr verursachte Schmerz, sondern auch die Ameise selbst. Sie zählt mit einer Länge von 15-18 Millimetern zu den größten Ameisenarten der Welt. Immer wieder sind wir verblüfft über die Größe dieser häufig vorkommenden Insekten, bis wir erfahren, wie extrem unangenehm ihr Stich ist. Dann gehen wir ganz automatisch auf Distanz.

Gegen die extrem starke Sonneneinstrahlung ist unbedingt ein Sonnenhut mitzuführen. Ich habe mir noch am Vorabend im Ort La Macarena einen zu einem Spottpreis gekauft. Er kühlt nicht nur den Kopf, sondern schirmt zugleich das Gesicht vor der Sonne ab – das ist besonders wichtig, da Sonnenschutzmittel am Caño Cristales nicht aufgetragen werden dürfen. Am besten benutzt man tagsüber überhaupt keine Pflege- und Schutzprodukte auf der Haut. Die einzige Alternative wäre, das Wasser zu meiden, was aber auch nicht geht, da man bisweilen durch den Fluss auf die andere Seite waten muss. Spätestens dann wären Reste der diversen Lotionen im Wasser und könnten die Macarenia clavigera schädigen oder sogar abtöten.

Man kann nur hoffen, dass mit steigenden Touristenzahlen nicht auch die Zahl derer zunimmt, die sich nicht an diese Regeln halten, denn es könnte das Ende für die Macarenia clavigera-Pflanzen bedeuten. Hier hat die Natur Vorrang vor den Bedürfnissen des Menschen. Also sonnen- und mückendichte Kleidung statt Kosmetik verwenden. Die muss auf die Nachtzeit beschränkt bleiben. Mücken gibt es übrigens nicht nur am Fluss, sondern vor allem drum herum in den vielen stehenden Gewässern wie den Wasserlöchern, auch in den Pfützen auf der FARC-Straße. Von dieser Straße biegen wir nach einer Weile nach links ab und folgen etwa eine Stunde lang einem unbefestigten Weg durch die umwerfend schöne Natur. Hier wachsen vor allem Abertausende von Exemplaren von Vellozia macarensis und lassen für einen Nichteinheimischen den Eindruck aufkommen, er sei auf einem wunderschönen, fremden Stern gelandet.

Plötzlich stehen wir vor einem steilen Geländeabfall und unten – in allen Farben, vor allen Dingen aber Rotfärbungen – liegt nun endlich der berühmte Caño Cristales. Einfach spektakulär. Das Wasser, wie der Name des Caños schon vermuten lässt, ist kristallklar. Das quarzreiche Gestein in dieser Gegend ist äußerst arm an weiteren Mineralien. So leben im Caño nur Spezialisten, die mit dem spärlichen und sehr einseitigen Angebot an Nährstoffen klarkommen. Fische gibt es darunter keine. Wir lassen die Schönheit dieses Anblicks eine recht lange Zeit wirken, bevor wir weiterwandern. Insgesamt gibt es hier drei kleinere Flussarme, die alle dem Caño Cristales zugerechnet werden und zwischen denen schmale Verbindungswege zu den schönsten Stellen führen. Die optischen Highlights darunter haben ebenso schön klingende Namen. Zu ihnen zählen die Wasserfälle Salto Aquila (Adler-Wasserfall), Pozo Cuadrado (viereckiges Wasserbecken), Los Quarzos (die Quarze) und la Escalera (die Treppe). Am Pozo Cuadrado kann man über 10 Meter hinunter in ein tiefes Becken springen, in dem das Wasser hellgrün schimmert. Das Hinunterspringen ist weniger das Problem als danach das Wieder-Hinaufklettern auf dem steilen, rutschigen Felsen. Nichts für mich. Auch der Rest der Gruppe traut sich das nicht zu. Moses' Gesetzestafeln heißen zwei Felsen am Ufer, die mit ein wenig Fantasie wie ein offenes Buch oder eben auch Gesetzestafeln aussehen. Los Ochos (die Achten) sind wohl die am häufigsten gezeigte Ansicht des Caño Cristales. Hier ist nach dem Zusammenfluss der drei kleineren Caños der Fluss breit und hat riesige, runde Vertiefungen, die wie Achten geformt sind, und in denen sich das Wasser in kleinen Wasserfällen weiterbewegt. Flussabwärts dahinter befindet sich der Pool der Touristen, in dem man auch schwimmen und schnorcheln kann. An manchen Stellen des Weges komme ich fast an meine physischen Grenzen, da man dort ganz schön klettern muss, noch dazu auf glitschigem, rutschigem Untergrund. Aber unter meinen fünf Mitwanderern ist immer einer mit einer mir hilfreich entgegengestreckten Hand. Sich gegenseitig zu helfen, ist hier selbstverständlich. Einmal sagt Sergio: „Jetzt gehen wir auf die andere Fluss-Seite. Passt auf, dass euer Gepäck nicht nass wird", und geht einfach los. Bis zu den Achseln stehe ich im Wasser in voller Montur. Den Fotoapparat halte ich über den Kopf. Der Rucksack ist zum Glück zu 100 % wasserdicht. Aber stolpern dürfte ich jetzt nicht. Also aufgepasst! Keiner von uns käme auf die Idee, sich auf der anderen Seite abzutrocknen oder auch nur die Schuhe zu entwässern. Zu gut tut die Abkühlung nach Stunden des angestrengten Laufens unter der heiß glühenden Sonne. Wo der Fluss tief genug zum Baden ist und zudem keine Macarenia clavigera vorkommen, darf man auch baden. Eine geeignete Stelle dazu ist an einer Talverengung am Wasserfall Los Quarzos. Wir lassen uns das fallende Wasser auf Rücken und Schultern prasseln – es ist einfach herrlich. Danach essen wir am schattigen, steilen Ufer unser mitgebrachtes Lunch. Als die nächste Gruppe nach etwa 45 Minuten auftaucht, wird der Platz am Ufer zu eng für so viele Leute. Die anderen wollen schließlich ebenfalls hier ihre Klamotten ausziehen und sie zusammen mit den Rucksäcken im Trockenen ablegen. Also machen wir ihnen Platz und ziehen weiter. Etwa eine Stunde später können wir in der großen Piscina de los Turistas noch ein weiteres,

Kolumbien

ausgiebiges Bad nehmen. Hier stört es auch nicht, wenn mehrere Gruppen da sind. Nach so viel einsamer Wanderei freut man sich über die Abwechslung durch ein paar neue Nasen, und auch die Führer freuen sich über ein Gespräch mit ihren Kolleginnen und Kollegen.

Vellozia macarenensis

An einer Stelle heißt es plötzlich „Cuidado" (Achtung). Der Boden des Weges ist hier schwarz von einer eklig nach Teer stinkenden, matschigen Masse. Ist das Altöl? Gleich in so einer Menge? Waren das Umweltschänder? Wie sollen die hierhergekommen sein? Hat es etwas mit dem Bürgerkrieg zu tun? Nein, erfahren wir, hier tritt tatsächlich Erdöl auf natürliche Art direkt aus dem Boden aus. Neben dem enormen Naturreichtum gibt es in der Serranía de la Macarena nämlich auch Bodenschätze. Da ist ein Interessenkonflikt von Naturschutz, Tourismus und Bergbauprojekten in der Zukunft wohl nicht auszuschließen. Umso wichtiger erscheint mir, dass bis dahin der sanfte Natur-Tourismus ein so wichtiges Standbein der Wirtschaft wird, dass man sich dann nicht mehr darüber hinwegsetzen kann. Momentan gibt es eine globale Öl-Absatzkrise. Auch Venezuela bekommt sie gerade sehr heftig zu spüren. Vielleicht ist diese Entwicklung jedoch für viele der einzigartigen Naturräume Südamerikas eine große Chance, weiterhin ungestört intakt bleiben zu dürfen. Auch unter dem Regenwald des Orinoco-Deltas, in das mich meine Reise ebenfalls führen wird, gibt es große, bislang noch ungenutzte Erdöllagerstätten. Durch die momentan wachsende Abkehr vom Öl könnten solche Naturräume zumindest eine Schonfrist bekommen oder vielleicht sogar eine echte Chance, der Nachwelt erhalten zu bleiben. Kurz nach Sichtung der Erdölquelle treffen wir wieder auf den schmalen Weg, auf dem wir am Morgen gekommen sind und der nach einer weiteren Stunde Wanderzeit zur FARC-Straße zurückführt. Am Parkausgang warten bereits die Jeeps, die uns die etwa fünf Kilometer bis zur Bootsanlegestelle am Guayabero zurücktransportieren. Und wieder rutschen und schliddern wir den Abhang entlang und eine Touristin einer anderen Gruppe kann sich unmittelbar neben mir auf dem inzwischen schon völlig ausgetretenen Trampelpfad nicht halten. Nun hat sie es bis hierhin geschafft und buchstäblich im letzten Moment haut es sie unsanft auf den Rücken wie einen vom Baum geschüttelten Maikäfer. Die Arme sieht jetzt aus wie ein Erdmonster. Allerdings sind auch die anderen, selbst wenn sie den Weg hinunter schaffen, alle irgendwie dreckig. Ich selbst habe nicht nur dreckige, sondern auch zusätzlich noch auf meiner Kehrseite völlig zerrissene Hosen an. Irgendwann bin ich mal unfreiwillig „abgesessen" und an spitzen Steinen hängen geblieben. Dass nun immer die Bikinihose durch die Hose durchschaut, ist zwar etwas blöde, stört aber nicht weiter. Auf Eleganz kommt es hier niemandem an. Am Abend des letzten Tages der Macarena-Tour schmeiße ich diese Hose dann einfach weg. Schade, sie war nämlich sehr praktisch. Man konnte entlang von Reißverschlüssen aus den langen Hosenbeinen kurze machen. Auch die Guías haben alle solche Hosen an. Daher gebe ich mich am Abend, nachdem ich mir die Hose aufgerissen habe, noch der Hoffnung hin, ich könne vor Ort einen Ersatz für das kaputtgegangene gute Stück bekommen. Irgendwo müssen die anderen ja ihre Hosen gekauft haben. Aber offensichtlich nicht hier. Hier gibt es alles Mögliche, aber keine Treckinghosen mit abtrennbaren Hosenbeinen. Zum Glück habe ich aber wenigstens eine zweite davon im Koffer in Bogotá dabei. Ich darf sie mir nur nicht auch noch zerreißen. Schließlich habe ich fast einen ganzen Monat mit ähnlichen Wandertouren vor mir. Die nächsten Tage am Caño Cristales habe ich halt die hinten etwas sehr luftige Version der Treckinghose an – ich kann es eben nicht ändern.

Am Caño Cristales, dem schönsten Fluss der Welt

Aufbruch in den wilden Osten

Kolumbien

Aufbruch in den wilden Osten

Los Ochos bei Sonne . . .

. . . und an gleicher Stelle nach heftigem Regen

Kolumbien

Badefreuden

Unterwegs auf dem Río Guayabero

Brücke für zwei Personen

Kolumbien

Zum Abendessen verabreden wir uns mit Sergio vor unserem Hotel und ziehen mit ihm gemeinsam einmal quer durch den Ort in die Nähe der Schiffsanlegestelle in der Annahme, „nur" in ein Restaurant zum Abendessen zu gehen. Doch der ganze Ort ist mit uns zusammen unterwegs – es muss also noch etwas anderes los sein. Und – Überraschung – es gibt heute eine große Feier für alle etwa 80 Touristen. Um auf das Festgelände zu kommen, muss man ein kleines Tal überqueren, das kurz daneben in den Guayabero führt. Eine sehr wackelige und, laut Gemeindeverordnung, nur für maximal zwei Personen gleichzeitig tragfähige Brücke führt dorthin. Die meisten Leute wissen zwar gar nicht, weshalb sie sich nun in eine Schlange einreihen und über diese Brücke gehen sollen, aber man erwartet eine Überraschung, irgendetwas Besonderes. Die Stimmung an der Brücke ist bereits recht ausgelassen, man kommt durch das Anstehen in der Reihe schon mit den anderen, bis dahin völlig Fremden, in Kontakt.

Eine Bühne ist aufgebaut, Sitzreihen stehen hintereinander, Kinder, festlich gekleidet, fiebern schon vor Aufregung und stecken mit ihrer guten Laune alle anderen an, Musiker stimmen auf der Bühne ihre Instrumente, Kellner und Kellnerinnen laufen herum. Es ist klar, dass man sich jetzt auf die Stühle setzen soll, sonst wären sie ja nicht aufgestellt. Jeder bekommt, sobald er sitzt, ein Getränk und einen Teller mit einem leckeren Rindfleischgericht übergeben. Das ist heute das offizielle Abendessen für alle Touristen, folglich muss man nichts extra bezahlen. Ich hätte auch gar kein Geld dabeigehabt. Glück gehabt! Mangels Tischen isst man mit dem Teller auf dem Schoß. Währenddessen beginnen Musik- und Tanz-Darbietungen und eine endlos lange Rede eines Gemeindevertreters, der sich wohl selbst recht gerne hört. Er erzählt viel über den Werdegang des Ortes, des Tourismus', den hoffentlich vergangenen Bürgerkrieg und den inzwischen herrschenden Frieden, den Naturschutz sowie insbesondere den Caño Cristales, der den Bewohnern von La Macarena direkt und indirekt ein gutes Einkommen beschert. Alle Fremdenführer, auch Sergio, werden auf die Bühne zitiert und für ihr Engagement und ihre gute Arbeit gelobt. Ihre momentanen Gruppen jubeln ihnen wie Groupies zu – bereits nach anderthalb Tagen ist wohl jede Gruppe überzeugt, sie selbst habe den besten, engagiertesten und nettesten Macarena-Führer abbekommen. Fakt ist: Sie sind wirklich alle ganz besonders kompetent, hilfsbereit, rücksichtsvoll und freundlich. Am Ende bedankt sich der Redner auch bei den Touristen wortreich für ihr Kommen. Man merkt, er ist selbst noch ganz überwältigt von der Tatsache, dass sich endlich auch wieder einmal Fremde in diese Region zu reisen trauen, was so lange nicht der Fall war. Das Fest wird immer ausgelassener. Zum Schluss tanzen fast alle Anwesenden. Für Tanzmuffel gibt es keine Chance, zu entkommen. Die Kinder fordern die Erwachsenen auf – wer könnte da schon „Nein" sagen?

Aufbruch in den wilden Osten

Auch die Ausrede, diese Tänze nicht zu beherrschen, zieht nicht: Es gibt einen Crash-Kurs für alle Anwesenden. Am Ende ist die Tanzfläche voll und die Sitze sind fast sämtlich leer. Danach gehen wieder alle paarweise über die nur für jeweils zwei Personen gleichzeitig tragfähige, schaukelnde Hängebrücke zurück zum Dorf. Nun kennen sich fast alle momentanen Bewohner von La Macarena zumindest vom Sehen. Das soll in den nächsten Tagen an den Ausgangspunkten für Wanderungen und auch an den Bootsanlegestellen noch für nette Kontakte und Gespräche sorgen. Das Fest war wirklich eine tolle Idee! Wie ich im Internet lesen konnte, haben auch andere Touristen zu anderen Zeiten ähnliche Feste in La Macarena erlebt. Es scheint also ein fester Programmpunkt für den Caño-Cristales-Tourismus zu sein, an einem Abend gemeinsam zu feiern. An diesem Abend habe ich sehr viel über Ort und Region gelernt, wo vieles anders ist als in anderen kolumbianischen Städten. Von seiner Entstehung bis heute ist der Ort eng mit drei Themen verbunden: Bürgerkrieg, Tourismus und Flughafen. So waren die ersten Siedler im Jahr 1954 als Flüchtlinge vor der Gewaltwelle aus der etwa 70 Kilometer weiter westlich gelegenen kleinen Stadt San Vicente del Caguan hierhergekommen. Sie bauten sich eine neue Existenz auf, die sie „El Refugio" (die Zuflucht) nannten. Etwa zeitgleich errichtete sich ein US-Amerikaner, ein ehemaliger Jagdflieger der US Air Force namens Tony Thompson, mitten im 1948 geschaffenen Naturpark eine Ranch, die von amerikanischen Jagd-Touristen frequentiert wurde. Sie kamen mehrmals im Jahr in einer eigens für sie gecharterten DC-3 hierher. Wo sie starteten und landeten, entwickelte sich der Flughafen, der heute noch besteht. Wesentlich größer ist er seitdem nicht geworden. Obwohl es vor Ort jede Menge Wasser gibt, sogar in hervorragender Qualität, wurde damals für die Touristen sogar das Trinkwasser wie auch alle anderen Konsumgüter aus den USA importiert. Die ersten Guías, Bauarbeiter und Landarbeiter der Ranch ließen sich ebenfalls in El Refugio nieder, das folglich nun zu einer größeren Siedlung anwuchs und heute ein Teil des Ortes La Macarena ist. Die Stadt selbst zählt noch nicht einmal 5.000 Einwohner. Sie hat jedoch ein sehr großes Umland, in dem Campesinos[15] leben, die in erster Linie Rinder züchten. Der Ort ist für sie das regionale Versorgungszentrum. Am Sonntag kommen sie von überall her in die Stadt, um sich mit Gütern einzudecken. Folglich ist das der Tag, an dem im Ort am meisten los ist. Alle Geschäfte haben dann geöffnet und das in einem katholischen Land wie Kolumbien. Aber hier ist ja auch die links gerichtete, marxistische FARC daheim. Auf einen freien Tag haben die Macarenences (Name für die Bewohner von La Macarena) jedoch nicht verzichtet. Nur ist hier eben der Mittwoch allgemeiner Ruhetag.

---

[15] Landbewohner, Bauer

Kolumbien

Der Tourismus, der als Jagdtourismus in den 50er-Jahren hier begann, kam in den fünf Jahrzehnten des Bürgerkriegs fast vollständig zum Erliegen. Besonders gravierend wirkten sich die gesellschaftlichen Veränderungen aus, die sich durch den illegalen Anbau von Coca und die Herstellung und den Vertrieb von Kokain, den sogenannten Narcotrafico[16], ab Mitte der 70er-Jahre entwickelten. Im Laufe der folgenden Jahre wurde das Gebiet der Serranía de la Macarena zu einer Hochburg sowohl der FARC als auch noch anderer sogenannter Befreiungsheere. Auf dem Tummelplatz der Gewalt in Kolumbien spielten bald auch die paramilitärischen Privatarmeen der Großgrundbesitzer, die inzwischen aufgelöste Geheimpolizei DAS, die reguläre Polizei und das Heer mit. In diesen Jahren entwickelten sich sogar Querverbindungen unter den bewaffneten Gruppen. Der Einfluss des Drogenhandels zu ihrer Finanzierung sorgte zudem für Korruption und noch größere Unübersichtlichkeit. So wuchs – wie in ganz Kolumbien – das gegenseitige Misstrauen und Freund und Feind wurden immer konturloser. Zugleich erstarkte aber zunehmend der Wunsch nach einem dauerhaften und stabilen Frieden und das offenbar auf allen Seiten und über die gesellschaftlichen Gräben zwischen den verfeindeten Konfliktparteien hinweg. Gerade hier im „wilden Osten" Kolumbiens, wo sich die Gewalt jahrelang so maßlos ausgelebt hat, ist das Bedürfnis der Bevölkerung besonders groß, die Konflikte nun endlich zu beenden. Durch die Friedensbemühungen von Regierung und FARC in den letzten Jahren verliert auch die Region Macarena allmählich ihren schlechten Ruf und wird zunehmend als Touristeneldorado neu entdeckt. Nun allerdings nicht durch Jagd auf exotische Tiere und somit Ausbeutung der natürlichen Reserven, sondern gerade durch das Gegenteil davon, denn der starke Magnet der Macarena-Region ist ihre unverfälschte, gesunde und weltweit einzigartig schöne Natur. Die aufstrebende Gemeinde nimmt den Naturschutz wirklich ernst und bemüht sich zugleich sehr um das Wohlbefinden der Gäste. Was den Touristen gefällt und ihnen zudem ein Gefühl von Sicherheit vermittelt, tut dabei auch der Region und ihren Bewohnern selbst gut. Seit 2013 gibt es sogar endlich ein Stromnetz im Ort. Davor sollen nachts noch laut die Generatoren gebollert haben. Der Flughafen ist auch noch heute die mehr oder weniger einzige Verbindung zu anderen Regionen Kolumbiens. Schon ein Blick auf Google-maps zeigt, dass es in der dünn besiedelten Gegend nur unbedeutende Straßenverbindungen gibt. Will man sich, wie ich, zur Orientierung eine Landkarte der Gegend kaufen, stößt man überall auf Kopfschütteln. Dabei wäre es im Naturpark ja sinnvoll, seine Route auch einmal auf der Karte verfolgen oder zumindest anschließend nachvollziehen zu können. So weit ist man hier wohl aber noch lange nicht. Man hat vorerst nur die Guías und die wissen den Weg. Ohne sie darf man ohnedies nicht in den Naturpark, schon zur

---

[16] Alles, was mit Produktion und dem Handel mit illegalen Drogen zu tun hat.

eigenen Sicherheit. Zwar ruht der Konflikt momentan, aber er ist noch lange nicht beendet. Die FARC ist in der Region nach wie vor sehr mächtig, darüber hinaus befindet sich hier ein Operationsgebiet paramilitärischer Gruppen. Die unübersehbar starke Präsenz der staatlichen Sicherheitskräfte zeigt dem Besucher, dass er sich hier nach wie vor in einem Krisengebiet befindet. Friedensgespräche gibt es schon lange, nicht erst seit der Havanna-Gesprächsrunde (2012-2016). Man ist also auch bezüglich der langfristigen positiven Auswirkungen der momentanen Friedensverhandlungen durchaus skeptisch. Der Konflikt hat hier eine ständig wechselnde Dynamik. Augenblicklich ist es friedlich. Alle scheinen diesen Zustand zu genießen, aber zugleich wissen sie auch, wie schnell die Situation erneut kippen und die Gewalt wieder ausbrechen und eskalieren kann. Zukunftsorientierte Maßnahmen zur Erschließung des Raumes – und dazu gehören ja auch solche Dinge wie die kartografische Erfassung – ergeben keinen großen Sinn, solange nicht sichergestellt ist, dass die Region sich tatsächlich dauerhaft aus ihrer sicherheitspolitischen Lage „hinter dem Mond" hinausbewegen will und kann. Der Tourismus könnte dazu ein wesentlicher Motor sein. Die Gemeinde setzt offensichtlich auch aus diesem Grund ganz stark darauf.

Hauptverkehrsstraße von La Macarena

Kolumbien

Bootsanlegestelle am Guayabero

Der Guayabero und die Llanos

Am nächsten Morgen regnet es. Genau gesagt, herrscht ein unglaublicher Wolkenbruch. Das soll hier eine sehr häufige Wetterlage sein und erklärt natürlich auch das Vorkommen der vielen kleinen bis großen Gewässer. Die beiden Deutschen und das spanische Pärchen reisen leider heute wieder ab. Wann geht eigentlich ihr Flugzeug los? Keiner weiß es – es liegt, so heißt es, am Wetter. Sie warten folglich im Hotel, bis Sergio sie abholt. Der Arme muss sich heute gewissermaßen dritteln – die Deutschen zum Flughafen bringen – Zeit noch unbekannt, das kolumbianische Paar später ebenfalls zum Flughafen bringen – Zeitpunkt ebenso unbekannt. Und zudem muss er heute auch mit mir noch etwas unternehmen. Eigentlich steht ja wieder eine Wanderung zum Caño Cristales auf dem Programm. Aber dass die bei diesem miesen Wetter tatsächlich stattfindet, kann ich mir nicht recht vorstellen. Ich verabschiede mich nach dem Frühstück von beiden Paaren – schade, dass sie mich heute verlassen. Wir waren eine sehr angenehme Gruppe, die es ohne Probleme auch länger miteinander hätte aushalten können. Danach gehe ich erst mal im Ort spazieren und in alle Geschäfte hinein, um vor dem Regen zu fliehen. Dann kehre ich bei einem Bäcker ein, wo ich mir einen superleckeren süßen Krapfen und dazu einen Cappuccino genehmige. Im Hotel treffe ich bei meiner Rückkehr noch immer die beiden Deutschen an, die eigentlich schon auf dem Weg nach Villavicencio sein sollten. Wieder Verabschiedung. Ich verziehe mich mit meinem Buch auf die überdachte Dachterrasse zum Lesen. Nach einer halben Stunde gehe ich in die Lobby hinunter und finde dort noch immer die Deutschen vor, dieses Mal aber tatsächlich im Aufbruch. Letzte Verabschiedung. Ich solle schnell im Restaurant nebenan zu Mittag essen und mich dann mich für die nächste Tour bereithalten, sagt Sergio. Sobald er vom Flughafen zurückkäme, ginge es los. Was aber tun bei so einem Sauwetter? Das ganz normale Programm, sagt Sergio. Mir fällt das geflügelte Wort ein, dass es kein schlechtes Wetter, nur falsche Kleidung gibt – stimmt. Heute ganz sicher! Meine ist jedenfalls, trotz Regenjacke, falsch. Denn die Fototasche wird schon auf dem Weg zum Boot so nass, dass ich Mühen habe, sie vor der Sintflut von oben zu schützen, bevor die Nässe noch ins Innere der Tasche dringt. Und die Hose bekommt bei der ersten Welle auf dem Guayabero so viel Wasser ab, das sie nun auch gut getränkt ist. Gleich allen anderen hier kaufe ich mir daher für ein paar Pesos am Parkeingang zusätzlich zu meiner Regenjacke noch einen blauen Regenponcho. Andere haben ihre Ponchos anderswo gekauft. So kommen, je nach Geschäft oder Kiosk, Gruppen mit einheitlich gefärbten Ponchos zusammen – rote, gelbe, weiße, durchsichtige, grüne.

Der heutige Weg führt uns auf einer anderen und etwas kürzeren Strecke erneut zum Caño Cristales, dieses Mal den Teil rechts von der FARC-Straße. Im Gegensatz zu gestern, führt der Fluss jetzt wahre Unmengen von reißendem Wasser und ist gleich mehrere Meter breiter und höher. Wo gestern noch bunte Farben vorherrschten, spiegelt sich heute das Einheitsgrau des Himmels. Wir beginnen unsere Tour bei „Los Ochos" und der „Piscina de los Turistas". Auf die Idee, hier baden zu wollen, käme jetzt wohl keiner mehr. Ein Glück, dass gestern so schönes Wetter war! Das scheint hier nämlich nicht selbstverständlich zu sein. Manche Gruppen, so Sergio, haben die ganze Zeit Regenwetter und folglich auch gar keine Gelegenheit, die Regenbogenfarben des Flusses kennenzulernen. Dass die Unterschiede durch die Regenfälle nur weniger Stunden gleich so gravierend werden würden, hätte ich niemals erwartet. Und doch ist es enorm interessant, den Unterschied zwischen einem trockenen, sonnigen und einem total verregneten Tag zu sehen. Es könnten auch zwei ganz unterschiedliche Flusstäler sein. Nachdem wir lange keine anderen Leute mehr getroffen haben, sehe ich auf dem Rückweg zur alten FARC-Straße in der Ferne fünf braungewandete Gestalten und wundere mich ernsthaft, wohin diese Mönche hier denn zu Fuß unterwegs sein könnten. Aber nein, es ist nur eine neu eingetroffene Gruppe von Parkbesuchern, die braune Ponchos tragen. Mönche, so Sergio, gibt es hier weit und breit keine.

Im Ortszentrum von La Macarena

Am vierten Tag ist das Wetter wieder strahlend schön. Nur noch ein paar kleinere Wolken zeugen vom gestrigen Unwetter. Wir fahren im Boot erneut den Guayabero entlang, jedoch vorbei am bereits bekannten Matsch-Anlegeplatz zu einer weiter entfernt liegenden Stelle, wo man tatsächlich ganz ohne Schlamm ein paar Treppen nach oben gehen kann. Dort gibt es eine Hazienda, auf der die „Defensa civil colombiana" (die größte soziale und humanitäre Organisation Kolumbiens) ein Projekt zur Wiederansiedlung und dem Schutz von Terecay-Süßwasserschildkröten unterhält. Zudem werden auf den dazugehörenden Feldern Nutzpflanzen der Region kultiviert, auch Coca ist darunter. Von dort aus machen wir eine relativ unanstrengende Wanderung zum Caño Cristalito, einem „kleinen Bruder" des Caño Cristales. Er macht, zumindest an dieser Stelle, einen landschaftlich lieblicheren Eindruck, ist also nicht so tief eingeschnitten wie der Hauptfluss. Wegen des Hochwassers kann man heute aber leider nicht besonders weit laufen. Der Weg ist auf langen Strecken unter den Wassermassen einfach verschwunden.

Abseits des Weges kann und darf man aber nicht gehen. Auch baden kann man heute nicht. Es wäre einfach zu gefährlich. Doch die bunten Farben sind zumindest teilweise schon wieder sichtbar. Ein schöner Abschied von einem traumhaft schönen Stück Erde.

Abendliche Freizeitgestaltung in La Macarena

Nach dem Mittagessen, das ich nun als Rest meiner ehemaligen Fünfergruppe allein einnehmen muss, bringt mich Sergio zum Flughafen. Wie bei Charterflügen hier üblich, bekommt man eine Zeit genannt, zu der man sich einfinden soll. Das sagt aber nichts aus über die Abflugzeit. Die wird nie genannt und soll auch immer wieder unterschiedlich sein. Wer sie nach welchen Kriterien wann festlegt, ist nicht bekannt. Es gibt immer nur so vage Angaben wie vormittags oder nachmittags, niemals eine Uhrzeit. Wir gehen gegen 12.00 Uhr gemütlich in Richtung Flughafen. Auf dem Weg dorthin kommt der bereits zuvor erwähnte Pferdewagen an uns vorbei. Der Fahrer sieht, dass wir mit Koffern unterwegs in Richtung Flughafen unterwegs sind und pariert das Pferd durch. „¿Aeroporto?" „Si" „¿Adónde?" „Medellín." Und schon erfolgt das Einchecken des Gepäcks mitten auf der Straße. Im Flughafengebäude lasse ich auf der Passagierliste noch ein Häkchen hinter meinen Namen machen und zeige kurz meinen Pass. Und jetzt? Wir gehen erneut aus dem Flughafengebäude hinaus und setzen uns auf der anderen Straßenseite in ein Café. Von dort aus hat man alle ankommenden und abfliegenden Flugzeuge im Blick. Als der Pferdewagen von der Straße auf den Flug-

Kolumbien

platz einbiegt, wissen wir, dass wir die Straßenseite wechseln müssen. Aber ganz langsam. Wir sind in Südamerika. Hier gibt es keine Hektik. Heute fliegen wir nur zu viert in einem wirklich winzigen Flugzeug nach Bogotá. Andreas hat mir ein Handy seiner Agentur mitgegeben, auf dem seine Telefonnummer eingespeichert ist. Sobald ich im Flugzeug sitze, soll ich ihm Bescheid geben. Dann fährt er sofort los, um mich abzuholen. Beide werden wir etwa eine Stunde unterwegs sein. Wenn wir einander am Flughafen nicht gleich finden, soll ich von Bogotá aus erneut anrufen. Es kann also wirklich absolut nichts schiefgehen. Eine tolle Regelung, angepasst an die überaus flexiblen Abflugzeiten.

Das Flughafengelände

Stadt-Zeiten

Blick aus dem Smaragdmuseum auf Bogotá

In Bogotá landet das Flugzeug sehr weit entfernt vom eigentlichen Flughafengelände, und ein Bus bringt uns von dort zum Airport-Gebäude. Habe ich das denn wirklich richtig verstanden oder bin ich in den falschen Bus eingestiegen? Ich bin nur einfach den vielen Menschen hinterhergetrottet, die aber zum Teil auch aus anderen Flugzeugen ausgestiegen sind. Der Bus fährt aus dem hinteren Flughafenareal auf die große Avenida El Dorado ein, die in Richtung Stadt führt, am Airport vorbei. „Halt, Halt!", schreit es in meinem Kopf. Schon bin ich dabei, das Handy aus der Tasche herauszufischen, um einen Hilferuf an Andreas abzuschicken. Da hält der Bus an einer großen Kreuzung, wechselt auf die andere Seite der breiten Avenida und fährt in der Gegenrichtung wieder zurück. Ich atme endlich wieder kräftig aus. Der Shuttlebus hält unmittelbar vor dem Airport-Eingang. Da habe ich vorher wohl ganz umsonst eine Menge Adrenalin ausgeschüttet. Aber wo ist jetzt eigentlich mein Gepäck? Ich habe nur den Rucksack dabei und die Fototasche in der Hand, der Rest war ja irgendwo auf einem Sitz im Flugzeug verstaut. Ich habe ihn nicht selbst dorthin gelegt, bin also davon ausgegangen, dass ich ihn auch nicht einfach selbst dort wegnehmen darf. Hätte ich das am Ende aber doch selbst tun müssen? Ist der jetzt für alle Zeiten verloren? „Himmel nochmal. Wie kann man denn so doof sein?", schimpfe ich mit mir selbst. Ich steige aus dem Bus und sehe schon Andreas, der auf mich wartet. Ein Glück!. „Ich habe keine Ahnung, ob, wie und wo ich jetzt mein Gepäck bekomme", sage ich. Genau in diesem Moment steigt der Busfahrer aus, geht um den Bus herum und öffnet den Kofferraum. Der Koffer war wieder mal die ganze Zeit in meiner Nähe, wie das bei Charterflügen so üblich ist. In diesem Bus waren einfach alle Koffer der Businsassen dabei, egal von woher ihre Flüge gekommen sind. Nun kann ich endgültig aufatmen. Nichts passiert, nichts falsch gemacht, angekommen. Nur das zählt jetzt. Auf zur nächsten Reiseetappe! Das Handy der Agentur brauche ich nun nicht mehr und gebe es an Andreas zurück. Dann heuern wir ein Taxi an, und er liefert mich im Hotel ab, in dem ich schon vor Tagen untergekommen war und wo ja auch noch mein großer Koffer steht. In der Lobby verabschieden wir uns, denn morgen Nachmittag fahre ich ohne seine Hilfe zum Flughafen El Dorado, von wo aus ich einen Flug nach Medellín nehmen werde. Dieser Abschnitt der Reise ist von mir selbst organisiert, weshalb er nicht betreut wird. „Wenn du jedoch unsicher bist, ob du das allein packst, kann ich dich auch bringen. Das steht zwar bei mir nicht auf dem Programm, aber ich kann dir trotzdem helfen." „Ach was, das schaffe ich schon. Mit normalen Flügen kenne ich mich in Bogotá bestens aus. Das ist ja schon fast ein Heimspiel für mich. Ich werde mit einem ganz normalen Taxi hinfahren."

Uhren und Marihuana – hier bekommt man alles...

Stadt-Zeiten

Am nächsten Morgen schlafe ich aus, das heißt ich stehe auf ohne Wecker. Spät ist es trotzdem nicht. Ich habe mich schon an das frühe Aufstehen gewöhnt. Nach einem gemütlichen Frühstück mache ich einen ausgiebigen Stadtbummel durch die Candelaria, das historische Zentrum. Dort öffnen nach und nach die Geschäfte. Ich weiß bereits jetzt, dass in Venezuela ein akuter Mangel an Konsum- und Verbrauchsgütern herrscht, ich dort also wahrscheinlich nichts einkaufen werde. Zudem ist mir bekannt, dass und wo man stattdessen im Zentrum von Bogotá fantastisch shoppen kann. Zwischen all den dunkel im Business-Look gekleideten Menschen, die zu dieser Uhrzeit zu ihren Arbeitsstellen hasten, schlendere ich ganz gemütlich von Geschäft zu Geschäft und schaue mich um, wo ich denn was finden kann und wie hoch die Preise sind. Dabei bevorzuge ich die Straßen, die für den Autoverkehr gesperrt sind, denn auf den anderen Straßen ist durch den morgendlichen Stoßverkehr die Hölle los. Noch sind nicht alle Läden und Einkaufszentren geöffnet, daher verschiebe ich das Shopping erst einmal auf später. Vorher will ich unbedingt mal wieder in das Smaragdmuseum, nicht nur wegen der interessanten Führung und der wunderbaren Edelsteine, sondern auch wegen des tollen Rundumblicks von oben auf die Stadt. Dort angekommen, stelle ich aber fest, dass ich viel zu früh dran bin, bis zur Öffnung muss ich mir noch irgendwie die Zeit vertreiben. Also dann doch jetzt schon eine Shopping-Runde. Die Läden sind inzwischen fast alle offen. Als Ergebnis habe ich am Ende eine warme Jacke für die Bahnfahrt von Frankfurt nach Basel gekauft und darüber hinaus eine blaue Lederhandtasche mit traditioneller Caña-flecha-Verzierung (aus den Blattadern des Süßgrases Gynerium sagittatum hergestelltes Flechtwerk, aus dem auch die für Kolumbien typischen Hüte, die Sombreros vueltiaos, hergestellt werden). Zudem erstehe ich einige Mitbringsel für Freunde und Verwandte. Noch immer habe ich Zeit übrig. Also kehre ich auf einen leckeren Cappuccino ein. Auf den Straßen schieße ich eine Menge Fotos von der erwachenden Stadt. Von Minute zu Minute sind mehr Menschen unterwegs. An den etwas weniger frequentierten Ecken liegen oft auch Leute, in Decken gehüllt, mitten auf der Straße – die Kehrseite der Millionenstadt. Diese Menschen sind meist direkte oder indirekte Opfer des Bürgerkrieges, der sie in ländlichen Regionen heimat- und erwerbslos gemacht hat. Viele dieser ehemaligen Campesinos sind verstümmelt – es fehlen ihnen Gliedmaßen, die sie im Kontakt mit Minen bei der Feldarbeit verloren haben. Wo die Rebellen illegal Coca angebaut haben, haben sie sich gegen die Vernichtung der Pflanzen geschützt, indem sie zwischen den Büschen Minen ausgelegt haben. So haben sich die Bekämpfer nicht mehr auf die Felder getraut, um die Pflanzen von Hand auszureißen – mit ein Grund für den, allerdings weitgehend ebenfalls gescheiterten, Plan Colombia, die Pflanzungen mithilfe von

Pflanzengiftsprühungen zu vernichten. Unter Präsident Pastrana[17] war im Jahr 1999 die Armee dazu legitimiert worden, für polizeiliche Zwecke aktiv zu werden. Dieses offiziell „Plan für den Frieden, den Wohlstand und die Erneuerung des Staates" genannte Konzept diente in erster Linie dem Kampf gegen die Drogen, wurde aber nicht effizient durchgeführt, was, aus heutiger Sicht, wohl insbesondere auf Korruption im kolumbianischen Militär zurückzuführen war. Sehr oft wurden als „Gefälligkeit" und natürlich auch gegen Bezahlung falsche Felder besprüht. Stattdessen wurden durch die Herbizide Umweltschäden, Vernichtung von dringend benötigten Nahrungspflanzen, Verseuchung des Wassers und gesundheitliche Beeinträchtigungen der Bevölkerung im ländlichen Raum in Kauf genommen. So gaben manche Campesinos auf und zogen in die Stadt, wo sie aber ebenso chancenlos sind und oft noch nicht einmal ein Dach über dem Kopf haben. Viele der Passanten legen Münzen und Scheine vor die Schlafenden, damit sie nicht vollkommen mittellos durch ihren Alltag kommen müssen. Es tut weh, diese enorme Not ansehen zu müssen und, außer Almosen zu spenden, nicht helfen zu können.

Andere haben eine neue Einnahmequelle gefunden und immer ein paar Lamas dabei. Mit denen stehen sie auf den großen Plätzen der Stadt, auf die auch Touristen kommen. Wenn man sich ihnen nähert, eilen sie heran und man hat dann kaum noch eine Chance, ihnen zu entgehen. „Komm, setz' doch mal drauf. Ich mache Fotos von dir", meint einer, der mich entdeckt hat. Ich habe keine wirklichen Argumente dagegen. Zudem ist der Mann so besonders freundlich. Er hat den Dreh raus, wie er die Touristen überzeugen kann, und ein Foto auf dem Lama ist ja tatsächlich auch eine tolle Urlaubserinnerung. Nichts spricht dagegen. Also lasse ich mich zu einer Fotosession breitschlagen – Zeit habe ich dazu noch genug. Das Museum öffnet erst in etwa 20 Minuten. Zudem ist der Mann ein Original, an dem ist wirklich ein Entertainer verlorengegangen. Immer wieder will er mich auch noch mit einer mexikanischen Flagge fotografieren. Ich mag das aber nicht. „Wieso denn ausgerechnet die mexikanische Flagge hier in Kolumbien?", frage ich ihn. „Na, du kommst doch aus Mexiko!" Wie ist er jetzt bloß darauf gekommen? „Nein, aus Alemania." Aber eine deutsche Flagge hat er nicht, nur noch eine kolumbianische. Ich will ohnedies kein Foto mit irgendeiner Flagge haben, doch er besteht darauf. Wahrscheinlich sind die einfach im Preis (den ich noch gar nicht kenne) mit inbegriffen. So machen wir am Ende auch einige Bilder mit den kolumbianischen Farben gelb, blau und rot. Aus seinem Gepäck holt er weitere Requisiten hervor – eine Trinkflasche und einen Hut – beides aus Leder.

---

[17] **Andrés Pastrana Arango** (* 17. August 1954 in Bogotá) ist ein kolumbianischer Politiker. Von 1998 bis 2002 war er Präsident Kolumbiens.

Fotosession mit einem Lama

Ich muss alles zum Einsatz bringen, damit er zufriedengestellt ist. Da ich die Flasche aus Hygienegründen nicht am Mund ansetzen will, werden diese Fotos am Ende recht dämlich aussehen, und ich entsorge sie später fast alle wieder. Er muss es ja nicht wissen. Aber dafür sieht der Hut Klasse aus. Das Fotoshooting wird immer ausgelassener. Der Mann dreht dabei völlig auf, um mich wieder und wieder zum Lachen zu bringen. Selbst wenn die Bilder am Ende gar nichts taugen sollten, ist dadurch diese Session eine bleibende, schöne Erinnerung an 20 Minuten beste Laune. Doch tatsächlich sind sogar wirklich schöne Bilder darunter. Als alle Bilder geknipst sind, nennt der Mann seinen Preis. Der schlägt mich allerdings fast um. Nein, das ist eindeutig zu viel. Ich weigere mich und zahle die Hälfte. Ohne weitere Diskussion und noch immer unglaublich fröhlich und freundlich willigt er sofort ein – wahrscheinlich ist auch diese Hälfte noch weit mehr, als er sonst bei weniger ignoranten Gringos und Gringas verdient. Aber es muss ja nicht nur der Mann davon leben, auch das Lama hat schließlich Hunger.

In der nachgebildeten Smaragdmine von Muzo

Inzwischen hat das Museum geöffnet. Es befindet sich im 23. Stock des Gebäudes der kolumbianischen Fluglinie Avianca, nur ein paar Schritte vom weltberühmten Goldmuseum entfernt. Gleich am Eingang melde mich an und weise mich aus. Dann werde ich zum Lift und von dort aus in den 23. Stock begleitet, wo ich mich erneut ausweisen muss, ein Ticket löse und auf einen Führer warte. Allein darf man hier nicht hinein. In einem nachgebauten Stollen gleich nach dem Eingang erfährt man alles Wesentliche über Bildung, Reinheit, Lagerbedingungen sowie Abbau und Wert von Smaragden. Sie werden in Kolumbien in den Minen von Muzo, Chivor, Coscuez und Gachalá abgebaut. Da sie nicht, wie andernorts, in Granit-Adern oder in metamorphen Gesteinen wie Gneisen, sondern in Kalkgestein lagern, haben sie eine größere Reinheit und besonders intensiv leuchtende Farbe, die durch Beimengungen von Chrom-Ionen im Kristallgitter entsteht. Schon zu präkolumbischen Zeiten war der Abbau von Smaragden eine wichtige Aktivität der eingeborenen Bevölkerung. Diese Edelsteine wurden seinerzeit als Schmuckobjekte und zum Tauschhandel benutzt. Heute ist Kolumbien nach Sambia und Brasilien der drittgrößte Produzent von Smaragden weltweit.

Nach der Besichtigung und Führung kommt für mich die große Frage: Kann ich mir ein paar kleine Smaragdohrringe finanziell leisten? Soll ich? Oder soll ich lieber doch nicht? Ich beschließe, mir diesen Luxus zu gönnen und dafür lieber in den nächsten Wochen allen anderen Kaufversuchungen zu widerstehen. Dort, wo ich hinreise, so bin ich überzeugt, gibt es ohnedies nichts Besonderes zu kaufen. Zum Shoppen bleibt anschließend kein Geld mehr übrig. Hunger habe ich keinen, dafür aber noch immer ein paar Stunden Zeit, die ich hier in der Candelaria, dem historischen Zentrum der Stadt Bogotá, verbringen möchte, bevor ich ein paar Straßen weiter in meinem Hotel meine Koffer hole und mich zum Flughafen fahren lasse. Also gehe ich mal wieder ins Gold-Museum, das ich auf früheren Kolumbienreisen schon viermal besichtigt habe und das mich doch immer wieder fasziniert. Es birgt unglaubliche Schätze aus der präkolumbischen Zeit, von denen der größte das berühmte Goldfloß von Eldorado ist, eine nur 18 cm große, filigrane Goldplastik, deren Entstehung auf die Zeit 600 - 1600 n. Chr. datiert wird. Der Legende nach wird berichtet, dass jeder neue Herrscher des Volkes der Muisca[18] vor Amtsantritt im heiligen Bergsee von Guatavita kostbarste Opfergaben aus Gold und Edelsteinen im See versenkte. Dazu sei er auf ein mit Juwelen und Gold beladenes Floß gestiegen und habe in der Mitte des Sees die Opfergaben den Fluten anvertraut. So soll mit der Zeit ein unermesslicher Schatz aus Gold und Juwelen auf den Grund des heiligen Gewässers zusammengekommen sein. Dieser Inthronisationsritus der Muisca begründete einst die verheißungsvolle Legende von „El Dorado". Tatsächlich hat man bis ins letzte Jahrhundert viele erfolglose Versuche unternommen, diesen Goldschatz vom Seeboden zu bergen. Vielleicht gibt es ihn gar nicht oder zumindest nicht in dieser Menge und eventuell hat man auch am falschen See gesucht. Aus dem „El Dorado" (dt.: „dem goldenen Mann") erwuchsen im Laufe der Zeit weitere Legenden von goldenen Städten und Ländern, die mal hier, mal da liegen sollten und die immer wieder

---

[18] Die **Muisca** waren ein präkolumbisches Volk mit sehr hoch entwickelten Kultur- und Gesellschaftsformen. Vor der Eroberung durch die Spanier im 16. Jahrhundert lebte das Volk in neun Muisca-Staaten, deren mächtigster im Hochland von Bogotá lag.

Kolumbien

Anlass zu grausamen Massakern an der indigenen[19] Bevölkerung in Südamerika und zur Plünderung ihrer Kultgegenstände führten. Das Gold, das die Eroberer auf diese Art erbeuteten, wurde ohne Rücksicht auf seinen künstlerischen Wert eingeschmolzen und ins Mutterland Spanien geschickt. Was den damaligen Plünderungen entging, ist heute über die ganze Welt in Museen verteilt. Ein großer Teil – darunter auch dieses besonders wertvolle Goldfloß – befindet sich im Goldmuseum von Bogotá, das man sich als Reisender in jedem Fall anschauen und für das man sich viel Zeit mitbringen sollte.

Im Goldmuseum

---

[19] Nachkommen einer Bevölkerung, die bereits vor der Eroberung, Kolonisierung oder der Gründung eines Staates durch andere Völker in einem räumlichen Gebiet lebte, sich bis heute als ein eigenständiges „Volk" verstehen und eigene soziale, wirtschaftliche oder politische Einrichtungen und kulturelle Traditionen beibehalten haben.
Kolumbien: 1.380.000 Menschen, etwa 3,4% der Gesamtbevölkerung
Venezuela: 536.000 Menschen, etwa 2,3 % der. Gesamtbevölkerung

Stadt-Zeiten

Präkolumbische Goldschätze im Museum

Am Nachmittag nehme ich ein Taxi und fahre zum Flughafen. Wie erwartet, tauchen dabei keinerlei Schwierigkeiten auf. Da ich diesen Teil der Reise ohne Agentur im Internet gebucht habe, habe ich weder einen Transfer zum Flughafen in Bogotá noch einen in Medellín zu meinem Hotel. Aus diesem Grund habe ich als Unterlagen heute auch nur das elektronische Flugticket dabei.

Auf der Plaza Bolívar im Zentrum von Bogotá

Kolumbien

Straßenszenen

In Medellín angekommen, suche ich mir vor dem Ausgang ein Taxi. Und wo soll das jetzt hinfahren? Wie hieß noch mal gleich das Hotel? Und wo liegt das überhaupt? Der Voucher mit den genauen Angaben dazu ist wieder mal im großen Koffer drin. Ich könnte mir selbst dafür in den Hintern treten. Nichts zu machen, ich muss nachschauen. Also bin ich schon dabei, vor dem Airport-Eingang mitten auf dem Weg meinen Koffer zu öffnen, um dann darin nach den Unterlagen zu suchen. „Wo wollen Sie denn hin?", fragt ein herbeikommender Taxifahrer. Den Namen des Hotels kenne ich zum Glück wenigstens, da ich ihn gestern

Abend noch nachgeschaut habe. Aber Medellín ist eine Großstadt mit 2,4 Millionen Einwohnern. Die Wahrscheinlichkeit, dass der Taxifahrer ausgerechnet mein vermutlich ganz unbedeutendes Hotel kennt, ist gering. Er kennt es auch nicht, doch er meint: „Lassen Sie mal den Koffer zu, das finden wir so heraus", und fragt einen Kollegen. Der fragt den nächsten Kollegen und irgendwann sagt einer „Ja, ich weiß, wo das liegt." Der Koffer bleibt zu, und ich habe meinen Taxifahrer gefunden. Nach knapp zwei Minuten fährt uns allerdings erst mal hinten ein anderes Auto auf die Stoßstange auf. Mein Fahrer verlässt das Auto. Beide Fahrzeuglenker begrüßen sich per Handschlag, stellen sich gegenseitig namentlich vor, tauschen Visitenkarten, beruhigen und beschwichtigen einander, lachen sogar und verabschieden sich wie gute alte Bekannte. Schadensregulierung auf Kolumbianisch. Die Polizei holt man hier nicht.

Kolumbianisches Kunsthandwerk

Mein Hotel ist recht groß, sauber, hell und völlig fantasielos. Es hat den Charme einer Jugendherberge, doch es gibt im Grunde nichts daran auszusetzen und es ist preiswert. Aber in der Nachbarschaft findet eine Feier statt, vom Geräuschpegel her eher ein großes Volksfest, und die halbe Nacht lang ist es unglaublich laut. Noch nicht einmal das Rattern der Klimaanlage kann den Lärm überdecken. In aller Herrgottsfrühe bin ich schon wieder am Umpacken. Der Koffer bleibt im Hotel bis zum Ende meiner nächsten Reiseetappe mit leichtem Gepäck. Dann bin ich für einen ganzen Tag in Medellín. Die Aussicht, dann wieder in diesem unpersönlichen Kasten übernachten zu müssen, ist nicht gerade prickelnd.

Kolumbien

Skyline der Großstadt Medellín

Abends in Medellín

Natur pur im Chocó

Anflug auf Nuquí

Die nächste Tour führt mich an die Küste des Departements Chocó. Dort ist es tropisch heiß, sehr feucht und völlig unerschlossen. Straßen oder Autos, Fernsehen, Funkmasten und auch nur Telefonverbindungen oder ein öffentliches Stromnetz, Wechselstuben oder sogar Banken gibt es nicht. Dafür aber reine und völlig unverfälschte Natur, Regenwälder mit enormem Artenreichtum an Flora und Fauna, Wasserfälle, menschenleere, endlose Traumstrände, ein sauberes Meer und vulkanische Thermen.

Das mit dem Flugzeug zu überquerende Gebiet, der Chocó, ist ein Departement Kolumbiens, das aber weniger für seine große Schönheit, sein unglaublich reiches Ökosystem und eine Menge wertvoller Bodenschätze bekannt ist, als für eine andauernde humanitäre Krise. Im 17. und 18. Jahrhundert brachten die Spanier viele afrikanische Sklaven in diese Region, weil man hier große Goldfunde vermutete und billige Arbeitskräfte für die Minen gebraucht wurden. Heute sind etwa 80 % der etwa 440.000 im Chocó lebenden Menschen afrikanischer Herkunft. Weitere 10 Prozent der Bevölkerung haben indigene Wurzeln. Damit unterscheidet sich die Bevölkerungsstruktur stark von der des übrigen Kolumbiens, wo der Anteil der Afrikaner bei 20 Prozent und die der Indigenen bei offiziell nur zwei Prozent liegt. Laut Studien der Vereinten Nationen leben rund 70 Prozent

Kolumbien

der Chocóaner in Armut und rund 40 Prozent sogar in extremer Armut. Und das, obwohl fast die Hälfte des in Kolumbien abgebauten Goldes und zudem Platin und Silber hier gefördert werden. Doch die fehlende Infrastruktur und der bewaffnete Konflikt führen neben den geringen Investitionen in die Wirtschaft zu großen sozialen Problemen wie eine hohe Arbeitslosigkeit und Kriminalitätsrate. Fehlende Bildungsmöglichkeiten und geringe Zukunftsperspektiven sorgen dafür, dass viele junge Menschen in das kleinkriminelle Milieu abrutschen oder zu Handlangern von Drogenhändlern und Paramilitärs werden.

Direkt an der Pazifikküste sind die Verhältnisse etwas anders als im Landesinneren des Chocó. Zur Zeit des Kautschuk-Booms kamen ab dem Ende des 19. Jahrhunderts die ersten afrokolumbianischen Siedler in diese Region, die dort auf Eingeborenengemeinden der Emberá-Kultur trafen, welche bis dahin in weit voneinander liegenden kleinen Siedlungen in den Tiefen des Urwaldes wohnten. Der überwiegende Teil der afrokolumbianischen Siedler und auch der an der Küste lebenden Emberá lebt heute vom Fischfang und vom aufkommenden Ökotourismus in der Region. In den wenigen Dörfern leben meist einige Emberá-Familien innerhalb der ansonsten vorwiegend afrokolumbianischen Dorfgemeinschaften.

Seine einzigartige und noch weitgehend unberührte Natur ist ein großer Reichtum des Chocó und daher wird zunehmend auf den Ausbau des Tourismus gesetzt, der hier auf einer Basis erfolgt, die nachhaltig ist und, so gut es geht, im Einklang mit der Natur steht. Auf einer Fläche von 46.500 km², entsprechend 1,4 Prozent der Landflächen der Erde, sind im Chocó bis zu 60 Prozent aller auf der Erde bekannten, an Land lebenden Tier- und Pflanzenarten zu finden und somit gilt er weltweit als die Region mit der größten Biodiversität. Viele der Arten sind endemisch, andere kommen nur saisonal vor wie beispielsweise viele Zugvögel. Zudem ist das Meer hier besonders arten- und auch individuenreich. Verschiedene Natur- und Nationalparks[20] sind im Chocó beheimatet, von denen Katíos und Utría die größten und bekanntesten sind. Zu letzterem bin ich jetzt unterwegs. Mein Flug führt dazu zu dem kleinen Ort Nuquí[21] an der Pazifikküste. In dieser Gegend kann man von Juli bis November eine besondere Naturattraktion

---

[20] Im Vergleich:
Kolumbien	1.138.910 km²	56 Nationalparks	126.023,20 km² (gesamt)
Venezuela	912.050 km²	43 Nationalparks	131.748,00 km² (gesamt)
Panamá	75.517 km²	15 Nationalparks	14.311,29 km² (gesamt)
Deutschland	357.022 km²	16 Nationalparks	10.478,59 km² (gesamt)

[21] **Nuquí** ist ein Ort und eine Gemeinde an der Pazifikküste im Nordwesten Kolumbiens im Departamento de Chocó. Die Gemeinde hat 8.576 Einwohner, von denen 3.753 im Ort selbst leben (Stand 2015).

bewundern. Dann kommen die Buckelwale aus den kalten Gewässern der Antarktis hierher in ihr Sommerdomizil, wo sie sich innerhalb der nächsten fünf Monate im relativ ruhigen Wasser des Golfes aufhalten werden, um ihre Babys zu gebären und sie groß zu ziehen.

Buckelwal beim Sprung aus dem Wasser

Zeitgleich kommen auch Leder- und Meeresschildkröten zur Paarung an diese Küste. Sie legen dann ihre Eier an den endlos erscheinenden, dunklen Lavasandstränden ab. Das hoffe ich dort ebenfalls zu sehen und natürlich will ich, wenn möglich, dort noch im Pazifik tauchen. Wenn es an Land nicht klappt – denn die Schildkröten kommen nur in trockenen Nächten zur Eiablage aus dem Wasser heraus – dann werde ich doch ganz sicher zumindest unter Wasser welche sehen können.

Auch an der Landseite, beginnend in den dichten Mangrovenwäldern[22] direkt an der Küste bis hinauf auf die Küsten-Gebirgskette gibt es eine fast nirgends auf der Welt vergleichbare Artenfülle an Pflanzen und Tieren, darunter auch die berühmt-berüchtigten, sehr auffällig bunten, winzigen giftigen Pfeilgiftfrösche, deren korrekte deutsche Bezeichnung „Baumsteigerfrösche" ist (lat. Dendrobati-

---

[22] Wälder aus Bäumen und Sträuchern im Gezeitenbereich tropischer Küsten, die an hohe Salzkonzentrationen und unterschiedlich hohe Wasserstände angepasst sind. Neben Korallenriffen und tropischen Regenwäldern zählen Mangroven zu den produktivsten Ökosystemen der Erde.

dae). Der giftigste unter ihnen ist der „Schreckliche Pfeilgiftfrosch" (lat. Phyllobates terribilis). Sein Name erklärt seine Gefährlichkeit. Er besitzt nicht nur ein Gift, sondern gleich eine ganze Mischung aus vier äußerst giftigen Substanzen. Diese wirken alle auf das Zentralnervensystem und führen zu Muskellähmungen und schließlich zum Tod durch Atemlähmung. Andere Pfeilgiftfrösche haben andere, ähnlich wirkende Gifte. Diese produzieren sie durch die Aufnahme ganz bestimmter Nahrung. Das sind beim schrecklichen Pfeilgiftfrosch spezielle Ameisen, die im Chocó weit verbreitet sind. Das aus der Nahrung aufgenommene Gift speichern die Amphibien und scheiden es anschließend in hoher Konzentration über die Haut wieder aus. Auch im Gebiet von Nuquí sollen verschiedene Pfeilgiftfrösche – gelb-schwarze, rot-schwarze und grün-schwarze – in großer Zahl vorkommen. Sie leben dort, aus Gründen, die ich im Detail nicht herausgefunden habe, erst oberhalb von etwa 600 Meter. Sie zu finden wird wohl nicht einfach werden, aber ich habe es mir fest vorgenommen, nach ihnen zu suchen, mag der Weg zu ihnen hinauf auch noch so beschwerlich sein. Aufgrund ihrer Kleinheit muss man allerdings sehr genau hinschauen, wenn man welche sichten will, denn sie verstecken sich gut in den überall auf den Bäumen als Aufsitzerpflanzen wachsenden Bromelien (Ananasgewächse). Die Chocó-Indianer sammeln traditionell auch heute noch die Frösche, indem sie Blätter um sie herumwickeln, sie dann mit einem Stab aufspießen und über dem Feuer „erwärmen". Eine ziemliche Tierquälerei! Die dann aus den Tieren austretenden Gift-Ausscheidungen werden in einer darunter stehenden Schale aufgefangen. In diese Flüssigkeit tränken die Indigenen die Spitzen ihrer Pfeile. Das Gift wird beim weiteren und stärkeren Erhitzen unschädlich gemacht. Die mit Pfeilgift erlegten Beutetiere müssen also nur noch sehr gut durchgebraten oder gekocht werden, sodass man sich nicht beim Essen an ihnen vergiftet.

Das scheint im Chocó schon eine ganz andere Welt zu sein: Fremd, exotisch, mysteriös und doch wunderschön und ursprünglich. Meine Unterkunft ist, so wie es hier allgemein üblich ist, eine Ecolodge. Nomen est Omen. Ich bin innerlich auf einfachste Verhältnisse eingestellt. Da ich aber auch schon am Amazonas auf einer mehrtägigen Treckingtour sogar in selbst aufgebauten Camps in der Hängematte geschlafen habe, kann mich nichts schrecken. Fünf Tage Unbequemlichkeit können nicht so schlimm sein angesichts der erwarteten Naturschönheiten. Im Jahr 2011 bin ich von der Küstenstadt Buenaventura an der kolumbianischen Pazifikküste mit einer Gruppe Tiermedizin-Studenten auf einem ziemlich schrottreifen Tauchschiff nach Gorgona gefahren, einer ehemaligen Gefängnis-Insel, die heute ebenfalls ein bedeutender kolumbianischer Naturpark ist. Auch dort habe ich schon einmal Wale aus nächster Nähe beobachten können. So einen Anblick vergisst man sein ganzes weiteres Leben wohl nicht mehr. Die Möglichkeit zu ei-

Natur pur im Chocó

nem weiteren Wale-Watching, zugleich aber auch noch dem Kennenlernen der einzigartigen Chocó-Landschaft und eventuell sogar einer Sichtung der berühmten Pfeilgiftfrösche erscheint für mich als Biologin geradezu paradiesisch zu sein. Im Internet versuche ich herauszufinden, wo genau meine Ecolodge liegt – etwa 25 Küstenkilometer vom Ort Nuquí aus in südlicher Richtung. Da es keine Straßen gibt, kommt man von Nuquí aus nur mit dem Boot dorthin. Hinter den Lodges steigt überall die bis zu 900 Meter hohe Gebirgskette steil auf, die mit dichtem Regenwald bewachsen ist. Auf Fotos sieht man die unglaublich schöne Farbkomposition aus tiefblauem Meer, dunkelgrauem Strand und sattgrüner, dichter Vegetation – einer alles bestimmenden Natur. Schöner geht es nicht mehr. Allerdings muss man sich als Besucher darüber klar sein, dass all die Schönheit und das Besondere dieses Regenwaldgebietes eben auch zu einem großen Teil den starken Niederschlägen geschuldet ist. Regenscheu darf man daher nicht sein. Doch die hohen Temperaturen machen einen Regenschutz im Prinzip überflüssig. Man ist eben bisweilen durchnässt. Genau genommen, ist man eigentlich immer irgendwie durchfeuchtet oder nass. Das gehört hier dazu. Kleidung schützt vor zu starker Sonne, Kontakt mit Brennhaaren oder anderen unangenehmen Pflanzenteilen usw., vielleicht auch mal vor Blicken. Ob sie nass oder trocken ist, ist einem in Regenwaldgebieten eigentlich egal. Pro Quadratmeter summieren sich an der Küste des Chocó die Niederschläge auf etwa 7.000 Liter im Jahr bei Durchschnittstemperaturen um 26°C. Grob gesagt regnet es hier also etwa zehnmal so viel wie in Süddeutschland, bzw. es fällt im Monat mit den stärksten Niederschlägen, dem August, fast so viel Niederschlag wie in meiner Heimatgemeinde im ganzen Jahr. Für meine Reisezeit im September heißt das, dass ich mich auf besonders heftige Regenfälle und hohe Temperaturen einstellen muss. Da es meistens abends beziehungsweise nachts regnet, ist aber am Tag dennoch mit Sonnenscheinstunden zu rechnen, eventuell mal durch einen Schauer unterbrochen. Das ist ja das Schöne in den immerfeuchten Tropen: Es gibt keinen tagelang anhaltenden Landregen wie bei uns, sondern heftige Schauer, häufig als Gewitter, und danach ist es wieder trocken – zumindest von oben. Der Boden bleibt natürlich noch lange matschig und tief durchfeuchtet. Das sollte man beim Einpacken von Schuhen bedenken. Gummistiefel kann man sich fast überall vor Ort leihen. Für kleine Wege trägt man hier im Allgemeinen Flip-Flops und fürs Trecken und Wandern entsprechende Sportschuhe, die durch Feuchtigkeit keinen dauerhaften Schaden nehmen.

Der Blick während des Fluges über den Chocó ist einmalig schön. Unten liegen durchgehend bewaldete Bergketten und zahllose Flüsse. Nur ganz selten sieht man auch einmal eine kleine Siedlung. Zum Glück sind auf dieser Strecke keine illegalen Umweltzerstörungen zu erkennen. Die kommen wohl eher dort vor, wo keine Flugroute darüber zieht. 80% der kolumbianischen Goldminen sollen illegal sein. Schweres Gerät wird eilig in Nacht- und Nebelaktionen per Lastenhubschrauber dorthin gebracht, da es ja keine oder zumindest fast keine Straßen gibt. Dann werden in aller Eile – bevor es entdeckt wird – großflächig Bäume gefällt und die darunter liegende Erde brutal Dutzende Meter tief mit Baggern ausgeweidet, bis man auf goldführende Schichten stößt. Das Gestein wird in Maschinen sortiert. Bei der anschließenden Auswaschung des Goldes gelangt oft hochgiftiges Quecksilber in die Flüsse. Die Landschaft bleibt zerstört zurück. Ganze Flussläufe verändern ihren Lauf, Erdrutsche zerstören Täler, Wasser und Lebewesen werden vergiftet – aus dem Paradies wird dann durch Menschenhand ganz schnell und rücksichtslos eine Hölle gemacht. Rund 170 Quadratkilometer des Primärregenwaldes[23] sollen – laut Spiegel-online – allein 2014 in Kolumbien den Minen zum Opfer gefallen sein – mehr als die Hälfte der Fläche von Bremen. Und das, obwohl – laut Regierung – seit 2010 rund 8.200 Personen festgenommen worden sind und Minenbetreiber bis zu 30 Jahre Haft befürchten müssen. Nun sind sechs neue Nationalparks geplant, die einer stärkeren Kontrolle unterliegen sollen. Wenn man aber ein solch großes, undurchdringliches Gebiet überfliegt, merkt man, welche Schwierigkeiten es wohl bereitet, dort illegale Machenschaften rechtzeitig zu entdecken und wirkungsvoll zu unterbinden.

Von Osten nach Westen mäandrieren mehrere Flüsse in Richtung Küste, der breiteste darunter ist der Río Nuquí, an dessen Mündung sich die gleichnamige kleine Gemeinde Nuquí entwickelt hat. Der Flughafen ist noch kleiner als der von La Macarena, was zur Winzigkeit der Flugzeuge passt. Vor dem Ausgang wartet schon der Besitzer der Lodge auf mich. Da er noch ein paar andere Touristen gleich mit einer anderen Maschine erwartet, setzen wir uns erst einmal hin und lernen uns bei einem Glas Saft kennen. Endlich komplett – noch ein junges, sehr nettes Paar ist angekommen – gehen wir ein paar Meter zur Bootsanlegestelle. Entlang des Flusses stehen die ärmlichen Pfahlbauten der Einheimischen, hier sitzen Pelikane, Kormorane, Flamingos und Papageien, am Ufer wächst dichte Mangrovenvegetation. Die einzigen Motor-Verkehrsmittel sind Boote. Sie erledigen den Transfer zwischen Flughafen und Lodges, sind aber auch dafür da, die Touristen zum Wale-Watching und von den Lodges zu entfernteren Stellen zu transportieren – so etwa wie Wassertaxis. Vorne im Boot liegt eine dicke Plastikplane, in die unser Gepäck eingewickelt wird und ab geht es, vorbei am Kontrollpunkt des Militärs, vom Fluss ins Meer und anschließend mit großer Geschwindigkeit an der Küste entlang. Außer einer atemberaubenden Naturlandschaft aus Bergen, Strand, Bäumen und Meer gibt es hier nichts. Nach etwa einer Dreiviertelstunde sieht man die ersten kleinen Lodges. Dazwischen wieder unberührter

---

[23] Vom Menschen noch gänzlich unbeeinflusster Urwald.

Dschungel. Noch eine Viertelstunde später fährt unser Boot in eine kleine Bucht hinein, in der sich große Wellen brechen. Schon sind wir nass. Man kann nicht bis zum Strand fahren, einen Anlegesteg gibt es nicht. Also ziehen wir unsere Schuhe aus und krempeln die Hosenbeine hoch. Leider nicht hoch genug – ich stehe nach dem Aussteigen fast bis zum Po im Wasser. Meine Fototasche lasse ich lieber von jemandem tragen, der nicht wie ich dazu ein Talent hat, auf einen Stein zu treten und deshalb gleich ins Wasser zu fallen. Das restliche Gepäck wird ohnedies von anderen getragen, die uns hier unten bereits erwarten.

Die Ecolodge

Die Lodge liegt leicht erhöht über der Bucht. Auf einem kleinen Fußweg gelangt man durch den Mangrovenwald in etwa fünf Minuten zum Haupthaus. Ich muss stehen bleiben und staunen: Was für ein Anblick! Ganz aus Holz, ringsum ein parkähnliches Gelände, bunte Blüten überall, ein Blick weit über das blaue Meer hinaus – einfach wunderschön. Mein Zimmer soll sich, so sagt mir der Besitzer, in einem weiter entfernt liegenden Gebäude befinden. Es muss allerdings erst noch hergerichtet werden, dazu habe heute Morgen die Zeit nicht mehr gereicht „Dafür ist es unser schönstes Zimmer", sagt er. Ich kann aber erst einmal ein anderes leeres Zimmer in diesem Haus benutzen, um mich frisch zu machen und umzuziehen. Denn unmittelbar nach dem Mittagessen geht es heute zum ersten Mal los zur Wal-Beobachtung. „Schaut, da hinten sieht man schon welche!" Tatsächlich – nicht weit weg scheinen mehrere Mütter mit Nachwuchs unterwegs zu sein. Fontänen spritzen auf, große Körper schießen elegant aus dem Wasser und am Ende tauchen die Schwanzflossen wieder majestätisch ins Wasser ein. Ich habe noch nicht einmal mein Zimmer bezogen und schon die ersten Buckelwale gesehen!

Das Meer unterhalb meiner Lodge

Strandimpression

Die Küchendamen und alle anderen Mitarbeiter der Lodge werden uns vorgestellt. Die meisten von ihnen sind Afrokolumbianer, aber auch ein junger Emberá-Indigener ist darunter. Nun ist die „Familie" komplett. Tatsächlich hat man hier ein Familiengefühl, das ganz bewusst von den Betreibern der Lodge gefördert wird. So essen wir gemeinsam an einem großen runden Tisch, auch der Besitzer und seine liebenswerte Partnerin. Da die Küche offen ist, sind zudem die Küchendamen ins Geschehen und die Gespräche ständig mit einbezogen. Aus anfänglich reiner höflicher Konversation entwickeln sich in kurzer Zeit persönliche Gespräche, und man fühlt sich in einer netten Gemeinschaft sehr gut aufgehoben und umsorgt. Am ersten Tag sind wir vier Gäste: außer mir das junge Paar, das mit mir zusammen eingetroffen ist, dazu noch ein sehr netter Mann aus Bogotá, der bereits einen Tag vorher angekommen ist. Am nächsten Tag kommt ein französisches Paar dazu, das in Kolumbien wohnt – eine Mutter und ihr erwachsener Sohn. Das soll im Wesentlichen unsere Gruppe bei Touren sein. Die beiden Franzosen sind zudem auch Taucher, sodass ich mit ihnen zusammen meinen Tauchtag mache. Nach drei Tagen kommen weitere Leute, während andere bereits wieder abreisen. Dennoch hat man durchgehend eine sehr herzliche nette Gemeinschaft aus wechselnden Mitgliedern, die stets aus einer sehr überschaubaren Zahl von Personen besteht. Und die Crew der Lodge, die „Stammfamilie", bleibt ja auch durchgehend erhalten. Die gemeinsam unternommenen Touren und die dabei erlebten Abenteuer schweißen darüber hinaus erst recht zusammen. Wir sind wirklich eine sehr fröhliche kleine Truppe und werden auch nach der Reise miteinander in Kontakt bleiben.

Außer der Wal-Beobachtung gibt es hier noch eine Menge anderer Dinge zu sehen und zu tun. Wir setzen uns zusammen und beraten, was wir gemeinsam unternehmen wollen, da man für vieles ein Boot braucht und dieses dann von der Leitung der Lodge für uns erst angeheuert werden muss. Die wenigen in der Region verfügbaren Boote fahren nur, wenn sie vollzählig besetzt sind. Das muss nicht unbedingt alles von einer Lodge aus erfolgen, man kann auch Passagiere von verschiedenen, benachbarten Lodges abholen und sie gemeinsam transportieren. Andere Ziele sind von unserer Lodge aus auch zu Fuß erreichbar. Sogar eine Kombination, bei der nur der Hin- oder Rückweg mit dem Boot erfolgt, ist möglich. Etwa 20 Minuten mit dem Boot entfernt, kann man bei einem kleinen Weiler namens Coquí eine Art Einbaum, hier „Chingó" genannt, mit Bootsführer anheuern. Damit fährt man etwa eine Stunde lang durch die Mangrovewälder den Río Coquí landeinwärts.

Bei einer Tour zu einem anderen Fluss, dem Río Joví, kann man sich für einen anderthalbstündigen Fußmarsch oder einen zwanzigminütigen Bootstransfer entscheiden. Auch hier kann man mit einem Chingó eine wunderschöne Fahrt den Fluss landeinwärts unternehmen und am Chontaduro-Wasserfall baden. Wie schon beim Río Coquí hat sich an der Mündung des Flüsschens, der Quebrada, ein kleiner Ort angesiedelt, der den gleichen Namen trägt wie der dazu gehörende Fluss. Das ist hier prinzipiell so üblich, wie ein Blick auf die Karte zeigt.

Eine reine Fußtour führt hinter der Lodge steil bergauf in das Gebiet, in dem die Pfeilgiftfrösche heimisch sind, eine weitere zu kleineren Wasserfällen, darunter auch die Cascada del Amor, der Liebeswasserfall, oder man wandert zum Río Terco, der ganz in der Nähe unserer Lodge ins Meer mündet. Auch hier gibt es eine tolle Stelle, an der das Wasser über zwei Meter tief ist, und wo man herrlich im kristallklaren Wasser baden oder auch Kajak fahren kann.

Nur mit dem Schiff zu erreichen ist Cabo Corrientes, ein weit ins Meer vorspringendes Kap südlich der Lodge am Ende des Golfes von Tribugá. Die hohen Wellen des offenen Pazifischen Ozeans treffen dort auf die ruhigen Wässer des Golfes. In dieser Wassermischung ist das Nahrungsangebot sowie das Sauerstoff-Angebot sehr groß, daher findet man hier besonders viele Fische und folglich auch Tiere, die von ihnen leben, wie vor allem Seevögel und Wale. Aus diesem Grunde ist es auch das bevorzugte Tauchgebiet der Region, denn schon bei der Bootsfahrt und erst recht unter Wasser gibt es eine enorme Fülle an Lebewesen zu beobachten.

Wer noch weiter fahren möchte, kann eine zweistündige Fahrt zum nördlich anschließenden Park Ensenada de Utría unternehmen. Das ist eine schmale, fjordähnliche Bucht des Pazifiks. Nördlich davon kann man dann auch eine kleine Indigenen-Gemeinde der Emberá am Río Chorí besuchen.

Und wer einfach nur einmal relaxen und sich selbst verwöhnen möchte, wählt eine Wanderung an einem der schönsten kolumbianischen Strände, wo in Nähe eines kleinen Bachs Thermalquellen aus dem Boden austreten, die man in einem Becken gefasst hat. Da kann man dann zwischen dem relativ kühlen Bach und dem Thermalwasser eine Art Kneippkur machen.

Wie bringt man all das in fünf Tagen unter? Unsere Gruppe zieht sich zur Beratung zurück. „Kann man auch Touren kombinieren?" „Wenn alle einverstanden sind und das mit dem Boot machbar ist, stellt das gar kein Problem dar", wird uns gesagt. Hier ist man vollkommen flexibel. Köchin Maria weist uns auf ein großes mehrtägiges Fest in der Gemeinde von Coquí hin, das übermorgen am Mittag seinen Höhepunkt hat. Dort gibt es alles zu essen, was die Region hergibt. Die Küche des Chocó ist bekannt dafür, besonders schmackhaft zu sein. Wir beschließen deshalb, dann dort unser Mittagessen einzunehmen und danach nach Coquí weiterzufahren, wo wir gemeinsam die Chingó-Tour unternehmen wollen. Die soll nämlich ganz besonders schön sein.

Natur pur im Chocó

Ansonsten gefällt uns die Idee, unsere Ziele zu Fuß direkt von der Lodge aus anzusteuern, zumal man die längste Zeit dabei immer an dem traumhaft schönen, schwarzen Sandstrand unterwegs ist. Da ich ja auch am Cabo Corrientes einen Tauchtag und zudem noch die Walbeobachtungstour habe, reicht mir die eine zusätzliche Boots-Unternehmung. Ich hebe mir den Rest für einen weiteren Besuch zu einem späteren Zeitpunkt auf. Denn so schön wie es hier ist, komme ich sicher gerne einmal wieder hierher zurück.

Wale-Watching

Kolumbien

Nach dem Mittagessen geht es sofort los zum Strand, wo das Boot schon auf uns wartet. Das Einsteigen erfolgt, wie auch schon zuvor das Aussteigen, mitten im Wasser, wobei wieder mal ein günstiger Moment zwischen den hohen auflaufenden Wellen abgewartet werden muss. Hier muss man sich wirklich beeilen, will man nicht schon vor der Abfahrt klatschnass sein. Und einen erwischt es immer – dieses Mal zum Glück nicht mich. Heute sollen sich hier besonders viele Wale tummeln, weshalb kurzfristig das Wale-Watching angesetzt wurde. Wir sind alle gespannt wie Kleinkinder auf die Weihnachtsbescherung und lassen unseren Blick über das weite Meer schweifen. Nichts! Keine Wale? „Es sind immer welche da", sagt unser Bootsführer. „Und wenn sie da sind, müssen sie auch atmen. Das sieht man dann, weil sie dabei hohe Fontänen in die Luft blasen. Habt einfach etwas Geduld." Lorena, die junge Kolumbianerin aus meiner Lodge, fragt, ob das denn das Wasser sei, was ihnen beim Tauchen in die Atemwege gelangt sei. „Nein, das ist feuchte, warme Atemluft mit kondensiertem Wasser, das mit mehreren Atmosphären Druck ausgestoßen wird. Beim Herausschießen aus dem Nasenloch dehnt sich die Luft aus und kühlt ab. Dann sieht man die entstehenden Wassertröpfchen, die eigentlich so etwas wie ein Sprühnebel sind", wird erklärt. „Wir erkennen die Walarten an der Höhe und Form der Fontänen. Es gibt ja nicht ausschließlich die Buckelwale hier. Sie sind nur die häufigsten. Erst vor kurzem haben wir hier sogar Orcas gesehen."

Plötzlich ertönt ein lautes, blechern hohles Maschinengeräusch rechts vom Boot. Was war jetzt das? Keine Maschine, sondern tatsächlich ein gigantisches Buckelwalweibchen, das die Luft, den sogenannten Blas, in einem hohen, buschigen Strahl ausgestoßen hat, der an einen Springbrunnen erinnert. Und gleich darauf eine kleinere Fontäne – das Junge. Was für ein Geräusch! Und was für ein Anblick! Leider so überraschend, dass keiner rechtzeitig seinen Fotoapparat einsetzen konnte. In der Ferne sehen wir zwei weitere Boote auf dem Wasser kreisen und zwischen ihnen mehrere Fontänen. Dann springt die Walkuh ganz in unserer Nähe weit über die Wasserfläche hinaus, dreht sich in der Luft, und taucht kopfüber wieder ein. Am Ende sieht man noch die riesige Schwanzflosse, Fluke genannt, in die Wasseroberfläche eintauchen. Sie ist, wie der ganze Buckelwal, auf der Oberseite dunkel und auf der Unterseite weiß und somit ein eindeutiges Erkennungsmerkmal, ebenso wie der charakteristische Buckel, den er beim Abtauchen bildet, der ja auch zum Namen dieser Walart beigetragen hat. Was tun wir jetzt? Sollen wir hier bei Mutter und Kind bleiben oder zu den anderen Booten und Walen weiterfahren? Buckelwale sind wendig und recht schnell – wer weiß, ob die Gruppe noch da ist, bis wir hinzukommen. Doch die Mama und ihr Nachwuchs sind selbst auch schon weitergezogen. Drei Minuten später sieht man beide links vom Boot erneut auftauchen. Gigantisch! Und leider wieder zu schnell

Natur pur im Chocó

für ein ordentliches Foto. Wenn man nicht weiß, wo das nächste Auftauchen erfolgt und dann erst im Sucher nachschauen muss, ist der dafür geeignete Moment meistens schon wieder vorbei. Wale zu fotografieren ist wirklich keine leichte Sache. Stattdessen ist die Beobachtung als solche ein unglaublich beeindruckendes und berührendes Erlebnis. Es zu sehen ist wichtiger als es zu fotografieren. Natürlich mache ich dann doch einige Bilder, aber im Grunde ist es mir egal. Das wichtigste in so einem Moment ist nicht ein Foto, sondern das Gefühl, einen Wal aus nächster Nähe sehen zu dürfen. Je näher wir an das Cabo Corriente kommen, desto häufiger sind die Wal-Sichtungen ringsum. Nach etwa anderthalb Stunden gibt der Akku meines Fotoapparats den Geist auf und der Ersatzakku liegt leider noch im Koffer. Aber ich habe – wenn auch meistens von weitem – immerhin schon eine ganze Menge Fotos geschossen. Am Himmel ziehen nun tiefdunkle, schwere Wolken auf. Die Küste ist immer noch hell beschienen, der Wald erscheint leuchtend grün, dahinter türmen sich dunkelgraue Wolken. Es naht sowohl der Abend als auch ein Gewitter. Also fährt das Boot nun wieder zurück zur Lodge. Wir waren ziemlich weit weg, aber in der Aufregung um die Wale hat das von uns Touristen gar keiner gemerkt. Inzwischen hat die Flut eingesetzt. Beim Ankommen sind die Wogen noch höher als beim Einsteigen ins Boot. Ich halte den Fotoapparat hoch über den Kopf, als uns alle eine auflaufende Welle auf halbem Weg zwischen Boot und Ufer voll erwischt. Wenigstens wirft sie mich nicht auch noch um. Nass sein ist hier Programm und völlig unwichtig. Aber das gilt nur für Personen, nicht für Fotoapparate.

Inzwischen ist in der Lodge mein Zimmer fertiggestellt worden. Es befindet sich in einem anderen Gebäude und zwei Männer begleiten mich und tragen mein Gepäck. „Du musst dich hier immer begleiten lassen. Gehe nie allein", sagt die Besitzerin der Lodge zu mir. Unterwegs wird mir auch klar warum. Der schmale Weg geht über Stock und Stein, quert einen Bach, geht hinunter ans Meer und wieder bergauf. Wie soll ich da denn abends laufen? Sogar mit einer guten Taschenlampe ist der Pfad eine echte Herausforderung. Ausgerechnet ich, die Älteste, bin in einem anderen Gebäude einquartiert, das nur über so einen mühsamen Weg zu erreichen ist. Ich werde viel Lauferei haben, denn die Mahlzeiten werden im Haupthaus eingenommen. Endlich taucht ein anderes schönes Gebäude auf. Aber nein, das ist es noch nicht. Der Weg geht weiter und erscheint mir endlos lang zu sein. „Es sind wirklich nur fünf Minuten", sagt der Besitzer. „Das kommt einem nur beim ersten Mal länger vor." Na, hoffentlich hat er Recht. Aber dann taucht das Gebäude auf – ein echter Traum, jeden noch so weiten Weg wert. „Du bist momentan dort ganz allein. Das ist erst mal alles deines", erfahre ich. „Erst übermorgen kommen noch zwei andere Paare." Der steinige Weg führt den Berg hoch und dann sind wir angekommen. Ein wahres Paradies! Mein Zimmer ist ganz oben unterm Dach. Eine Art Galerie. Drei Seiten meines Reichs scheinen über dem Haus zu schweben. Vom Bett aus ein endloser Blick auf das Meer. Und ein Geräuschpegel, der lauter ist als eine Flugzeugstartbahn. Allerdings aus Naturgeräuschen, nämlich der Brandung. Da unter dem Haus die Küste steil und das Ufer felsig ist, brechen sich die Wellen an den großen Steinen. Und da das Gebäude wie ein Adlerhorst auf einer vorspringenden Felsnase steht, hört man jede einzelne von ihnen gleich mehrfach irgendwo dagegen donnern. Einen Stock tiefer gibt es eine große umlaufende Terrasse und auch noch drei – momentan allerdings unbewohnte – Zimmer. Daher habe ich die Toilette mit Waschbecken in diesem Stockwerk und einen Stock tiefer zudem noch ein großes Badezimmer, das sich zum Teil im Freien befindet, ganz für mich allein. Es gibt einen kleinen Swimmingpool, der gerade frisch aufgefüllt wird, und eine Küche wie auch im Haupthaus. Wenn viele Gäste da sind, so erfahre ich, wird in beiden Küchen gekocht. In einem kleineren Haus daneben wohnt Emerson, der so etwas ist wie der Majordomus, das Faktotum der Lodge. Was immer ich wissen will oder brauche – er ist zur Stelle und hilft. Mit ihm zusammen wandere ich auch zum Amphibienschutzgebiet. Als ich am Fuß zwei offene Blasen habe, verarztet er mich mit Pflaster. Er lädt die Akkus meines Handys und meines Fotoapparates auf und bringt mir morgens unaufgefordert selbst gepflückte Papaya aus seinem eigenen Garten und dazu einen köstlichen schwarzen Kaffee, Tinto. So gestärkt gehe ich dann zum Haupthaus zum Frühstück. Tatsächlich scheint der Weg immer kürzer zu werden. Als Emerson auch am nächsten Tag noch aus einem Brett eine Behelfsbrücke über das Flüsschen für mich baut, ist alles ganz easy. Nur abends, wenn es dunkel ist, muss ich trotz meiner starken Taschenlampe hier mächtig aufpassen und, wie gesagt, immer in Begleitung gehen. Nach dem Abendessen begebe ich mich zum Schlafen in „mein" Haus. Ein leichter Nieselregen hat inzwischen begonnen, den ich als angenehm kühlend empfinde, denn immerhin ist es knapp um die 30°C warm. In dem riesigen Zimmer der „Villa Adlerhorst" packe ich vor dem Schlafen noch schnell meinen Koffer aus. Wieder mal gibt es keinen Schrank, dafür aber in dieser wirklich sehr großen Unterkunft so viele Ablagemöglichkeiten, wie man nur brauchen kann. Draußen braut sich inzwischen ein wahres Unwetter zusammen. Das Meer tobt geradezu. Über den Himmel ziehen permanent irgendwo Blitze und da mein Zimmer ja auf drei Seiten zwar überdacht, aber ansonsten offen ist, erleuchtet auch jeder einzelne mein Zimmer fast taghell. Was das restliche Licht anbelangt, muss ich mir mit Taschenlampe und E-Book-Licht behelfen, denn um die Zimmerbeleuchtung anzuknipsen, müsste ich vom Bett aus etwa zwei Meter weit laufen. Irgendwie nicht richtig durchdacht, meine ich. Ich fühle mich in meinem Bett den Naturgewalten ziemlich ausgeliefert und daher zunehmend unwohl. Nun bricht auch noch ein Sturm an, der mitten durch mein Zimmer zu ziehen scheint. Das Moskitonetz über mir bauscht

Natur pur im Chocó

sich auf wie eine Fahne am Mast. Zugleich öffnet der Himmel seine Schleusen. Oben direkt unterm Dach ist es natürlich besonders laut. Kräftig prasselnder Regen, Wind, der durch das Zimmer pfeift, Blitze ringsum, das Toben der Brandung unterm Haus – das bleibt für viele Stunden so. Ich werde allmählich richtig ängstlich. Was ist, wenn der Blitz hier einschlägt? So hoch oben und exponiert, wie das Haus liegt? Und schlagen Blitze nicht dann auch immer noch an der höchsten Stelle ein? Was befindet sich genau dort? Mein Bett! Merkt denn irgendjemand in den anderen Häusern, wenn mir hier irgendwas passiert? Gibt es überhaupt einen Blitzableiter? Kann ich mich irgendwie schützen? Im Notfall Hilfe holen? Was soll ich tun? Ich habe keine Ahnung und mache das, was am einfachsten ist: Nichts! Ich bleibe im Bett liegen, lausche Sturm, Wolkenbruch und Wellen und beobachte die Blitze. Irgendwann gegen Morgen schlafe ich endlich auch richtig tief. Da weckt mich ein ohrenbetäubender Lärm. Eine gefühlte Mischung aus hundert Kreissägen, Eseln und Wolfsgeheul, das von allen Seiten zu kommen scheint. Alarmiert eile ich sofort aus dem Bett auf die Terrasse und schaue mich um. In den Bäumen hinter dem Haus wackelt es heftig. Als mich Emerson von unten sieht, ruft er hoch: „Brüllaffen! Die haben wir hier statt Wecker. Es gibt gleich Frühstück!" Er erklärt mir, dass die Brüllaffen auf diese Art ihr Territorium abgrenzen. Brüllen dient aber auch zur Kommunikation innerhalb der Gruppe oder bei Junggesellen, um Anschluss an eine neue Gruppe zu suchen. Wahrscheinlich brüllen sie oft auch einfach aus Freude am Brüllen. Die lauteren Brüller sind die Männchen. „Ich habe gelesen, je lauter die brüllen, desto kleiner sind ihre Hoden!". Das amüsiert mich und ich denke mir: „Das ist ja der Brüller!" Aber habe ich das denn auch wirklich richtig verstanden? Wochen später, daheim beim Googeln, finde ich tatsächlich die Bestätigung. Bei solchen Fakten schießen einem als Frau natürlich gleich viele lustige Gedanken durch den Kopf, aber keine Angst, ich schreibe sie hier nicht nieder. „Brüllen verhindert zudem energieaufwendige Kämpfe beim Zusammentreffen verschiedener Gruppen. Je lauter das Gebrüll, desto eher schreckt es ja eine fremde Gruppe ab", führt Emerson weiter aus. Mund- und Halsbereich der Brüllaffen sind durch eine Wölbung des Zungenbeins und eine Vergrößerung des Schildknorpels, sowie durch die Ausstülpung von Kehlkopftaschen wie Schallverstärker gebaut. Und da auch meist nicht nur ein einzelner Affe, sondern in aller Regel die ganze Gruppe brüllt, ist ihr Geschrei bis zu 10 Kilometer weit zu hören. Kein Wunder also, dass ich vor Schreck fast aus dem Bett gefallen wäre. Die Gruppe, die mich geweckt hat, ist keine 25 Meter vom Haus weit weg und hangelt mithilfe ihrer langen Greifschwänze durch die Bäume. Eine Mutter mit einem Baby auf dem Rücken wechselt gerade den Baum. Dabei lässt sie die Hände los, schwingt den Körper kräftig durch, greift ganz lässig nach einem Ast auf dem nächsten Baum und zieht so lange, bis sie sich eine Art Kletterbrücke geschaffen hat. Erst als sie drüben sicher angekommen ist, lässt ihr Greifschwanz den Ast los, an dem sie sich vorher damit festgehalten hat und sucht umgehend Halt auf einem Ast im neuen Baum. Auch sie ist die ganze Zeit kräftig am Brüllen. Toll, dass ich in meinem Haus praktisch auf Augenhöhe mit der Affenbande bin. Ich kann sie perfekt beobachten.

Das Haus meiner Unterkunft

„Mann, war das eine Nacht!", sage ich zu Emerson, als wir anschließend miteinander unseren Tinto trinken. „Warum? Das war doch nur ein Gewitter!", kommt die Antwort. Naja, denke ich. Aber was für eines! „In dieser Jahreszeit gewittert es fast jede Nacht", sagt er. Das mit dem Blitzableiter frage ich lieber doch nicht. Ich könnte es auf Spanisch auch gar nicht, und es wäre mir jetzt sogar irgendwie peinlich, so etwas wissen zu wollen. Wenn es hier so oft Gewitter gibt, wird das Haus wohl auch an die Situation auf irgendeine Art angepasst sein.

Natur pur im Chocó

Angst müsse ich keine haben, sagt Emerson, der meine Bedenken doch zu ahnen scheint. Er wohne ja direkt neben dem Gästehaus und habe alles im Blick und unter Kontrolle. Sehr beruhigend.

Wenn man aktiv gegen Lärm und Blitze „anschläft" und ganz bewusst alle Störungen ausblendet, erreicht man tatsächlich ungeahnte Schlaftiefen. In der zweiten Nacht, ebenfalls mit heftigem Gewitter und entsprechender Geräuschkulisse, Beleuchtung und Luftbewegung im Raum, schlafe ich daher fest wie ein Stein bis zum markerschütternden morgendlichen Weckschrei der haarigen Gesellen in den Bäumen neben dem Haus. Um den zu überhören, müsste ich allerdings stocktaub sein. „Frühstückszeit", denke ich und stehe auf. Es ist aber erst fünf Uhr. Nein, da lege ich mich doch lieber nochmal hin. Oder soll ich erst mal von der Terrasse aus schauen, ob die Wale schon unterwegs sind? Tatsächlich. Nicht weit von der Lodge geht im Schein der Morgendämmerung eine Fontäne hoch, danach wölbt sich ein Rücken aus dem Wasser, bevor die Schwanzflosse, steil nach oben gerichtet, in die Wellen abtaucht. Einen Tag mit solchen Naturerlebnissen beginnen zu dürfen, ist wirklich wie ein Geschenk. Ich bin zwar noch immer müde, habe aber Angst, noch etwas Schönes zu verpassen, wenn ich mich wieder ins Bett zurückziehe. Also lege ich mich auf der Terrasse in eine Hängematte und döse bis zum Frühstück im Halbschlaf und mit viel Genuss vor mich hin. Das monotone Gebrüll der Affen lullt mich trotz aller Lautstärke ein und irgendwann werden die Tiere wieder ruhig. Sie brüllen am liebsten und lautesten während der Dämmerung und die ist in den Tropen ja immer nur kurz. Vielleicht sind sie aber auch weitergezogen, um sich anderswo ihre Blätternahrung zu pflücken.

Lorena und Christian, das nette Paar aus Bucaramanga und Carlos aus Bogotá sitzen bereits am Frühstückstisch. „Wie hast du da hinten allein in deinem Privatschloss heute Nacht das schlimme Gewitter überlebt?", fragen sie. Na also, es war nicht nur mein persönlicher Eindruck. Sogar für Kolumbianer, die ganzjährig tropische Verhältnisse kennen, war dieses Unwetter besonders heftig. Dass ich auch noch unterm Dach, von der tosenden Außenwelt nur getrennt durch ein Holzdach, geschlafen habe und vor Angst nicht eingegangen bin, ringt ihnen Respekt ab. „Hast du nicht Angst davor gehabt, der Blitz könnte einschlagen?" „Doch, ehrlich gesagt, hatte ich sogar riesige Angst. Ich wusste nur nicht, wie ich mich schützen und anders verhalten sollte. Nur deshalb bin ich einfach im Bett liegen geblieben". „Du hättest ja zu uns kommen können", meint Carlos. „Ja, du Schlauberger, wie denn bei dem Unwetter? Das Haus ist doch viel zu weit weg. Da wäre ja der Weg noch gefährlicher gewesen als es das Bleiben im Haus schon war." Die anderen wissen gar nicht genau, wo und wie weit weg meine Unterkunft ist. Von ihrem Haus aus kann man meines nämlich nicht sehen, weil die

Vegetation zu dicht ist. „Das schauen wir uns gleich mal an, wenn wir da vorbeiwandern." Heute haben wir uns für zwei Fußtouren entschieden, eine am Morgen, eine weitere nach dem Mittagessen. Zunächst einmal wollen wir nach Norden zu zwei Wasserfällen, einem davon mit dem wunderschönen Namen Salto del Amor (Liebeswasserfall). Nach fünf Minuten kommen wir unterhalb meines Domizils vorbei. „Und dort ganz oben unter dem Giebel steht mein Bett!", erkläre ich. „Ein Wahnsinnszimmer! Drei Betten, jede Menge Platz und ein endloser Blick aufs Meer. Dazu zwei Badezimmer, ein eigener Pool, eine Terrasse im ersten Stock, eine Vielzahl von Hängematten, Liegen, Sofas, eine Küche..." schwärme ich ihnen vor. Also machen wir einen Abstecher und ich mache eine kurze Hausführung. „Toll, aber dafür bist du hier ganz allein!". Lorena bringt es auf den Punkt. „Dann ändern wir das eben", meint Carlos, der Pragmatiker. Fortan besuchen wir einander gegenseitig. Ich gehe zu den Mahlzeiten ohnedies zu ihnen hinüber. Ich könnte auf Wunsch allerdings auch im eigenen Haus essen. Aber nein, ich ziehe Gesellschaft vor, noch dazu so besonders nette. Nun kommen eben ein paar kleine Besuchs-Spaziergänge der anderen mit dazu. Die Hausangestellten und das Leiterpaar der Lodge sind ohnedies ständig zwischen den Häusern unterwegs. Wirklich allein bin ich nie. Und das Auf und Ab zwischen den Häusern ist ja auch gut für die Kondition.

Von hier an haben wir einen Guía, den jungen Emberá aus der Lodge. Er weiß, wo wir von unserer Strandwanderung abbiegen müssen, sonst könnten wir vielleicht beim falschen Flüsschen landeinwärts gehen. Da es hier ja keine richtig erkennbaren Wege gibt, ist es schwierig, die richtigen Abzweigungen auch als solche zu erkennen. Unterwegs kommt uns ein deutsches Paar entgegen. Sie sind mit demselben Flugzeug wie ich aus Medellín gekommen, und wir haben am Flughafen bereits ein paar Worte miteinander gewechselt. „Na, wie gefällt es Ihnen in Ihrer Lodge?" Zweimal die gleiche Frage, zweimal die gleiche Antwort: „Es ist dort einfach fantastisch schön." Wir kommen heute an ihrer vorbei, und sie werden sich auf ihrer Wanderung zu den Thermalquellen unsere anschauen. Die Lodge der Deutschen ist größer und, laut Internet, auch teurer als unsere. Sie liegt niedriger, schwebt also nicht so hoch über der Bucht wie unsere. Es gibt mehrere kleine Häuschen für die Gäste, nicht wie bei uns große Häuser mit einzelnen Zimmern. Ansonsten scheinen die Lodges vom Konzept her aber alle ähnlich oder sogar gleich zu sein: Eigene Wasserversorgung aus einem Bach, eigener Strom aus Solarenergie. So wenig Eingriff in die Natur wie möglich. Und, egal bei welcher Lodge, es scheint immer eine fantastische und äußerst kreative Küche zu geben. Auch von den anderen Lodges wird berichtet, dass sich die Gäste wie in einer Familie fühlen. Und wen man auch immer fragt, alle würden in einem weiteren Urlaub wieder in ihre jetzige Lodge zurückkehren. Ökourlaub bedeutet

Natur pur im Chocó

eben nicht, auf Bequemlichkeit und Genuss zu verzichten. Die Unterkünfte im Naturpark Utría beweisen es.

„Waren sie denn schon an der Cascada del Amor?", frage ich die Deutschen. „Gerade eben. Es war wunderschön. Das müssen Sie sich unbedingt ansehen." „Ist es bis dahin noch weit?" „Nein, etwa eine halbe Stunde am Strand entlang und dann rechts hoch." Na, wenn es weiter nichts ist. Ich würde auch drei und mehr Stunden an diesem traumhaft schönen Strand entlanglaufen, den man sich nur mit Seevögeln, Tausenden von Krebsen und ein paar frei herumlaufenden Hunden teilen muss. Bisweilen werden in dem angrenzenden Wald wieder mal ein paar Brüllaffen munter und schreien um die Wette. Direkt vor der anderen Lodge surfen einige Leute. An der ganzen Küste herrschen optimale Bedingungen für diesen Sport. Im Internet sieht man sogar viele Fotos von Leuten, die keine 30 Meter entfernt von auftauchenden Buckelwalen auf dem Surfbrett stehen. An der Abzweigung zum Liebeswasserfall hätte man dann doch nicht vorbeigehen können. Die Quebrada, die der hier ins Meer mündet, ist um einiges größer als die anderen Bäche, die wir zuvor gekreuzt haben. Sofort empfängt uns das diffuse Licht des Waldes und wir werden von großen, bunten Schmetterlingen umschwirrt. Sicher schauen uns hundert Augenpaare zu. Affen sind wohl überall hier in den Bäumen. Man kann sie deutlich hören, so wie auch die vielen verschiedenen Vögel. Die eher ruhigen Tiere wie Faultiere oder Schlangen hört man zwar nicht, weiß aber um ihre Anwesenheit. Hier bestimmt die Natur und nicht der Mensch. Der darf sich allerdings in die Natur einordnen, wenn er ihre Regeln respektiert. Bald ist der Liebeswasserfall erreicht. Er liegt idyllisch mitten im Wald und lädt zum Baden ein. „Erst mal gehen wir noch zu einem anderen Wasserfall", meint aber unser Guía, „hier können wir dann auf dem Rückweg baden." Also geht es weiter. Treppen aus anstehendem Gestein und Haltegriffe aus Wurzeln und den Händen der Mitwanderer benutzend, ziehe ich mich das steile Stück den Berg hinauf. Zum Glück ist die Strecke nur kurz. Dann taucht der zweite Wasserfall auf. Noch schöner und idyllischer, wenn auch das Wasserbecken darunter etwas kleiner ist als beim Liebeswasserfall. Hier verbringen wir die nächste Stunde beim Baden und Duschen unter den fallenden Wassermassen. Die Männer klettern noch die Felsen hoch und springen ins Becken hinunter. Ich bin hingegen froh, den schlechten Weg überhaupt schon mal bis hierher überstanden zu haben. Nach dem Baden sitzen wir auf den umliegenden großen Steinen, wo der Guía in der Zwischenzeit unsere Kleider und Fotoapparate bewacht hat. Für ihn ist die Aussicht, in einem Wasserfall zu baden, wohl keine so große Verlockung wie für uns Stadtkinder. Er genießt lieber die Ruhe am Ufer und schaut uns einfach zu. „Wenn ihr vor dem Essen noch einen Badestopp im Liebeswasserfall machen wollt, müssen wir jetzt weitergehen", meint er. Also machen wir uns auf den

Rückweg und baden nochmal 20 Minuten lang, zwar im gleichen Flüsschen, jedoch unter einem anderen Wasserfall. Ganz zum Schluss kühle ich mich ein weiteres Mal im Meer ab. Nun bin ich tatsächlich mit fast allen Wassern gewaschen. Wäre da nicht noch die Therme. Die ist am Nachmittag nach dem Essen dran.

Am Liebeswasserfall

Wieder machen wir mit dem Guía eine Strandwanderung, dieses Mal in südlicher Richtung. In Nähe der Lodge mündet der Río Terco. Den müssen wir an einer relativ seichten Stelle überqueren, an der wenigstens der Oberkörper noch aus dem Wasser herausschaut. Der Terco hat sich an der Mündung tief in den Sand des Ufers eingegraben, daher geht es erst mal recht steil zum Wasser hinunter, dann auf der anderen Seite ebenso steil wieder hinauf. Beim Abwärtsgehen falle ich mit Karacho auf den Hosenboden, beim Aufwärtsgehen fällt dann noch Lorena auf den Bauch „Las mujeres", heißt es da lachend – die Frauen. „Lassen wir den Männern jetzt einfach mal das Gefühl, uns überlegen zu sein. Die machen heute sicher auch noch irgendetwas verkehrt", lachen wir beiden gefallenen Mädchen.

Jugendliche beim Ort Termales

Ganz vereinzelt gibt es auf dieser Strecke Behausungen und Obstgärten der Einheimischen. Da wachsen dann vor allen Dingen große Bananenstauden. Während der Kolonialherrschaft wurde die Banane aus Südostasien hier eingeführt. Doch danach hat sie einen wahren Siegeszug durch Südamerika angetreten, und vor allem die Mehlbananen, Platanos, zählen heute zu den wichtigsten Grundnahrungsmitteln in den heiß-tropischen Zonen des Kontinents. Sie werden nicht nur von den Menschen, sondern darüber hinaus von den zahlreichen Affenarten sehr geschätzt. So sind hier nicht nur im Wald, sondern auch in den Gärten in Nähe des Strandes ganze Horden von Brüllaffen dabei, ihr Revier stimmgewaltig zu verteidigen.

Auf dem Rückweg folgt uns ein kleiner, schokoladenbrauner Hund mit so langen Schlappohren wie ein Basset-Hound. Er hat, was ich im Leben bislang sonst noch nie gesehen habe, tatsächlich gelbe Augen. Ich verliebe mich auf Anhieb in den süßen, zutraulichen Kerl. Dann kommen uns zwei einheimische Männer entgegen und schimpfen unseren kleinen Freund lauthals aus. Was ihnen gerade querliegt, können wir nicht herausfinden. Aber der Kleine tut uns leid. Wir hätten ihn so gerne mitgenommen, er darf jedoch nicht weiter und schaut uns sehnsüchtig hinterher. Vielleicht ist ja einer der Männer auch sein Herrchen. Hier haben allerdings die meisten Hunde keine festen Besitzer. Sie gehören allen und keinem zugleich, haben Namen, die alle Leute der Gegend kennen, laufen frei herum, werden nirgends vertrieben, bekommen überall Futter, trinken in den vielen Bächen und graben sich zum Schlafen tiefe Schlafkuhlen in den Sand. Bei Gewitter suchen sie Schutz bei den Menschen. Was für ein bequemes Hundeleben! Unseren kleinen Freund werden wir am nächsten Abend schon wiedersehen, als er uns in unserer Lodge besucht und sich mächtig über das Wiedersehen mit uns freut. Er schläft dort eine Nacht lang vor meinem Haus, folgt mir am Morgen zum Haupthaus und verschwindet während des Frühstücks wieder. Ein echter Freigänger.

Die Thermalquelle – rechts unten im Bild der Bach

Beim Überqueren des Terco heißt es gerade noch „Cuidado mujeres" (Achtung ihr Frauen) und zu Lorenas und meiner großen Schadenfreude fällt Carlos unmittelbar nach seinen ironisch gemeinten Worten mit dem ganzen Körper ins Wasser. Er ist auf einen Stein getreten und abgerutscht! Jetzt haben wir Frauen Oberwasser. Das Leben ist doch wirklich oft sehr gerecht! Der Spruch mit den kleinen Sünden, die der Herrgott immer gleich bestraft, fällt mir ein und ich versuche ihn auf Spanisch zu erklären, was eine Ewigkeit dauert, bis ihn alle verstanden haben. So verbreiten sich Redensarten in der Welt, stellen wir fest, denn die-

Natur pur im Chocó

ser Spruch gefällt den anwesenden vier Kolumbianern zu gut, um ihn sich nicht zu merken.

Am nächsten Morgen brechen wir zusammen mit den Besitzern der Lodge und Maria, der Köchin, zu der Fiesta nach Coquí auf. Keiner hat eine genaue Vorstellung, was uns dort erwartet, obwohl Maria es bereits ausgiebig geschildert hat. Werden dort auch andere Touristen sein? Ist es eine dieser für Fremde inszenierten Folklore-Veranstaltungen, bei denen Fremden eine heile Welt vorgegaukelt wird? Nein, es ist tatsächlich ein Fest der Küstenbewohner dieser Region. Sie kommen über Land zu Fuß am Strand entlang, aber auch mit Schiffen, so wie wir ebenfalls. Die Mehrheit der Anwesenden sind Afrokolumbianer, es gibt zudem viele Emberá, die man vor allem an ihren auffälligen Körperbemalungen aus schwarzblauer Jagua-Tinte erkennen kann, die aus den Früchten des Jenipapo-Baumes hergestellt wird. Der Weg vom Boot zum Festgelände ist recht mühselig. Erst mal verlässt man das Boot wieder bei etwa einem Meter Wassertiefe, danach läuft man auf matschigem Wattboden, wo man häufig knöcheltief im Schlamm versinkt. Erst ganz allmählich wird der Boden fester. Erst dort ziehen wir unsere Schuhe an. An Land ist ein großes U aus vielen geschmückten Tischen mit Spezialitäten der Region aufgebaut. Hinter den Tischen stehen die vielen stolzen Köchinnen, die sich sehr ins Zeug gelegt und einander geradezu überboten haben. Jede einzelne erklärt zunächst, was sie da gekocht hat und gibt uns dann mit einem freundlichen „Buen provecho" (Guten Appetit) davon eine Portion auf den Teller. Dazu gibt es frische Säfte aus den Früchten, die hier ringsum gedeihen. Als Tischmusik musizieren ein paar Männer mit Trommeln und Blasinstrumenten herrlich rhythmische Musik. Carlos tanzt mit mir dazu Salsa, während wir in der Warteschlange anstehen. Mit jeder Person, die vorne beim Buffet vorrückt, tanzen auch wir von hinten her etwas näher an das Mittagessen heran. Schlangestehen heißt hier Spaß haben, tanzen, singen, lachen, beobachten, nach bekannten Gesichtern suchen, Freunde begrüßen, andere Leute kennenlernen, Klatsch und Tratsch austauschen – es scheint fast so, als sei das Schlangestehen das eigentliche Fest. Hier spielt sich die meiste Kommunikation ab. Das Fest ist ein Treffen der Küstenbewohner der vielen kleinen und kleinsten Gemeinden, bisweilen ist es zugleich auch Familienfest. Wir sind mehr oder weniger die einzigen Fremden. Dennoch fallen wir nicht besonders aus dem Rahmen, da wir ja zusammen mit Einheimischen gekommen sind.

Kolumbien

Auf der Fiesta von Coquí

Natur pur im Chocó

Indigene der Emberá

Musikanten, Kinder und Soldaten

In Coquí gibt es heute für uns nichts anderes mehr zu tun. So fahren wir nach dem Essen in leicht verminderter Gruppenzusammensetzung in unserem Boot wieder davon. Köchin Maria, die zugleich auch eine der Organisatorinnen des Festes ist, bleibt hier, ebenso das Besitzerehepaar unserer Lodge.

Unsere vierköpfige Gruppe lässt sich währenddessen zum nächsten Weiler namens Joví fahren. Dort mündet der gleichnamige Fluss, den man nur mit dem Chingó befahren kann. Der Ort wirkt aufgrund der Feierlichkeiten im Nachbardorf wie ausgestorben, doch wir finden noch einen Bootsführer, der uns mit ei-

Natur pur im Chocó

nem langen Stab im Einbaum über den Kiesuntergrund des Joví stakt. Chingó-Fahren ist eine sehr gewöhnungsbedürftige Art der Fortbewegung. Bei der kleinsten Bewegung hat man das Gefühl, das Boot könnte gleich umkippen. „Ihr müsst das Gleichgewicht mit dem Gesäß aussitzen", lautet der Rat vom Bootsführer. „Ich bin nur für das Staken zuständig." Dabei produziert er mit seinen Bewegungen heftiges Schaukeln. Erst nach etwa 10 Minuten sind wir gut geübt im Aussitzen der Wackelbewegungen. Umzukippen wäre wahrscheinlich nicht wirklich gefährlich. Ertrinken kann man hier sicher eher nicht, da das Wasser recht seicht ist. Aber einmal wieder sind es unsere Fotoapparate, um die wir uns Sorgen machen. Wie ein grüner Laubengang oder Tunnel schließt sich der Regenwald über dem spiegelklaren Fluss. Etwa eine Stunde lang führt die Tour durch eine vom Menschen nahezu unberührte Landschaft, und wir lauschen andächtig den intensiven Naturgeräuschen aus Grillenzirpen, Vogelgesang und Affengebrüll. Eine weitere halbe Stunde verbringen wir am herrlich erfrischenden Chontaduro-Wasserfall, während das Chingó-Boot am Ufer festgemacht wird. Als wir dann auf dem Rückweg von Joví zu unserer Lodge auf dem Meer auch noch mehrfach Wale sehen können, ist der Tag perfekt. Mehr Genuss, mehr Öko und mehr Urlaub geht nicht!

Chocóanische Spezialitäten

Während unserer Tour ist das französische Paar in der Lodge angekommen. Schnell haben wir uns bekannt gemacht und da wir alle drei begeisterte Taucher sind, lassen wir den Lodgebesitzer telefonisch abklären, wann wir denn zusammen tauchen können. „Morgen ist es möglich", sagt er, und wir sagen sofort verbindlich zu. „Was habt ihr für Schuhgrößen?", will er noch wissen. Einleuchtend – sie müssen ja Flossen für uns auftreiben. Aber warum fragt keiner nach der Konfektionsgröße? Im Pazifik sollte man auch in den Tropen einen Tauchanzug tragen, denn der Humboldtstrom ist recht kühl. Unter Wasser kann das auch als kalt empfunden werden, vor allen Dingen, wenn man länger und auch tief taucht. Da wir alle Fortgeschrittene sind, gehen wir davon aus, dass man uns zu Stellen bringt, wo einige Taucherfahrung erforderlich ist, und das bedeutet auch automatisch, dass es tief geht. Zwei fröhliche Tauchbegleiter, ein Mann und eine Frau namens Liliana, die die Chefin zu sein scheint, und zwei Bootsleute holen uns am nächsten Morgen ab. Flossen, Masken, Tarierwesten, Bleigurte und Tauchflaschen haben sie für uns schon dabei. „Tauchanzüge braucht ihr nicht", sagt Liliana. Sie selbst hat aber sogar einen ziemlich dicken Anzug an. Na, das kann ja heiter werden! Da es nachts stark gewittert hat, ist am ersten Tauchplatz die Sicht nicht übermäßig gut. Dafür sehen wir gleich zwei große Schildkröten und eine Menge grüner Riesenmuränen. Sie machen ihrem Namen alle Ehre, denn allein schon ihre Köpfe haben die Größe von Bowlingkugeln. Danach fahren wir zur Tauchbasis und gehen davon aus, dass uns für den tieferen Tauchgang nun endlich auch Anzüge zur Verfügung gestellt werden. Aber sie haben entweder keine in unserer Größe oder es waren ohnedies für uns keine vorgesehen. Stattdessen gibt es einen Snack. Auch der zweite Tauchgang erfolgt danach ohne Anzug. Wir sind auf Höhe des Cabo Corrientes. Hier gibt es eine heftige Strömung, die uns mitträgt, sodass das Boot nicht ankert, sondern uns an einer anderen Stelle wieder aufnimmt. Die Sicht ist perfekt, und die Unterwasserwelt ein Traum. Riesige Fische in leuchtenden Farben, Schwärme aus Tausenden von Individuen, Mollusken, Hohltiere, Seeanemonen, Seesterne und vieles mehr... Man hat das Gefühl, in einem riesigen Aquarium zu schwimmen. Einfach sensationell! Dass uns das Wasser eben noch sehr kalt vorgekommen ist, haben wir angesichts solcher Naturschönheit zum Glück schnell völlig vergessen. Erst an Bord und im Fahrtwind beginnen wir stark zu frösteln. Aber dann sehen wir auf dem Rückweg Wale und schnell sind diese Befindlichkeiten total unwichtig geworden.

Beim Mittagessen müssen wir den anderen in der Lodge haarklein alles erzählen, was wir erlebt und gesehen haben. Sie haben in unserer Abwesenheit entschieden, heute Nachmittag erneut gemeinsam eine ausgiebige Strandwanderung zu machen. Das ist mir sehr recht. Zudem wollen wir am Abend alle zusammen zu einem nicht weit von der Lodge entfernten Strand gehen, wo man oberhalb der Gezeitenlinie die sogenannten unechten Karett-Schildkröten, auf Spanisch Tortugas caguamas, bei der Eiablage beobachten kann. Sie stehen heute nach dem Washingtoner Artenschutz-Übereinkommen unter Schutz, hier im Naturpark oh-

Natur pur im Chocó

nehin. Sie wurden früher wegen ihres Fleisches, ihres Fettes und wegen des Schildpatts intensiv bejagt, heute geht die Gefahr von den Schleppnetzen der Fischer aus, aus denen sich die Tiere nicht befreien können und dann qualvoll verenden. An anderen Stellen der Welt ist selbst schon der Ökotourismus zur Gefahr für diese Art geworden. Wenn nämlich die zur Eiablage benötigten Stellen von Touristen übervölkert sind, können die Weibchen ihre Eier dort nicht mehr ablegen. Da sie nur nachts zur Eiablage an Land kommen, werden sie zudem durch die vielen Lichtquellen an der Küste oft irritiert und finden die Plätze erst gar nicht. An der so dünn besiedelten Küste des Chocó gibt es schon wegen des Mangels einer öffentlichen Stromversorgung nachts fast kein Licht und auch nur sehr wenige Touristen. Daher ist diese noch weitgehend unerschlossene Region für die in den letzten Jahrzehnten so enorm geschrumpften Gesamtbestände dieser Schildkrötenart besonders wichtig geworden. An anderen Stellen des Utría-Parks werden auch die kleinen, weichschaligen Eier abgesammelt, von denen pro Gelege etwa 100 Stück zusammenkommen, und an abgezäunten und vor Fressfeinden geschützten Stellen wieder vergraben. In manchen Lodges helfen sogar die Touristen dabei kräftig mit. Wenn dann nach zwei bis drei Monaten die winzigen jungen Schildkröten schlüpfen, werden diese an den Strand getragen und bei ihrem Lauf zum Wasser begleitet, da Greifvögel, Reiher, Möwen, Krabben und andere Raubtiere bereits auf sie lauern. Vor vielen Jahren war ich mit meiner Familie auf Trinidad und auch wir haben damals, sehr zum Verdruss der zahlreich lauernden Geier und Möwen, Schildkröten-Winzlinge ins Meer getragen. „Um wieviel Uhr wollen wir denn losgehen?", frage ich. „Spät! Nicht vor Mitternacht, am besten sogar noch später. Vorher kommen die Weibchen ja nicht zur Eiablage an Land. Wir können natürlich auch früh schlafen gehen und dann lange vor dem Morgengrauen aufstehen", heißt es. Dann lieber bis dahin wachbleiben, entscheiden wir und vertreiben uns gemeinsam die lange Zeit. Erst sitzen wir am Haupthaus, dann bei „meinem" Haus. Irgendwann hängen wir nur noch todmüde herum. Hier, wo die Tage so zeitig anfangen und die Sonne gegen 17 Uhr bereits untergeht, ist man auch früh müde, vor allen Dingen, wenn man tagsüber ordentlich in Bewegung war. Der ganze Tagesrhythmus schiebt sich dadurch nach vorne. Wir gähnen daher um die Wette und trinken einen Tinto nach dem anderen, um uns wach zu halten. Plötzlich zieht gegen 23 Uhr ein riesiger Blitz über den Himmel. Nein, warum kann das Gewitter denn nicht wenigstens heute einmal ausfallen? Bei Regen gibt es keine Schildkrötenbeobachtung. Die Tiere kommen nämlich nur in trockenen Nächten aus dem Wasser heraus. Bevor der Wolkenbruch richtig losgeht, verabschieden sich meine Freunde schnell und gehen zügig zu ihrem Haus zurück.

Kolumbien

Chingó-Fahrt auf dem Joví

Flussidylle am Río Joví

Für das Paar aus Bucaramanga war das der letzte Tag. Sie reisen morgen in aller Frühe ab. Carlos und die Franzosen machen morgen früh eine Wale-Watching-Tour, ich habe mich mit Emerson zur Wanderung ins Amphibiengebiet verabredet. Gleich nach dem ersten Brüllaffenschrei und einem kurzen Frühstück geht es los und dabei von Anfang an sehr steil bergauf. Ich spüre mein Alter und die mangelnde Fitness. Bereits nach fünf Minuten habe ich das Gefühl, dass mein Herz von der körperlichen Anstrengung gleich hinter den Ohren schlägt. Mann, ist das eine Plackerei! An den Rückweg wage ich erst gar nicht zu denken. Wie soll ich den halbwegs heil hinbekommen? Emerson schlägt mir erst einmal mit der Machete einen kleinen Baum, den ich als Stock benutzen kann. Erst vor einem Jahr habe ich meinen Fuß operieren lassen. Noch immer sind zwei Titanstifte darin. Das hier ist folglich auch der Härtetest. Einen erkennbaren Weg gibt es nicht. Emerson geht vorneweg, ich hinterher – so sieht für mich der Weg aus. Ohne Guía hätte ich keine Ahnung, wo ich laufen sollte. Mal geht es steil hoch, und ich freue mich schon, es geschafft zu haben, aber dann geht es gleich auch schon wieder ebenso steil bergab, um kurz darauf wieder steil bergauf zu gehen. Ein bisschen erinnert es an die sieben Zwerge hinter den sieben Bergen.

Wanderung zu den Pfeilgiftfröschen

Nach etwa anderthalb Stunden Wanderung steht ein Schild im Wald. Ein Pfeil zeigt nach links zum Frosch-Gebiet. Und kurz darauf sieht man den ersten winzig kleinen rotschwarzen Pfeilgiftfrosch. Gleich darauf den zweiten und der dritte lässt nicht lange auf sich warten. Auch ein schwarz gelber Frosch hüpft herum. Schön anzusehen, aber Berührungen der hochgiftigen kleinen Kerle sollte man besser vermeiden. Wenn man einmal einen gesehen hat, ist der Blick irgendwie geeicht. Dann sieht man überall welche. Ich entdecke genau sieben – wieder einmal fällt mir die Parallelität zu den sieben Zwergen auf. Zwerge können ja durchaus auch Mini-Amphibien sein. Es juckt mich innerlich, Emerson diesen Gedanken mitzuteilen. „Kennt ihr hier ein altes deutsches Märchen, das so ähnlich wie Blancanieves heißt?", frage ich. „Ja genau so heißt es, das kenne ich." Mühsam erkläre ich die Sache mit den sieben Bergen und den sieben Zwergen. Dabei lerne ich, dass sie auf Spanisch „los siete enanitos" heißen. Wieder etwas gelernt!

Wahrscheinlich ist dieses Wissen für mein weiteres Leben zu nichts gut. Aber wir haben viel zu lachen und zählen auf dem Rückweg sogar noch die Berge durch. Emerson hat eine rote Kappe auf. Gab es da nicht auch Caperucita Roja, Rotkäppchen? Hier gibt es zum Glück keine Wölfe, aber dafür Jaguare. Man könnte das Märchen ja für unseren heutigen Tag ein wenig umschreiben, meinen wir.

Wanderung bergauf und bergab zum Amphibienrefugium

Da der Boden nach dem nächtlichen heftigen Regen aus Schmierseife zu bestehen scheint, rutscht man beim Bergabgehen auch immer wieder ab. Einmal auf dem Boden angekommen, benutze ich den Untergrund an solchen Stellen immer wieder einfach als Rutschbahn. Das macht Spaß, ist wesentlich angenehmer und ungefährlicher als ein Sturz und dadurch geht der Rückweg auch viel schneller als der Hinweg. Dreckig wie ein Erdmonster komme ich wieder bei meiner Lodge an. „Gib mir gleich mal deine Schuhe", sagt Emerson. „Die mache ich dir sauber." Wann hat das schon mal ein Mann zu mir gesagt? Noch nie! Das ist eine Premiere wie so vieles hier. Die anderen Kleidungsstücke ziehe ich erst unter der Dusche aus. Da sind sie dann auch wenigstens schon mal schlammfrei gespült. Wenn nötig, kann ich sie ja nach der Ankunft in Medellín noch im Hotel waschen.

Natur pur im Chocó

Verschiedene Baumsteigerfrösche

Der steile Weg

Natur pur im Chocó

Vor dem Abstieg

Kolibri in meiner Lodge

Ja, leider ist morgen früh schon Abfahrt. Wie gerne würde ich bleiben! Heute sind in „meinem" Haus noch zwei sehr nette junge Paare eingezogen. Ich wäre also auch hier nicht mehr so allein. Kann es denn nach Nuquí irgendeinen Ort geben, der noch perfekter, noch schöner oder zumindest ebenso schön sein kann? Wäre es nicht am besten, einfach hier zu bleiben? Will ich jetzt wirklich noch nach Venezuela weiterziehen, wo es bekannterweise gerade drunter und drüber geht und sich der Mangel an fast allem durch den Alltag zieht? „Lass es doch einfach auf dich zukommen", sagt Carlos. „Dort soll es fantastisch schön sein. Wo du hinreist, ist es sicher friedlich und ruhig. Das liegt doch so weit weg vom Schuss. Die Probleme betreffen ja vor allem die großen Städte. Sieh einfach zu, dass du nicht nach Caracas kommst. Alles andere ist sicher kein Problem." Nein, von den momentanen Lodge-Bewohnern war noch keiner in Venezuela, alle kennen das Land nur vom Hörensagen und aus der aktuellen Tagespresse. Katastro-

Natur pur im Chocó

phen, Unruhen, Mord und Totschlag – das alles kennen Kolumbianer aus der eigenen leidvollen jüngsten Vergangenheit. Diese Nachrichten erfüllen sie nicht mit dem gleichen ungläubigen Schrecken wie uns Europäer aus der Distanz. In Kolumbien sieht man die Dinge gelassener. „Na gut. Ich reise also nach Venezuela. Das ist ja auch so geplant. Aber in Nuquí bleibt ein Stück von meinem Herzen zurück", sage ich ganz ernst. Und da ist an diesem Abend keiner, der nicht ganz genau versteht, was ich damit meine. Das geht hier wahrscheinlich allen genauso.

Mein Aufbruch erfolgt am frühen Morgen. Im Boot sitzen auch schon Leute aus anderen Lodges, und auf der Fahrt nach Nuquí halten wir unterwegs noch einmal, um weitere Leute mitzunehmen. Der Lodgebesitzer bringt mich hin und bleibt, da bis ich eingecheckt habe. Das bedeutet, ich zeige meinen Pass und jemand kreuzt meinen Namen auf der Liste an. Das war's schon. Dann sitze ich allein im total unterkühlten Wartebereich des kleinen Flughafens und warte, bis auch ich persönlich zum Einsteigen in mein Flugzeug aufgefordert werde. Es gibt eine Menge kleiner Flugzeuge und nur einen einzigen Wartesaal, kein Gate wie an größeren Flughäfen. Inzwischen ist mir dieses Procedere vertraut. Beim Flug klebe ich fast am Fenster, um noch einmal die letzten Blicke auf die chocóanische Küste genießen zu können.

Ein Paradies, von dem ich mich nur sehr ungern trenne

Blütenschönheiten am Dschungelboden

Adiós Colombia

Das ganz normale Umpack-Chaos zwischen den verschiedenen Zielorten

In Medellín lasse ich mich vom Taxi zu meinem Hotel bringen und nehme dort meinen Koffer in Empfang, bevor ich in mein neues Zimmer einziehe. Zum Glück geht es zu einer anderen Seite heraus als das vom letzten Mal. Die Gefahr, erneut von dem Restaurant oder der Disco gegenüber beschallt und die halbe Nacht wachgehalten zu werden, ist also gebannt. Für den Rest des Tages habe ich mir vorgenommen, in die Innenstadt zu fahren. Medellín selbst kenne ich noch gar nicht. Um die Stadt richtig anzuschauen, bräuchte ich mehr Zeit, die ich jedoch nicht habe. Und für oberflächliche Schnellbesichtigungen habe ich nichts übrig. Lieber schaue ich mir einen kleinen Bereich an und den dafür gründlich. Also lasse ich mich zur bekannten Plaza Botero in der Altstadt bringen. Dieser zentrale Platz ist zugleich auch ein Skulpturenpark mit zahlreichen dicken Bronzefiguren. Sie wurden alle von dem kolumbianischen Künstler Fernando Botero geschaffen und seiner Heimatstadt Medellín gespendet. Alleine schon 23 dieser großen, fülligen Figuren stehen auf dem großen Platz. Dort sind sie vor allem Treffpunkt kunstbegeisterter Touristen, aber auch der Einheimischen. Der Taxifahrer weist mich mehrfach ausdrücklich darauf hin, dass es an diesem Platz für Touristen sehr gefährlich sei. Straßenräuber, Taschendiebe, Überfälle... die ganze Palette. „Lass nur niemanden deinen Fotoapparat sehen." Ja, aber wie soll ich dann die dicken Figuren fotografieren? Ich hänge mir den Fotoapparat so um den

Hals, dass ein Straßendieb mir schon den Kopf abreißen müsste, um die Kamera zu stehlen. Die Handtasche hängt in gleicher Weise auf der anderen Seite und ist gut verschlossen. Tatsächlich herrscht auf dem ganzen Platz eine völlig harmonische, ruhige Atmosphäre. Doch die jüngste, gewaltsame Zeit des Drogenkriegs ist in den Köpfen der Menschen hier noch immer allgegenwärtig. Und das ist auch gut so, da man dadurch den Wert des Friedens immer wieder bewusst wertschätzt.

Plaza Botero

Boteros Vorstellung von Adam und Eva

Adiós Colombia

Auf dem Botero-Platz

Sinnbildlich dafür ist die Skulptur der Friedenstaube auf diesem Platz. Zur Zeit des Höhepunktes von Gewalt und Terror hatte die Guerillabewegung der FARC im Jahr 1995 eine Bombe unter dieser Skulptur versteckt, die während eines Musikfestivals explodierte, etwa 30 Personen tötete und mehr als 200 weitere verletzte. Botero setzte durch, dass die völlig zerfetzte Statue danach als Mahnmal stehenblieb und stellte einen neuen und unversehrten Vogel direkt daneben. Dieses Ereignis, knapp zwei Jahre nachdem der Drogenkönig Pablo Escobar ganz in der Nähe dieses Platzes erschossen worden war, sollte zum Wendepunkt in der Geschichte von Medellín werden.

Shopping-Pausen im Zentrum Medellíns

Adiós Colombia

Heute kommen endlich wieder Touristen in diese Stadt des „ewigen Frühlings" mit ihrem herrlichen Klima. Die Stadt ist dabei, ihr schlechtes Image zu begraben, hat eine vorbildliche Infrastruktur, Rolltreppen, Gondeln, und eine Hochbahn, die die unterschiedlichen Bezirke der Zweieinhalbmillionenstadt miteinander verbinden, eine herrliche Umgebung, ein breitgefächertes Kulturangebot und mehrere Bibliotheken und Museen. Es ist schade, dass ich nur einen einzigen Tag hier verbringen kann, aber in diesem Jahr habe ich mich bewusst für einen reinen Natururlaub entschieden. Auch bin ich der Meinung, dass man sich an schönen Orten immer noch etwas aufheben sollte, damit man einen Grund zum Wiederkommen hat. Das werde ich im Fall von Medellín ganz sicher tun. Nachdem ich den Platz lange Zeit umrundet und bewundert habe und auch zu einem Cappuccino in einem der seltenen kolumbianischen Straßencafés direkt am Botero-Platz eingekehrt bin, ist noch Zeit zum Shoppen übrig. Ich muss unbedingt meine Treckingsandalen durch ein neues Paar ersetzen. Das in Deutschland gekaufte verursacht mir immer wieder Blasen am Fuß, ist also für mich wertlos geworden. Zudem sind mir vor dem Flug von Medellín nach Nuquí bei der Kofferkontrolle am Flughafen meine Nagelschere und Pinzette abgenommen worden. Sowas muss ich aber unterwegs bei allerlei Gelegenheiten haben, deshalb will ich mir neue kaufen. Dass ich im Mangelland Venezuela damit fündig werden könnte, ist zu bezweifeln, also suche ich diese Sachen in Medellín. Die vielen Geschäfte und Einkaufspassagen laden zum Einkaufen ein und zusätzlich zu den vorab ja schon geplanten Käufen gesellen sich wie von ganz allein noch ein paar Kleidungsstücke. Achtung Frauen: Medellín ist ein wahres Shoppingparadies, noch dazu zu sehr günstigen Preisen! Hier gibt es nichts, was es nicht gibt.

Auffällig ist die Sprache der „Paisas"[24] – das sind die Bewohner von Medellín – die eine Art Singsang ist, an den ich mich erst noch gewöhnen muss, um die Leute allenfalls zu verstehen. Vor vielen Restaurants der Stadt stehen oder hängen Schilder, die „Bandeja paisa" (Paisaplatte) anpreisen. Das ist eine typische und sehr deftige Spezialitätenplatte der Region mit Rindersteak oder Hackfleisch, einem knackerähnlichen Würstchen, dazu Blutwurst, frittiertes Bauchfleisch vom Schwein, Spiegelei, rote Bohnen, frittierte Banane, Reis, Avocado und Arepa (runde Maisfladen). Dieses Gericht ist eher etwas für Leute, die körperlich hart gearbeitet haben. Bei mir ist das ja nicht der Fall. Ich nehme stattdessen ein zartes, dickes, leckeres Rindersteak mit Salat. Auf den ganzen Rest hätte ich heute absolut keinen Appetit. Danach gehe ich ins Hotel, packe meine Koffer, sortiere die als nächstes benötigten Voucher und schaue das Flugticket an. Die

---

[24] Steht für „paisano" (dt.: Landsmann, Bauer) oder „del país de Antioquia" (dt.: der Bewohner von Antioquia. Das bezieht sich auf die frühere Provinz Antioquia, die größer ist als das heutige gleichnamige Departement, dessen Hauptstadt Medellín ist).

Verbindung zwischen Medellín und Barcelona in Venezuela habe ich selbst mit Hilfe des Internets gebucht. Erst jetzt stelle ich fest, dass mein Flug mit nur anderthalb Stunden Flugzeit fast sieben Stunden dauert. Wie soll das denn angehen? Nun, ganz einfach: Mit einer Zwischenlandung und einem langen Aufenthalt in der venezolanischen Stadt Valencia. So ein Mist! Irgendwie habe ich das vorher noch gar nicht gesehen gehabt. Überhaupt ist es mir bei dem Gedanken, Kolumbien zu verlassen, nicht recht wohl. Da wäre ja auch noch die Geldfrage: Wie zahlt man eigentlich in Venezuela? Wo bekommt man Geld? Kann es sein, dass unter den herrschenden inflationären Bedingungen Geld, das ich heute tausche, schon morgen nur noch einen Bruchteil davon wert ist? Wie kann ich unter diesen Umständen meine Finanzplanung für die nächsten drei Wochen machen? Ich schreibe eine WhatsApp an Nicky. Seine Empfehlung: Dollars oder Euros mitbringen und dort vor Ort bei den Leuten (wer immer das sein mag) in venezolanische Bolívares eintauschen. Ich besitze aber keine Dollars und auch nur noch 10 Euro in Münzen, da ich ja die Scheine daheim in Deutschland vergessen habe. Ich muss mir folglich erst mal Dollars beschaffen, bevor ich in Venezuela einreise. Wie kann ich das am besten machen? Ich entscheide mich für folgenden Weg: Ich ziehe eine entsprechende Summe kolumbianische Pesos am Geldautomaten im Eingangsbereich einer Bank. Damit gehe ich dann in die Bank hinein und wechsle den Betrag in Dollars. Klingt ganz einfach. Ist aber total kompliziert. Das Problem mit dem eigenwilligen kolumbianischen Geldautomaten schaffe ich mühelos. Ich habe mir in Bogotá von Andreas genau erklären lassen, wie es geht. Als nächstes reihe ich mich in eine lange Zickzackschlange der Bancolombia ein. „Ich möchte Pesos in US-Dollar tauschen", sage ich und lege den ganzen Packen kolumbianische Pesos hin. In Deutschland würde der weitere Prozess keine fünf Minuten dauern. Hier dauert er fast eine Stunde. Aufnahme meiner Personalien, Ausweisnummer, Grund meines Aufenthaltes in Kolumbien, Name des Hotels, Grund des Aufenthaltes in Venezuela, Adresse in Venezuela, Beruf, Geburtsdatum – zum Glück nicht noch Gewicht, Augenfarbe oder Schuhgröße. Es dauert endlos. Hinter mir bildet sich eine lange Schlange. Der Bankangestellte nutzt die Gelegenheit dazu, gleich noch einem Azubi zu erklären, wie man so etwas macht, scheint aber selbst davon kaum Ahnung zu haben. Er sichert sich mehrfach beim Direktor ab. Dazu verlässt er jedes Mal für fünf bis zehn Minuten den Schalterraum. Die Schlange wächst indessen kräftig weiter. Ich drehe mich jedes Mal um und entschuldige mich bei den Leuten. Gut, dass mein Abflug erst in ein paar Stunden ist. Dennoch werde ich allmählich ungeduldig. Dann merkt der Angestellte, dass er ein ganz falsches Formular genommen hat, also beginnt alles nochmal von vorn. Es ist zum Mäusemelken! Am Ende habe ich Dollar – zu wenige für drei Wochen. Aber damals denke ich ja auch noch, ich könnte mit der Mastercard in Venezuela notfalls noch bei einer Bank oder an einem Geldautomaten weiteres Geld beziehen, nur eben zu einem schlechteren Kurs als auf dem Schwarzmarkt. Dass es überhaupt nicht geht, weiß ich da noch nicht. Aber zumindest habe ich jetzt einmal Dollars und somit eine Tauschbasis für Venezuela dabei.

Medellíns ärmere Wohnlagen

Ich fliege mit Avior[25], einer venezolanischen Linie. „Ich möchte mein Gepäck von hier bis Barcelona durchchecken", sage ich am Flughafen. Durchchecken geht aber nicht. Gründe dafür werden keine genannt. Die venezolanische Angestellte der Fluglinie, die hier am Schalter Dienst tut, ist sehr kurz angebunden und scheint obendrein auch noch schlechte Laune zu haben. Englisch spricht sie auch nicht – ob sie es nicht kann oder will, weiß ich nicht. „Hoffentlich ist das kein schlechtes Vorzeichen", denke ich mir. Ich bin bislang ja nur Kolumbianer gewöhnt, und die fallen mir immer wieder durch ganz besondere Freundlichkeit und Höflichkeit auf. Das hier war meine erste bewusst erlebte Venezolanerin. Meine Bedenken gegen das neue Urlaubsziel wachsen. Nachdem ich eingecheckt habe und mich am Gate gemeldet habe, setze ich mich erst einmal hin. Kurz darauf werde ich von einer Flughafenangestellten dazu aufgefordert, ihr zu folgen. Wohin? Warum? Ich habe keine Ahnung. Sie führt mich durch mehrere Sperren und über eine Treppe in den unteren Flughafenbereich in einen kleinen Raum, in dem sich auch bewaffnete Soldaten befinden. Diese Situation macht mir Angst. Nun

---

[25] **Avior** Airlines C.A. ist eine venezolanische Fluggesellschaft mit Sitz in Barcelona und Basis auf dem Flughafen Barcelona. Sie verfügt über neun Flugzeuge (Stand 2015).

muss ich meinen Koffer identifizieren. Sofort gehen in meinem Kopf alle möglichen Alarmglocken an. Hat da vielleicht jemand Drogen hineingeschmuggelt? Komme ich jetzt in ein kolumbianisches Gefängnis? Ist gleich der ganze Urlaub im Eimer? Nein – es ist eine ganz normale Drogenkontrolle. Auch andere Passagiere werden nacheinander vom Bodenpersonal hier hinuntereskortiert. Man muss den Koffer öffnen, dann wühlen die Soldaten erst ein wenig darin herum und am Ende kommt die wichtigste Aktion: Der Schnüffeltest durch die Drogenhunde. Aber warum müssen nur so wenige der Passagiere hierher zur Gepäckkontrolle? Sehen die besonders verdächtig aus? Ich auch? Oder machen sie einfach Stichproben? Insgesamt kommen zur Kontrolle keine 10 Personen, um ihren Koffer zu identifizieren. Warum ausgerechnet ich? Die Erklärung ist ernüchternd einfach, denn nach dem Boarding ist und bleibt das große Flugzeug fast leer. Nur alle zwei bis drei Reihen sitzt eine Person! Die wenigen Nasen, die im Untergeschoss ihre Koffer öffnen mussten, waren tatsächlich auch alle Passagiere dieses Fluges. Die Krise in Venezuela hält wohl außer mir fast die meisten davon ab, ohne triftigen Grund in dieses Land zu fliegen. Noch einmal denke ich: „Wäre ich doch nur in Nuquí geblieben!"

Anflug über Venezuela

Venezuela

Willkommen im Land des Mangels

Möglichkeit zum Hamsterkauf

Angekommen in Valencia, der drittgrößten venezolanischen Stadt, muss ich auschecken und gleich wieder einchecken. Soweit war auch schon vorher alles klar. Nur wo checkt man hier ein? Eigentlich bin ich auf einem internationalen Flughafen gelandet. Ich erwarte daher Hinweisschilder, Pfeile und Angaben zumindest auf Englisch neben den spanischen. All das gibt es nicht. Nicht auf Englisch, aber auch noch nicht einmal auf Spanisch. Und schon gar keine Hinweise darauf, wo ich jetzt meinen Inland-Anschlussflug bekommen könnte. Also muss ich mich durchfragen. Am besten fragt man jemanden vom Personal. Aber wo findet man denn da jemanden? Auch das ist nicht so einfach. Um sie herum stehen bereits Trauben von Menschen, und es ist unmöglich, sich an denen vorbeizumogeln, um eine kurze Frage zu stellen. Ansonsten sehe ich vor allen Dingen bewaffnete Soldaten und die möchte ich nicht ansprechen. Am Ende hilft mir ein armer Mann vor dem Flughafengebäude weiter, der wohl lieber ein Almosen gehabt hätte, statt für mich als Auskunftsbüro herhalten zu müssen. Ich müsse von diesem Gebäude zu einem anderen Gebäude weitergehen, wo die nationalen Flüge starten, erklärt er. „Ja und wo ist das?" Er deutet nach links vorne: „Das Gebäude da." Oje, so weit weg und das mit schweren Koffern. Mühsam zu Fuß, aber für ein Taxi nicht weit genug. Zudem könnte ich das gar nicht bezahlen, ich habe ja noch kein venezolanisches Geld. Somit erübrigt sich auch die Suche nach einem Kofferträger. Ich atme tief ein und marschiere los. Die Arme fühlen sich bald an, als würden sie immer länger, und die Schultern spüren die Schwerkraft ebenso. Meine Lust auf Venezuela schrumpft immer mehr in sich zusammen. Nach 10 Minuten bin ich endlich ziemlich abgekämpft angekommen. Wieder ein Gebäude ohne irgendwelche Hinweise darauf, wo man was findet oder machen muss. Dabei ist alles sehr einfach: Es gibt genau eine einzige Abfertigung, nur eine Kontrolle und auch nur ein Gate. Da warten einfach alle, bis ihr Flug aufgerufen wird. Wenn man das vorher weiß, ist es kein Problem, aber als Europäer kann man sich das vorher ja nicht recht vorstellen. Taube hätten hier erhebliche Probleme – nirgends gibt es eine weiterhelfende Hinweistafel. Dafür hängen an den Wänden unübersehbar riesengroße Propagandaposter für Chavez[26], Maduro[27], den Sozialismus und das System, von dem man ebenso unübersehbar zur gleichen Zeit mitbekommt, wie überholt und marode es tatsächlich ist. Neben mir sitzt in der Wartehalle eine nette alte Dame. „Entschuldigung. Wo wollen Sie denn hin? Auch nach Barcelona?", fragt sie mich. Zu zweit versuchen wir nun, herauszufinden, wie es weitergehen soll. Keine von uns traut sich, den Raum zu verlassen, damit man nicht die wichtige Durchsage überhört und am Ende hier noch immer sitzt, wenn der Flug schon weg ist, von dem man niemals die genaue Abflugzeit erfährt. Also wechseln wir uns ab mit unserem Toilettengang. Die Dame schaut nach Flughafenpersonal oder Soldaten, dann raunt sie mir zu „Das ist so ein verdammtes Dreckland geworden. Dieser elende Sozialismus. Nichts klappt, nichts

---

[26] **Hugo Chavez** (* 28. Juli 1954 in Sabaneta; † 5. März 2013 in Caracas) gründete Anfang der 1980er Jahre die Untergrundbewegung Movimiento Bolivariano Revolucionario 200. Nach einem misslungenen Putschversuch verbrachte er zwei Jahre in Haft, gründete danach die Partei Movimiento Quinta República und gewann 1998 die Präsidentschaftswahlen. Unter seiner Regierungszeit wurden die Schlüsselindustrien verstaatlicht und der Ölreichtum Venezuelas zur Umsetzung seiner Vorstellung vom „Sozialismus des 21. Jahrhunderts" genutzt.

[27] **Nicolás Maduro** (* 23. November 1962 in Caracas) war von 2006 bis zum 16. Januar 2013 Außenminister Venezuelas, ab Oktober 2012 Vizepräsident, der die Amtsgeschäfte für den bereits erkrankten Hugo Chávez übernahm. Nach dessen Tod wurde er 2013 als Präsident Venezuelas gewählt. Seit 2016 läuft ein Verfahren zu seiner Absetzung wegen Verfassungsbrüchen, Menschenrechtsverletzungen, Angriffen auf die Demokratie und der wirtschaftliche Krise, deren sichtbarste Symptome Preissteigerungen und Versorgungsengpässe bei Grundbedarfsgütern, Defizite im Staatshaushalt, eine zunehmende Staatsverschuldung und wirtschaftliche Rezession sind. Insbesondere mit dem Verfall der Erdölpreise ab Mitte 2014 hat sich die Lage massiv verschärft.

gibt es zu kaufen, man hat keine Möglichkeit, sich zu wehren. Ich bin es so unendlich leid. Schauen Sie sich nur diese Poster an den Wänden an: Chavez, Maduro, der Sozialismus – die große Volksverdummung. Ich werde das Ende dieser verfluchten Ära vielleicht nicht mehr miterleben, aber ich hoffe doch sehr, dass wenigstens meine Enkel mal bessere Zeiten erleben dürfen. Ich habe mein ganzes Leben lang hart gearbeitet und kann mir heute noch nicht einmal Klopapier oder Seife kaufen. Täglich dieser Kampf, etwas auf den Tisch zu bekommen oder die banalsten Dinge zu kaufen. Seife, Klopapier, Nahrungsmittel, Medikamente – nichts gibt es und wenn, ist es unbezahlbar. Schauen Sie sich die Leute hier an. Sieht da einer wohlgelaunt aus? Nein! Warum sollte er auch?" Stimmt. Die Leute sehen alle müde und irgendwie miesepetrig aus. Wenn in denen genauso viel Enttäuschung und Wut schwelen, ist das ja kein Wunder. Was habe ich mir nur dabei gedacht, während einer solchen Krise ausgerechnet nach Venezuela zu reisen? Ich will von diesen schlimmen Dingen jetzt am liebsten nichts weiter hören und frage deshalb: „Kann ich hier auch mit kolumbianischen Pesos etwas zu trinken kaufen? Ich lade Sie gerne ein. Nur Landeswährung habe ich noch keine." Die Dame schaut mich an, als sei ich verrückt geworden. „Ja, wenn Sie ein halbes Monatsgehalt dafür ausgeben wollen! Hier bekommen Sie alles nur zum regulären Kurs. So tauscht kein Mensch mehr in diesem Land. Das ist der größte Betrug von allem. Nein, trinken Sie lieber nichts. Hier vergeht einem jeder Durst." Okay, das war es also mit meiner guten Idee. Die Stimmung hebt es nicht gerade. Meine Vorfreude auf Venezuela ist nun total im Keller.

Zum Glück wird der Flug bald aufgerufen. Nach einer halben Stunde Flugzeit komme ich in Barcelona an und werde dort auch wieder einmal abgeholt. Das Pärchen, das mich von hier aus weiter transportiert, hat wohlweislich eine Cola sowie eine Tüte Kartoffelchips mitgebracht. Ich stürze mich darauf wie eine Verhungernde. Seit dem Frühstück habe ich nichts mehr zu mir genommen. Beim Verlassen des Parkplatzes kommt es erst einmal zu einem unangenehmen Zwischenfall, denn mein Fahrer passt nicht richtig auf und schrammt mit seinem Auto beim Manövrieren aus der Parklücke dem daneben stehenden Wagen die Seite auf. Zum Glück entsteht dabei nur ein Lackschaden, aber das in einem Land, in dem es nichts gibt, wahrscheinlich noch nicht mal Lack zum Ausbessern. „Oje, das gibt jetzt sicher Ärger", denke ich, als beide Fahrer aussteigen, den Schaden begutachten und sich über dessen Regulierung einigen müssen. Aber auch hier sieht man solche Dinge eher locker. Begrüßung, Small-Talk, Adressenaustausch, Verabschiedung, sonst nichts. Hier lebt man mit dem Mangel und regt sich nicht über Bagatellen wie leichte Schrammen oder kleine Beulen am Auto auf. Hauptsache, es fährt noch. Da das Paar in meinem Auto sehr nett und fröhlich ist, hebt sich auch wieder meine Stimmung. Immerhin: Nicht alle sind hier miesepetrig.

Venezuela

Vielleicht ist es doch alles gar nicht so schlimm. Vielleicht hat die alte Dame es etwas übertrieben oder hatte einen besonders harten Tag. Vielleicht wird der Urlaub hier ja doch noch ganz nett. Ich weiß, dass ich eine Unterkunft bei einem deutschen Paar haben werde, das schon seit über 20 Jahren in Venezuela lebt. So lange hält man das wohl nicht freiwillig aus, wenn das Leben nicht auch sehr angenehme Seiten hat. Im Internet sah ihr Haus, ja eher schon ihr Anwesen, aus, als sei es ein kleines Paradies. Und erst das Gästebuch: Nur Lob in den höchsten Tönen. Also wird schon alles nicht so schlimm sein. Wie weit weg ihr Haus von Barcelona liegt, geht aus den Angaben auf der Homepage für mich nicht klar hervor. Aber dass wir fast zwei Stunden mit dem Auto dorthin fahren müssen, hätte ich keinesfalls erwartet. Unterwegs erkennt man schon die Zeichen des Sozialismus und der Krise: Neben ganz normalen Mittelklasse-Wagen sind viele vollkommene Schrottlauben ohne Licht auf der Straße unterwegs. „Ja, das ist hier normal", sagt mein Fahrer. „Wenn etwas kaputt geht, bekommt man keine Ersatzteile. Dann muss man eben weiterfahren, solange es überhaupt noch geht. Dafür ist bei uns das Benzin recht billig." „Wie billig denn?", will ich wissen. „Im Februar haben sie seit 20 Jahren zum ersten Mal den Benzinpreis erhöht. Vorher hat der Liter vom teuersten Benzin 0,1 Bolívar gekostet, jetzt sind es schon 6 Bolívar." „Na, und wieviel ist das in Euro umgerechnet?" „Das kommt auf den Kurs an. Offiziell – aber so tauscht natürlich kein Mensch – sind das ungefähr 0,6 Dollar. Wenn du aber auf dem Schwarzmarkt tauschst, bekommst du für einen Dollar mehr als 100 Liter.", höre ich.

Bei dem Thema Wechselkurse steigt hier keiner mehr so richtig durch. Wahrscheinlich ist das sogar beabsichtigt. So gibt es momentan gleich zwei Wechselkurse. Ein stärkerer, bei dem man für 10 Bolívar einen Dollar bekommt, der schwächere liegt bei 200 Bolívar pro Dollar. Wann man zu welchem Kurs offiziell tauschen kann, begreife ich nicht, aber man kann beide ohnehin vergessen, wenn man auf dem Schwarzmarkt tauscht. Da bekommt man sogar für einen Dollar zwischen 800 und 1.000 Bolívar. Wenn ich während meines Urlaubs also nachrechnen will, wieviel etwas kostet, muss ich immer im Hinterkopf haben, zu welchem Kurs ich eigentlich getauscht habe. Das macht alles ziemlich kompliziert. Kaufen macht folglich wenig Spaß. Man will ja schließlich eine Vorstellung vom Wert der angebotenen oder auch gekauften Dinge haben. Aber es gibt ohnedies nur weniges zu kaufen. Und das dann zu enorm hohen Preisen. Für uns Europäer im Urlaub zwar noch erschwinglich, für Einheimische mit ihrem normalen Einkommen jedoch schon lange kaum noch bezahlbar, denn das Durchschnittseinkommen einheimischer Angestellter beträgt zwischen 750 und 850 Bolívar, was vor der Inflation noch ein recht gutes Auskommen gesichert hatte. Doch 2016 betrug die durchschnittliche Inflationsrate geschätzt rund 480 Prozent gegenüber dem Vorjahr. In der gleichen Zeit sind jedoch die Löhne nicht gestiegen. Ein Bier kostet beispielsweise etwa 300 Bolívar. Dafür bekäme ich regulär allerdings 20 Liter Benzin – das steht in keinem Verhältnis zueinander. Zumindest gibt es seit einiger Zeit überhaupt wieder Bier, wenn auch nur Leichtbier. Die größte Brauerei des Landes, Polar, konnte wegen der strengen Devisenkontrollen der sozialistischen Regierung keine Rohstoffe mehr aus dem Ausland importieren, bekam dann aber im Juli 2016 einen Kredit aus Spanien und nahm die Produktion wieder auf. Aber wer kann schon ein halbes Monatsgehalt für ein Bier ausgeben? Allerdings würde auch Sparen bei dem rasanten Wachsen der Inflationsrate nichts bringen. Doch zum Sparen hat hier ohnedies schon lange keiner mehr Geld übrig. Wenn man Geld hat, gibt man es aus, solange es wenigstens noch einen gewissen Wert hat.

Ware im Wert von umgerechnet etwa 3,50 Euro, hier in Bolívar-Scheinen

Ganz verheerend sieht es zum Zeitpunkt meiner Reise mit so alltäglich notwendigen Gebrauchsgütern wie Toilettenpapier, Seife, Shampoo, Zahncreme usw. aus. Die gibt es nur selten und dann zu Preisen, die für die Bevölkerung utopisch sind. Auch Nahrungsmittel sind fast unbezahlbar geworden oder gar nicht mehr auf dem Markt. In den ländlichen Regionen können sich die Leute noch irgendwie behelfen, in den Städten gibt es inzwischen Menschen, die hungern. Und viele gehen auf die Barrikaden oder greifen zu Mitteln der Gewalt. Wegen Zuckermangels hat auch Coca-Cola seine Produktion in Venezuela gedrosselt.

Andere internationale Firmen ziehen nach. Zahlreiche Airlines, wie auch Lufthansa, fliegen Caracas nicht mehr an, weil sie aufgrund des Kursverfalls mit Tickets, die in Bolívares verkauft werden, kaum noch Gewinn machen. Stattdessen wird von offenen Forderungen der Lufthansa im dreistelligen Millionenbereich an das sozialistische Venezuela gesprochen, die erst beglichen werden müssen, bevor die Airline Caracas eventuell wieder anfliegt.

Leere Regale im Supermarkt

Wegen der Vorgaben des Sozialismus ist es für die Venezolaner auch nicht mehr rentabel, bestimmte Nahrungsmittel selbst herzustellen. Die Investitionen stehen in keinem vertretbaren Verhältnis zu den Einnahmen. So liegen in den Llanos heute ganze Landstriche brach, auf denen früher Rinderzüchter auf riesigen Weiden noch sehr rentabel wirtschafteten. Im Gegensatz zu anderen Ländern der Welt, in denen Not und Hunger herrscht, ist die Not in Venezuela hausgemacht. Das erdölreichste Land der Welt steht vor dem Kollaps infolge des globalen Ölpreisverfalls, für den es keine ausreichende Vorsorge getroffen hat. Dazu kommen die Folgen von Missmanagement und Korruption. Der ehemalige Putschist Hugo Chávez, der von 1999 bis zu seinem Tod 2013 regierte, hatte den Bürgern ein Leben in Gleichheit, Gerechtigkeit und Solidarität versprochen. Davon ist wenig geblieben außer vielleicht, zynisch gesagt, ein gemeinsamer Mangel und gemeinsame Not. Die höchste Inflationsrate der Welt frisst die Ersparnisse der Venezolaner auf. Die sozialistische Regierung von Präsident Nicolás Maduro macht allerdings für die Krise einen vom Ausland und Unternehmerkreisen angezettelten "Wirtschaftskrieg" verantwortlich. Kaum einer glaubt ihm noch. Das Volk ist unzufrieden und begehrt zunehmend auf.

Gasflaschenkauf an der Straße

Dabei könnte es dem Land auch zu Zeiten des Ölpreisverfalls noch sehr gut gehen. Es gibt eine große Menge anderer Bodenschätze wie Erdgas, Bauxit, Glimmer, Zinn, Asbest, Eisenerze, Kohle, Mangan, Diamanten, Gold, Silber, Platin, Kupfer, Titan, Magnesit, Salz und Phosphate. Zudem herrscht in dem landschaftlich abwechslungsreichen Land ein Klima, bei dem fast alle Kulturpflanzen Südamerikas gedeihen können. Es gibt auch eine Hülle und Fülle an touristisch nutzbaren Räumen von außerordentlicher Schönheit. Aber, seien wir ehrlich, wer reist schon gerne in ein Land, wo man sich nach seinem Geschäft noch nicht einmal den Hintern mit Toilettenpapier abwischen kann? Jaja, ich weiß: Ich bin hingereist. Aber ich habe wohlweislich auch vier Rollen Klopapier in Medellín für diese Reise erstanden, bin folglich in diesem Punkt autark. Andere Touristen machen es ebenso. Viele Venezolaner fahren seit August 2016 auch mit dem Auto an die Grenze nach Kolumbien. Diese war ein Jahr lang geschlossen und ist nun zumindest für Fußgänger zu bestimmten Uhrzeiten wieder geöffnet. Die Fahrt dorthin ist ja aufgrund des noch immer relativ niedrigen Benzinpreises erschwinglich. Venezolaner sind Lebenskünstler. Gibt es irgendwo Seife, kauft man in großen Mengen ein. Ein anderer hat vielleicht Windeln und wieder je-

Venezuela

mand Eier en masse gekauft. Dann wird getauscht. Man kommt mit Fantasie, gegenseitiger Hilfe und ein paar Tricks so auch in Krisenzeiten irgendwie durch, solange man nicht gerade ganz abgeschnitten von allen Einkaufsmöglichkeiten lebt. In den Städten ist alles teurer als auf dem Land, also muss man oft weit fahren, um sich mit Hamsterkäufen einzudecken und so eine solide Tauschbasis zu schaffen. Hinzu kommt, dass man beim Organisieren und Einkaufen ebenso an Familie, Freunde und Nachbarn denkt, wie diese es auch für einen selbst tun. Die Krise, mag sie das Leben auch noch so beschwerlich machen, kurbelt die Kommunikationsfähigkeit und das soziale Miteinander enorm an. Zudem weiß man nicht nur den persönlichen Einsatz derer, die für einen mitdenken, planen und kaufen zu schätzen, sondern auch den Wert der Güter selbst. Vieles, was für uns im Alltag schlichtweg selbstverständlich ist, ist in Wahrheit ein Privileg, ein Luxus, den man sich in anderen Gegenden der Welt oft gar nicht vorstellen kann. In Venezuela kennt man sowohl die Produkte als auch ihren Wert für den ganz persönlichen Bedarf. Wie sehr freut man sich, wenn man irgendwo etwas ergattert hat, das es anderswo gerade nicht gibt! Das sind kleine Freuden, die man sich in einem Land wie Deutschland mit einem längst schon übersättigten Angebot gar nicht mehr vorstellen kann. Wie viele von uns gekaufte Produkte werden nie gebraucht? Wie viele Nahrungsmittel vergammeln im Kühlschrank und werden irgendwann einfach weggeworfen? In Venezuela passiert das schon lange nicht mehr. Hier kauft und verbraucht man mit Bedacht und freut sich über Kleinigkeiten. Auch die Krise hat, trotz aller Not, sogar noch ein paar gute Seiten. Natürlich nur, wenn sie nicht allzu lange anhält. Ich denke, es ist nur eine Frage der Zeit, dass das System so oder so kollabiert und dann, wenn auch mit viel Einsatz, Anstrengung und Hilfe von außen, wieder bessere Zeiten auf Venezuela zukommen. Das Land hat enorm viele Ressourcen und ein hohes Potential, daraus auch etwas zu machen. Für vieles sind die Infrastrukturen sogar schon vorhanden. Sie werden nur momentan nicht genutzt, liegen gewissermaßen brach. Hilfe rentiert sich hier auch für die Geber. Venezuela wird also, im Gegensatz zu vielen Ländern, bei denen weniger Aussicht auf eine Rückzahlung besteht, auch Partner zum Neuaufbau finden. Das einzige, was dazu momentan noch im Wege steht, sind die aktuell herrschenden Machtverhältnisse und die scheinen allmählich, aber sicher, zu kippen.

Karibik-Flair und Hitchcock-Feeling

Privatstrand meiner schönen Unterkunft an der Palmenküste

Nach etwa 150 Kilometern Fahrt sind wir angekommen. Unser Zielort liegt am Ende des Golfes von Cariaco an der sogenannten Palmenküste. Die nächste größere Stadt ist nicht, wie gedacht, Barcelona, sondern Cumaná. Dort gibt es ebenfalls einen Flughafen. Hätte ich das vorher schon gewusst, hätte ich versucht, meinen Flug nach Cumaná zu buchen. Aber egal, jetzt bin ich ja da.

Das große Anwesen von Monika und Georg, den beiden Besitzern dieses Gästehauses, ist unglaublich schön. Viel Liebe, Arbeit und Mühen stecken da drin. Man sieht und fühlt es. Noch dazu ein wunderschönes Haus, in dem die beiden wohnen und mehrere geschmackvolle und sehr gut eingerichtete Gästezimmer vermieten. Die größte Überraschung für mich sind jedoch die Gastgeber selbst. Nur selten erlebt man eine so spontane Sympathie wie hier. Kaum angekommen, gehöre ich dazu, nicht als jemand, der eine bezahlte Dienstleistung in Anspruch nimmt, sondern als ein Gast im wahrsten Sinne des Wortes, fast schon als eine Freundin. Der Funken springt gleich bei der herzlichen Begrüßung über. Sofort entdecken wir Gemeinsamkeiten. Das Alter stimmt so ungefähr überein, und Monika spricht Deutsch in meinem Lieblingstonfall, nämlich mit Pfälzer Einschlag.

Venezuela

Für mich als Heidelberger Kurpfälzerin ist das vertraute Heimatmusik in der exotischen Fremde. Nach kurzer Zeit finden wir noch weitere Übereinstimmungen, und ich fühle mich tatsächlich wie zu Hause. Von hier aus werde ich schöne Touren unternehmen, aber am ersten Tag, also morgen, will ich erst einmal nur ausruhen. Der zauberhafte Garten mit eigenem Strand, das schöne Haus, mein tolles Zimmer, die gute Küche von Monika und die interessanten und angenehmen Gespräche mit den beiden sorgen für einen maximalen Wohlfühlfaktor. Zugleich lerne ich von den beiden viel über Venezuela, ihre Wahlheimat seit vielen Jahren, die sie trotz der Krise und allen damit verbundenen Erschwernissen sehr lieben. Die beiden arbeiten Hand in Hand mit meinem netten lokalen Reiseanbieter, bieten aber auch selbst ganz individuelle Touren in Venezuela an. Die hier im Tourismusgeschäft Arbeitenden scheinen wie eine Art Familie miteinander umzugehen, einander zu unterstützen und nicht um jeden Preis zu konkurrieren. Nach dem ersten (zweiten und sogar dritten) Begrüßungscocktail und der Belegung meines Zimmers sitzen wir noch lange zusammen und planen die nächsten Tage. Und schon am ersten Abend weiß ich: Nach Venezuela werde ich noch mindestens ein weiteres Mal reisen. Dann auch ganz bestimmt hierher in genau dieses Gästehaus. Monika und Georg, sowie Reiseunternehmer Nicky werden mir eine fantastische, maßgeschneiderte Reise nach meinen ganz persönlichen Bedürfnissen, Interessen und auch körperlichen Fähigkeiten organisieren. So lange wie ich will, wohin ich will und so preisgünstig wie möglich. Dabei habe ich von Venezuela außer den beiden eher hässlichen Flughäfen ja noch kaum etwas gesehen. Aber nur schon der Blick von meinem Zimmer aus über den Golf von Cariaco, gleich am nächsten Morgen nach dem Aufstehen, ist so schön, dass ich hin und weg bin. Wenn jemand so toll wohnt und trotzdem noch von anderen Gegenden des Landes in den höchsten Tönen schwärmt, müssen diese ebenfalls ganz wunderschön sein, meine ich.

An meinem ersten Tag genieße ich zusammen mit dem zutraulichen Rottweiler-Rüden Satchmo den kleinen Strand des Hauses. Danach liege ich abwechselnd in der Hängematte oder im Liegestuhl mit Blick über die Bucht und beobachte in der Ferne mit Georgs Fernglas die vielen Seevogelschwärme, die über der Halbinsel Araya kreisen, lese ein Buch aus der großen Hausbibliothek, lasse mich mit einem leckeren Mittagessen verwöhnen und genieße ansonsten das süße Nichtstun. Das ist Urlaub pur. Mehr geht nicht. Herrlich! Wieso hatte ich eigentlich gestern noch solche Bedenken nach Venezuela zu reisen? Ja, Nuquí war traumhaft schön. Es ist schwer, das zu toppen. Aber es scheint auch hier auf andere Art ebenso traumhaft schöne Orte zu geben, und ich habe sogar bereits dorthin meine Reiseabstecher gebucht. Nun freue ich mich doch sehr auf die vor mir liegenden Wochen. Nach Venezuela zu fliegen, war wohl genau die richtige Entscheidung.

Kolibri beim Blütenbesuch

Meine erste Tour führt in den nicht weit entfernten Mochima-Nationalpark. Er wurde 1973 gegründet und umfasst eine Größe von 949 Quadratkilometern. Hier gibt es gleich mehrere Superlative, und diese sowohl an Land als auch unter Wasser. Dort fasziniert eine unglaublich farbenfrohe Korallenwelt in den zahllosen Grotten, Thermalspalten oder Höhlen und entlang der Steilwände. Ebenso abwechslungsreich und vielfältig ist das Land, auf dem bunt blühende Mittagsblumengewächse und Mangroven als Heimat einer reichen Tierwelt dominieren. Auf relativ kleinem Raum findet man enorme Unterschiede, so die von goldgelben Stränden umgebene Insel Arapo mit dichten Wäldern und die karge, fast wüstenhafte Halbinsel Araya, über der sich die von den Passaten herangebrachten Wolken fast nie abregnen und wo die Menschen seit jeher von den einzigen Schätzen leben, die es hier gibt: Salz und Fisch. Das Gebiet des Parks besteht aus einem

Venezuela

Plateau von etwa 30-50 Metern Wassertiefe, das sich von der durch Öl und Tourismus reich gewordenen Stadt Puerto La Cruz (mit deren Reichtum es inzwischen aufgrund der Krise allerdings auch erst einmal vorbei ist) bis hin zur Araya-Halbinsel zieht. Im Anschluss daran liegt der über 1.000 Meter tiefe Meeresgraben „La Chiminea". Diese räumliche Nachbarschaft bewirkt, dass sehr kühles Tiefenwasser in den Nationalpark hineindrückt, wodurch die Wassertemperaturen nur bei durchschnittlich 21-24°C liegen. Das ist kühl für karibische Verhältnisse und sorgt für eine Fauna und Flora, die ganz anders zusammengesetzt ist als es sonst im Karibikraum üblich ist. Taucher kommen wegen der ausgedehnten, bunten Korallenriffe hierher. Eine Vielzahl von Inseln und Inselchen, „Cayos" genannt, mit traumhaft schönen Sandstränden sind das Aushängeschild des National-Parks.

Delfine im Mochima-Nationalpark

Die hauptsächliche Attraktion sind hier aber die vielen Delfine. Um sie beobachten zu können, wurde für mich heute ein Boot gemietet. Die Nachbarin meiner Wirtsleute bringt mich in den kleinen Ort Mochima, von wo aus ich zusammen mit zwei Bootsleuten aufbreche. Mit von der Partie ist der Hund des Bootseigners, der die Tour ganz offensichtlich genießt. Für einen Hund ist das irgendwie untypisch. Meiner würde wahrscheinlich die ganze Zeit zittern. An einer anderen Stelle nehmen wir noch ein anderes Paar auf, das ein paar Inseln weit mitfährt und dann irgendwo an Land geht. Mein Boot ist nämlich eine Art Taxi, das zwischen den Inseln pendelt.

Delfine folgen dem Boot

Bereits nach kurzer Zeit sind wir von vielen Delfinen umgeben. Es ist ein herrliches Naturspektakel. Der Weg führt an Inseln, steilen Felswänden, lieblichen Buchten und Traumstränden vorbei. Man erkennt, dass diese zu anderen Zeiten sehr frequentierte Stellen gewesen sein müssen. Doch momentan sind die meisten fast leer, die Restaurants sind dort geschlossen. Es herrscht eine fast gespenstische Atmosphäre und doch ist es zugleich wunderschön. An einem dieser Strände, der Playa Blanca (weißer Strand), werde ich zum Mittagessen abgesetzt. Hier sind ein paar Leute am Strand, und ein geöffnetes Restaurant gibt es auch. Da ich noch immer kein eigenes venezolanisches Geld habe, hat Georg mir am Morgen dafür eine entsprechende Summe geliehen. Nach seinem Kurs gibt es gerade für einen Dollar 1.000 Bolívares. Da es keine Scheine größer als die zu 100 Bolívares gibt, entsprechen 10 Dollar 100 Scheinen zu je 100 Bolívares. Das ist ein Gewicht von etwa 100 Gramm in einem dicken Packen, der in keinen Geldbeutel mehr hineinpasst. Alle – auch ich – tragen ihr Geld in Bündeln mit je 100 x 1.000 Bolívares-Scheinen, zusammengehalten von einem weißen Gummiband. Ein Päckchen hat man immer irgendwo, aus dem schon einzelne Scheine für die „krummen" Summen entnommen wurden. Um dieses macht man ein andersfarbiges Gummiband. Um solche Mengen an Papiergeld mitzuführen, braucht man spezielle Behältnisse. Am besten trägt man sie direkt am Körper. Allerdings passt in eine normale Bauchtasche maximal ein 10.000 „Bolo"-Paket. Ich habe ständig drei Bauchtaschen an – zwei auf der Seite, eine in der Mitte. Dadurch sehe ich aus wie eine gestopfte Leberwurst.

Kristallklares Wasser

Die Bootsleute bringen mich an der Playa Blanca an Land, und ich gehe davon aus, dass wir nun zusammenbleiben, aber plötzlich sind sie weg. Eine Weile lang vermute ich noch, dass sie sich hier irgendwo an einer anderen Stelle an Land aufhalten, aber auch das Boot ist weg. Und was wird jetzt aus mir? Holen sie mich wieder ab? Wann? Und wenn nicht? Das mit dem Informationsaustausch hat ganz offensichtlich nicht geklappt. Und jetzt? „Erst einmal essen gehen. Aufregen kann ich mich auch später noch", denke ich. Im Restaurant sitzt außer mir kein einziger Gast. Mit der Speisekarte kann ich nicht viel anstellen. Die Namen der Fische, die zum Essen angeboten werden, sind mir völlig unbekannt. Aber ich lasse mir in der Küche einfach alle zeigen und suche mir einen davon aus. Während meiner guten Mahlzeit habe ich einen tollen Blick auf den vollkommen weißen Sandstrand. Einfach fantastisch, aber kaum jemand ist da. Venezolaner müssen an allen Ecken sparen. So ein Inseltag mit Bootstaxi und dann noch einem Restaurantbesuch ist für die meisten hier schon lange unerschwinglich. Für deutsche Verhältnisse ist der Preis für mein gutes und reichhaltiges Essen, umgerechnet zum Schwarzmarktkurs, zwar durchaus angemessen. Für einen Venezolaner

Karibik-Flair und Hitchcock-Feeling

mit einem normalen Durchschnittsverdienst wäre das allerdings mehr Geld als er im Monat verdient. Meine Gefühle sind folglich gemischt. Ich habe ein super Essen und sitze an einem herrlichen Platz der Erde, wo ich es auch wirklich genießen kann. Die Restaurantbetreiber freuen sich über einen Gast und bedienen mich mit unglaublicher Zuvorkommenheit. Soweit das gute Gefühl. Aber das Restaurant und somit auch mein Sitzplatz ist etwas erhöht vom eigentlichen Strand. Ich sitze also ziemlich auf dem Präsentierteller. Jeder, der mich sieht, weiß nun, dass ich, verglichen mit dem Rest der Leute an der Playa blanca, auch mehr Geld zur Verfügung habe und wahrscheinlich eine Touristin bin. Ich habe, obwohl es an sich völlig unnötig ist, ihnen gegenüber ein schlechtes Gewissen. Ich mag keine Sonderstellungen – nicht für andere, aber auch nicht für mich. Nur lässt es sich beim Urlaub in einem Land wie Venezuela momentan einfach nicht umgehen. Dazu sind dort die aktuellen Bedingungen einfach zu speziell.

Playa Blanca

Nach dem Essen weiß ich nicht so recht, wie ich mich verhalten soll. Ich habe ja keine Ahnung, wann ich wieder hier abgeholt werde. Muss ich jetzt permanent auf der Lauer liegen und nach dem Boot mit dem Hund Ausschau halten, oder kann ich mich darauf verlassen, dass mich die Bootsleute auch am Strand irgendwo suchen kommen? Schließlich will ich nicht stundenlang auf meinem exponierten Platz im Restaurant verharren. Die Strandliegen mit Sonnendach machen einen wesentlich gemütlicheren Eindruck. Zudem, wenn ich schon an einem so zauberhaften Strand bin, möchte ich auch schwimmen gehen, obgleich ich dummer-

Venezuela

weise kein Strand- oder Handtuch mitgebracht habe. Das liegt im Bad meines Gästezimmers im Haus von Monika und Georg. Ich dachte, es gäbe nur eine Bootsfahrt zum Delfine-Beobachten, von einem Badeaufenthalt war mir vorher nichts bekannt. Allerdings hätte ich mit ein wenig Überlegung auch selbst darauf kommen können. Was mache ich jetzt also? Ich entscheide mich für den Strand und belege eine der bequemen Liegen mit meinen Habseligkeiten. Das heißt, ich ziehe meine drei Geld-Bauchtaschen möglichst unauffällig aus und lege mein T-Shirt und die kurze Hose darüber. Nicht gerade ein prickelnd gutes Versteck, aber eben das einzig mögliche für insgesamt ungefähr 500 Gramm gebündelte Geldscheine in mehreren Plastiktüten. Solche Mengen kann man nicht wirklich verbergen. Doch bei so wenigen Leuten am Strand, die, noch dazu, nur mit einem Wassertaxi wieder hier wegfahren können, ist die Wahrscheinlichkeit, unbemerkt bestohlen zu werden, ohnedies minimal. Also genieße ich nun einfach über eine Stunde lang das ausgiebige Baden im spiegelklaren Wasser bis plötzlich der Bootsmann zusammen mit seinem Hund vor mir im Wasser steht. Bei der überschaubaren Menge von Leuten hat er nicht lange suchen müssen, um mich zu finden. In der Zwischenzeit hat er andere Leute zwischen den anderen Inseln hin- und her transportiert. „Na, hast du den Nachmittag genossen? War das Essen gut? Bist du bereit zum Zurückfahren?", spricht er mich an. Auf dem Rückweg geraten wir erneut mitten in eine große Delfinschule. Kann man mehr von einem Urlaubstag erwarten? Es war rundum fantastisch! Urlaubsgenuss pur. Leider war ich nur einen einzigen Tag im Mochima-Park. Das nächste Mal – und hoffentlich kommt es dazu – bleibe ich länger. Mindestens einen Tag sollte ich jedenfalls dort tauchen, besser wären allerdings zwei. Und auch an Land gibt es ja eine ganze Menge zu sehen, darunter die Halbinsel Araya, die ich leider nur aus der Distanz kennengelernt habe. Sie muss ein wahres Vogel-Eldorado sein. Aber sie zu erkunden, würde sicher auch mindestens einen ganzen Tag erfordern.

Für den nächsten Tag stehen mir zwei Alternativen zur Auswahl. Es ist schwer, sich für eine davon zu entscheiden. Da wäre eine Fahrt zur Playa Medima, einem der schönsten Strände Venezuelas. Doch da ich am Ende der Reise fast eine Woche lang auf den Los Roques-Inseln eine Menge verschiedener Traumstrände genießen werde, entscheide ich mich doch für die andere Tour, die landeinwärts in die Berge von Caripe führt. Dort liegt der Nationalpark El Guácharo, dessen Herzstück die berühmte gleichnamige Höhle ist. Noch nie etwas davon gehört? Nun, zumindest den meisten Liebhabern von Krimis und Gruselfilmen sollte aber die beeindruckende und beängstigende Geräuschkulisse aus den Schreien der Guáchaos bekannt sein, denn Alfred Hitchcock hat in dieser Höhle die Tonaufnahmen für den bekannten Film „Die Vögel" gemacht.

Karibik-Flair und Hitchcock-Feeling

Erinnerung an den deutschen Erforscher der Guácharo-Höhle

Guácharo auf seinem Gelege

Venezuela

Höhlen-Eingang

Karibik-Flair und Hitchcock-Feeling

„Gummistiefel-Parade"

Mein Führer in der Guácharo-Höhle

Guácharos (dt.: Fettschwälme) sind eine Vogelart, die erstmals von Alexander von Humboldt wissenschaftlich beschrieben wurde. Zusammen mit seinem

Freund, dem Arzt und Botaniker Aimé Bonpland[28], erforschte er im September 1799 die ersten 472 Meter dieser mit mindestens 10,2 Kilometer Gesamtlänge größten Tropfsteinhöhle Südamerikas. Dabei erkannte er, dass die darin lebenden Guácharos, die wie eine Kreuzung aus Eule und Falke aussehen, zu einer ganz eigenen Art gehören. Als Jungvögel speichern sie im Bindegewebe ihrer Bauchregion große Fettmengen, weshalb sie dann sogar bis zu doppelt so viel wie ihre Eltern wiegen können. Die einheimischen Indigenen nutzten diese Vögel früher auf ganz spezielle Art, um aus ihnen ihren Bedarf an Fett zu decken. Einmal im Jahr gingen sie in die Höhle, um möglichst viele Jungtiere der Kolonie noch vor dem Flüggewerden mit Stangen aus den Nestern ihrer Schlafhöhlen zu werfen und dann am Höhlenboden zu erschlagen. Das Fleisch haben sie gegessen, das sehr reine und lange haltbare Fett durch Kochen ausgelassen und danach in Tontöpfen gelagert. 1799 hat Humboldt so ein Schlachtfest in der Höhle von Caripe beobachtet und in seinem Reisebericht ausführlich beschrieben. Die Indios fühlten sich jedoch nicht sehr wohl in dieser Höhle und sahen zu, dass sie sich nicht lange darin aushalten mussten, vermuteten sie doch hier die Seelen ihrer Ahnen, das Totenreich. So haben sie sich bei der Fettvogeljagd möglichst beeilt und sind nicht allzu weit ins Höhleninnere eingedrungen, sodass zum Glück immer wieder so viele Jungvögel übrig blieben, dass die einzigartigen und faszinierenden Tiere hier nicht ausgerottet wurden. Die etwa huhngroßen Vögel mit ihren kräftigen Schnäbeln, großen Flügeln, langen Schwänzen und zugleich sehr kurzen und fast unbrauchbaren Beinen leben im ersten Höhlenabschnitt in permanenter Dunkelheit. In der Nacht fliegen sie in einem großen Schwarm aus der Höhle hinaus zur Futtersuche nach ölhaltigen Früchten, sammeln sich vor der Morgendämmerung wieder vor dem Eingang und fliegen im Schwarm in die Höhle zurück. Tagsüber ruhen sie sich aus, deshalb muss man sich in der Höhle sehr ruhig verhalten. Auch Beleuchtung gibt es keine. Fotografieren mit Blitzlicht ist verboten. Aber gerade die Dunkelheit, gepaart mit dem Keckern und Schreien der Vögel und ihren lauten Flügelschlägen macht den Höhlenbesuch zu einem unvergesslichen Erlebnis.

Nur die Guías haben zumindest Öllampen dabei. Dadurch werden viele Tiere immer wieder im Schlaf aufgeschreckt und stoßen dann im Herumfliegen ihre ohrenbetäubend lauten Schreie aus. Diese machen sie übrigens zu den lautesten aller bekannten Vögel der Welt. In der Dunkelheit der Höhle brauchen sie zudem – ähnlich wie die hier ebenfalls vorkommenden Fledermäuse – zur Orientierung

---

[28] **Aimé Jacques Alexandre Bonpland** (eigentlich Goujaud, * 29. August 1773 in La Rochelle, Frankreich; † 11. Mai 1858 in Santa Ana (heute Bonpland), Departamento Paso de los Libres, Provinz Corrientes, Argentinien) war ein französischer Naturforscher.

Echo-Ortung[29], um nicht ständig gegen Felswände oder Tropfsteine zu fliegen. Anders als bei den Fledermäusen, sind die dabei erzeugten trommelähnlichen Klick-Laute, die man auch aus dem Hitchcock Film kennt, für Menschen hörbar. Man sollte meinen, so stark spezialisierte Vögel hätten auf unserem Planeten keine Chance, wirklich lange zu existieren. Doch man weiß inzwischen, dass sie sich bereits seit 80 Millionen Jahren als einzig nachtaktive, Früchte fressende Vogelart auf der Erde behaupten. Diese Vögel sind nur ein Teil der Lebensgemeinschaft in der Guácharo-Höhle. Aus Exkrementen und ausgeschiedenen Samen bildet sich dort auf den hervorstehenden Kanten und Felsen und vor allem auch am Boden eine dicke organische Schicht, die man Guano nennt, und die sogar in den ersten 400 Metern der Höhle trotz der Dunkelheit Bedingungen zum Keimen und, wenn auch kümmerlichen, Wachsen bestimmter Pflanzen schafft. Daneben gibt es eine Vielzahl von Tieren, die an das Leben in der Dunkelheit angepasst sind.

Geländer oder andere Sicherungen gibt es in der Höhle nicht. Man muss eben aufpassen. Zudem leiht man sich vorher Gummistiefel aus, die ein gutes Profil haben und nach jedem Besucher von Guano gereinigt und anschließend sterilisiert werden. Vor dem Eingang treffen wir auf Edgar, einen Guía, der Deutsch kann. Noch dazu sehr gutes, ganz ohne Akzent. „Wo hast du das denn gelernt?", fragen wir. „Das habe ich mir selbst nur durch Zuhören beigebracht.", ist seine Antwort. Unfassbar. So viel Fleiß und so eine tolle Leistung. Natürlich willige ich ein, mich von ihm allein durch die Höhle führen zu lassen. Es werden etwa 90 unvergessliche Minuten für mich werden. Für Besucher sind nur anderthalb Kilometer der Höhle geöffnet. Aber bereits diese 1.500 Meter bestehen aus unglaublich vielen Höhepunkten. Allein schon der Eingang ist mit seiner Höhe von 23 Metern und einer Breite von 28 Metern spektakulär. Auch im Inneren bleibt die Höhle breit und hoch, sodass man sich selbst sehr klein, an manchen Stellen sogar fast winzig vorkommt. Zunächst passiert man die Humboldt-Galerie, danach die sogenannten Elefantenfüße und die Halle der Stille mit Sinter-Formationen, die so fantasievolle Namen tragen wie Cardón, Carmen's Virgin und Guard's Angel tragen, dann geht es durch andere Gänge und Hallen mit schön klingenden Namen weiter bis zur Halle der Erhabenheit mit zahlreichen Stalaktiten, Stalag-

---

[29] **Echo-Ortung** (Biosonar) kommt bei verschiedenen Säugetieren, Vögeln und Fischen vor und ermöglicht diesen die Orientierung in lichtarmen Lebensräumen oder in der Nacht. Dabei werden aktiv Ortungslaute (Schallwellen) ausgesendet, deren Echo danach wieder aufgenommen und ausgewertet wird.
Die Echo-Ortung funktioniert bei den Guácharos (*Steatornis caripensis*) ganz ähnlich wie bei Fledermäusen. Vögel produzieren dabei die Ortungslaute über den Stimmkopf (Syrinx), Fledermäuse im Kehlkopf (Larynx). Das Echo wird mit einem besonders gut ausgeprägten Gehör aufgenommen.

miten und Stalaknaten, in denen die mächtigen von oben und unten kommenden Sinterzapfen zu dicken Säulen miteinander verwachsen sind.

Blick nach außen

Karibik-Flair und Hitchcock-Feeling

Auf dem letzten Drittel des Rückweges aus der Unterwelt erkennt man ein zunächst nur kleines, dann mit jedem Schritt, den man vorangeht, größer werdendes Licht – der Ausgang, ein spektakulärer Blick aus dem Dauerdunkel hinaus in die Außenwelt aus Licht und Farben.

Bewachsener Baum vor der Guácharo-Höhle

Auch die Fahrt durch den Nationalpark ist wunderschön. Hier sollte man sich unbedingt mehr Zeit nehmen, als ich sie habe. Sattgrüne Berge mit vielen Wasserfällen und tollen Fernblicken prägen die Landschaft. Es herrscht ein riesiger Artenreichtum an Bäumen, Sträuchern und Palmen, und überall kann man wunderschöne bunte Blüten sehen. Man fährt auf dem Weg hierher an zahllosen Orangen- und Erdbeerplantagen sowie einer Menge Kaffee-Haziendas vorbei. Eine solche haben Monika und ich bereits auf dem Hinweg besucht, und der Besitzer mit Namen Michelangelo hat mich dort auch lange herumgeführt und mir die Besonderheiten seiner Kaffeeproduktion erklärt. Auf dem Rückweg kehren wir nun erst einmal zu einem guten, traditionellen Mittagessen im Ort Caripe ein. Unterwegs gibt es danach in einer Art Bar auch noch einen Nachtisch, die Spezialität der Region: Fresas con crema, Erdbeeren mit einer Creme, deren Zusammensetzung geheim ist, die aber sehr lecker schmeckt. Während wir sitzen und es uns schmecken lassen, kommt ein Mann mit einem großen Karton an unserem Tisch vorbei. In Europa würde man nicht besonders auf ihn achten, anders als hier. „Was hast du denn da zu verkaufen?", fragt Monika. Er hat Seife, momentan ein

Produkt, nach dem man in Venezuela lange suchen muss und meistens erfolglos bleibt. Hier erlebe ich den ersten Hamsterkauf. Es wird nicht der letzte bleiben, dem ich beiwohne. Allerdings der letzte während meiner Zeit im Gästehaus von Monika und Georg. Am Abend kommt ein deutscher Bekannter zu uns, der über Nacht bleibt und mit mir zusammen am nächsten Morgen weiterfahren wird. Zu viert verbringen wir einen herrlich ausgelassenen und sehr langen Abend. Hier sind vier Menschen mit dem gleichen Humor beieinander. Ich freue mich zwar sehr auf die Weiterfahrt, wäre aber auch gerne noch geblieben, um diese Gegend besser kennenzulernen und den Aufenthalt bei so netten Leuten und in einer so schönen Unterkunft länger zu genießen. „Ich komme wieder!", verspreche ich beim Abschied am nächsten Morgen. „Ich freue mich schon darauf."

Kaffee aus Caripe

Wo Delfine rosa sind

Tukan

Mein Fahrer mit Namen Jochen wird mich in etwa sechs Stunden Fahrzeit zu meiner nächsten Station bringen, nach Boca de Uracoa, von wo aus ich mit einem Schnellboot zu einer Ecolodge mitten im Orinoco-Delta weiterfahren werde. Nach drei Tagen holt mich Jochen dann wieder an der gleichen Stelle ab und bringt mich nach Ciudad Bolívar in eine andere Posada. Dann werde ich mal wieder meine Koffer umpacken und am nächsten Morgen von dort aus mit kleinem Gepäck per Flugzeug nach Canaima weiterreisen.

Wir haben eine sehr entspannte Fahrt, vor allen Dingen ich, da ich ja nicht selbst fahren muss. Jochen wohnt, wie Nicky, Gerd und Monika, seit Jahren in Venezuela, kennt also nicht nur die aktuelle Situation der Venezolaner, sondern auch ihre Mentalität ganz allgemein. Zudem kennt er sich in dem Land perfekt aus, kann mir über die Gegenden, die wir gerade durchfahren, und die, in die ich noch reisen werde, alle Informationen geben, die mich interessieren. Wie sich ein an sich so reiches Land selbst derart heruntergewirtschaften konnte, dass es heute in einer tiefen Krise steckt, ist natürlich eine Frage, die sich jeder Reisende hier einfach stellen muss. So diskutieren wir, wer aus welchen Gründen welchen Anteil an der Misere trägt, wie gegensätzlich das Volk und die Regierung Venezuelas das Problem sehen, welche Wege aus der Situation wieder herausführen könnten und warum das Volk nicht schon viel länger und heftiger gegen die herrschenden Zustände aufbegehrt. Es gibt ja nicht immer nur einen Schuldigen allein. Auch Einflüsse von außen, falsche Partnerschaften, globale Wirtschaftsfaktoren oder Krisen wie der momentane Ölpreisverfall, der Sozialismus und sogar der frühere Status als Kolonie machen letztlich eine Mischung von Gründen aus, die in ihrer Gesamtheit zu den heutigen Problemen geführt hat. Ebenso vielfältig sind die Prognosen, ob und wie das Land sich aus dieser Situation selbst befreien kann, ob es Hilfe gibt, wie diese aussehen könnte, von wem sie kommen müsste und von wem lieber nicht. Im Flug vergeht die Zeit und ich habe am Ende eine Menge über ein Land erfahren, von dem man in Deutschland leider viel zu wenig weiß. Doch Lösungen und Lösungsvorschläge müssen ja immer auch die Traditionen und Denkweisen der Menschen der betroffenen Regionen berücksichtigen und können nicht einfach gewissermaßen übergestülpt werden nach dem Motto: „Jetzt haben wir euch gesagt, wie es geht und nun macht mal." Was für die USA oder europäische Länder eine adäquate Lösung wäre, ist eventuell für ein Land in einem anderen Kulturkreis ein gänzlich falscher Weg, der an den dort lebenden Menschen, ihren Kulturen, Einstellungen und Bedürfnissen vorbeigeht und folglich auch auf Dauer nicht klappen kann. Einfacher ist die Frage zu beantworten, auf welche Art die Menschen mit der aktuellen Situation ihren Alltag managen können. Hamsterkäufe sind ja nur eine Möglichkeit. Wie behilft man sich beispielsweise ohne Klopapier? Welche Alternativen gibt es, wenn Shampoo fehlt? Und so gibt es eine riesige Palette von Alltagsfragen und zumindest Notlösungen. Manche hören sich sehr abenteuerlich, andere wirklich kreativ an. Manche Leute halten sich jetzt Hühner, damit sie wenigstens Eier zu essen bekommen. Aber woher bekommt man in diesen Zeiten Hühnerfutter? Was gibt es für Alternativen? Momentan gibt es gerade mal keinen Pfeffer. Was schmeckt ähnlich und ist verfügbar? Mit solchen Fragen sieht sich auch Jochen im Alltag konfrontiert, und man bekommt den Eindruck, als mache ihm, wie vielen anderen Menschen hier, jede noch so kleine Lösung eines dieser durch die Not geschaffenen Probleme Spaß. Es sind Herausforderungen, die man in der Zeit davor nicht kannte, deren Lösungen aber, auch wenn die Notsituation vorbei ist, nicht einfach vergessen und beiseitegeschoben werden müssen. Die erworbenen Fähigkeiten kommen einem auch danach noch zugute. Ich selbst bin als Kind von vollkommen ausgebombten Eltern in der Mangelzeit der 50er-Jahre großgeworden. Meine Eltern haben in meiner Familie herrschenden chronischen Mangel an Gütern und Geld auf sehr kreative Art zu kompensieren gewusst. Spontan fallen mir in Venezuela witzige, längst vergessen geglaubte Details ein. Klopapier aus Zeitungen schneiden beispielsweise, Wachs sammeln und so aus alten Kerzen nur durch einen neuen

Docht neue herstellen, ohne Staubsauger mit einem Tuch den Teppich reinigen, feuchte Weißwäsche im Sonnenschein auf einer Wiese bleichen, Flecken mithilfe von Kreide entfernen oder viele andere Dinge, die man heute in Büchern nachlesen kann, die so ähnlich heißen wie „Was Oma noch wusste...". Mehr dieser Notlösungen kenne ich aus den Geschichten meiner Eltern über die Kriegszeit und die Jahre unmittelbar nach der Ausbombung. Not macht erfinderisch, heißt es schließlich nicht zu Unrecht. Deshalb jedoch die Not gutzuheißen, wäre sicher zynisch, aber auch große Erfindungen sind, wie man ja weiß, sehr oft aus dem Mangel geboren worden. In den Wochen meines Venezuela-Aufenthaltes erlebe ich oft, wie stolz man hier auf irgendeine aus Mangel und Not geborene gute Idee ist, die für sich allein noch nicht einmal so eine große Sache wäre, jedoch durch Kommunikation, Tausch und Nachbarschaftshilfe tatsächlich auch eine große Nachhaltigkeit erlangt. Auf die Frage, ob sie die deutsche Überflussgesellschaft nicht gerade unter den momentan herrschenden Bedingungen in Venezuela vermisst, hat Monika vor ein paar Tagen geantwortet, dass sie diese Art des gemeinsamen Organisierens und Handelns so toll findet, dass sie sie auch nicht mehr missen möchte. Die Freude, die man empfindet, wenn man für sich und andere etwas organisieren konnte, ist etwas, was man in Deutschland gar nicht mehr kennt. Ich wünsche den Venezolanern, dass sie die Erkenntnisse und Fähigkeiten, die sie momentan notgedrungen erwerben müssen, später einmal nicht vergessen und das Gute, das sie bei allem Ärger und Verzicht auch in sich bergen, für sich bewahren können. Den Wert der Dinge zu erfassen und wertschätzen zu können, ist eine Eigenschaft, die wir in Europa oft gar nicht mehr lernen und pflegen. Schade! Es wäre auch für unsere Wegwerfgesellschaft sicher eine gute Erziehung zum umsichtigen Umgang mit Ressourcen aller Art. Drei Wochen Venezuelaurlaub haben zumindest bei mir vieles wieder aktiviert, was ich schon lange nicht mehr so getan oder mit Bewusstsein gesehen hatte. Als ich nach der Reise zum ersten Mal wieder im Supermarkt meines Wohnortes bin, haut mich das riesige Angebot fast um. Nein, das ist alles andere als selbstverständlich, und wir sollten die Tatsache, dass bei uns so ein breitgefächertes Angebot vorhanden ist, sehr bewusst zu schätzen lernen. Keiner kann sagen, ob es für alle Zeit so bleibt, oder ob auch wir uns eines Tages einschränken und behelfen müssen.

Jochen und mir gehen auf unserer langen Fahrt die Themen nicht aus. Zudem macht er mir den Reiseführer, sodass ich vieles über die durchfahrenen Regionen und Städte erfahre. Leider sind wir etwas in Eile, da ich zu einem mehr oder weniger festen Termin das Boot am Orinoco besteigen soll. Daher fahren wir auch durch die Stadt Ciudad Bolívar nur durch. „Mach dir nichts daraus. Da kommst du ja auf dem Rückweg noch hin", meint Jochen. Die Straße, eine Autopista (Autobahn) führt von Ciudad Bolívar bis Ciudad Guayana, dem „Ruhrgebiet" Venezuelas, wie Jochen es nennt. Auch daran fahren wir nur vorbei und biegen gleich danach in Richtung Norden bis zum Städtchen Temblador ab. Von dort aus führt eine wesentlich schlechtere Straße noch etwa 35 km bis nach Boca de Uracoa weiter. Beide Orte sind vollkommen unscheinbar. Drumherum liegen endlose brachliegende Flächen, die noch vor einigen Jahren als Rinderweiden genutzt wurden. Der Sozialismus und am Ende die Wirtschaftskrise haben jedoch diesen Wirtschaftszweig vorerst unrentabel gemacht. Nur selten sieht man ein paar Rinder oder auch Pferde auf den Savannen-Weiden der Llanos stehen. Ansonsten schaut es ziemlich langweilig und eintönig aus. Oft sieht man riesige Moriche-Palmen, auch Ölpumpen stehen herum, da hier bereits seit 1922 Erdöl gefördert wird. Ansonsten wird für das Auge nicht viel Abwechslung geboten.

Boca de Uracoa ist ein besonders günstiger Ausgangspunkt für Touren ins Orinoco-Delta, das mit rund 40.000 Quadratkilometern Fläche weltweit das größte Flussdelta ist. Die Ausdehnung dieses Mündungsgebiets entspricht ungefähr der Größe der Schweiz und ist in ständig anhaltendem Wachstum begriffen. Allein im letzten Jahrhundert kamen etwa 1.000 Quadratkilometer Fläche hinzu. Man hat eine durchschnittliche Ausdehnung in Richtung Ozean von etwa 40 Metern pro Jahr auf einer Küstenlinie von insgesamt 360 Kilometern Länge ermittelt. In diesem riesigen Delta teilt sich der Orinoco in über 60 Caños genannte Seitenarme und zahllose kleine Flüsse auf. Der weitaus bedeutendste Mündungsarm ist der nach Osten fließende Río Grande, der mittlere Hauptarm heißt Caño Macareo und westlichste ist der Caño Manamo, an dem auch Boca de Uracoa liegt. In der Regenzeit von Mai bis Dezember liegt der Pegel oft bis zu 15 Meter über dem normalen Niveau. Beim Rückzug der Wassermassen werden Sedimente abgelagert. So entstehen bewaldete Inseln, Lagunen und ein unendlicher Morast, den man zu Fuß nicht durchdringen kann. Die Sedimente lassen solche Flüsse weißlich oder silber – je nach Licht – erscheinen. Man nennt diese Flüsse daher auch Weißwasserflüsse (derjenige, der den Begriff Silber in seinem Namen trägt, ist der Río de la Plata). Sie sind voller Nährstoffe, die eine reiche Lebewelt im und am Wasser zulassen. Darunter, meistgehasst und extrem unangenehm, die vielen Stechmücken. Sie finden im heißen, immer feuchten Gebiet des Orinoco-Deltas geradezu paradiesische Lebensbedingungen für sich vor. Wo keine Schwebstoffe das Wasser trüben, spricht man von Schwarzwasserflüssen. Sie sehen aus wie dunkle Spiegel und enthalten vor allen Dingen Huminsäuren[30] und kaum Nährstoffe, was die Moskitos von der Eiablage abhält. Dort befinden sich dann bevorzugt die Wohngebiete der Indigenen, aber auch die Lodges.

---

[30] **Huminsäuren** entstehen in der Natur beim Abbau von biologischem Material. Im tropischen Regenwaldklima gelangen diese Stoffe in hohen Konzentrationen in das Oberflächenwasser.

Wo Delfine rosa sind

Abfahrt in Boca de Uracoa

Mangrovendickicht mit blau blühenden Wasserhyazinthen

Venezuela

Wohnhäuser am Ufer

Die Flora im immer tropischen Regenwald der Delta-Region ist von Palmen dominiert und enorm artenreich. Entlang der Caños gedeihen zahllose Wasserpflanzen wie Wasserhyazinthen und auf den wasserdurchdrungenen Sedimentflächen wachsen ausgedehnte Mangroven. Ebenso überwältigend in ihrer Vielfalt ist die Tierwelt, in der Raubkatzen wie Puma, Ozelot und Jaguar ebenso daheim sind wie viele Affenarten, unter ihnen besonders zahlreich die Kapuziner- und Brüllaffen. Vor allem ist das Delta ein Eldorado für Vögel und Amphibien. Am Ufer und auf den Bäumen leben zudem viele Reptilien, besonders Schlangen sind darunter. Im Fluss herrscht ein enormer Fischreichtum. Und – ganz besonders bei den Touristen beliebt – hier gibt es rosa Süßwasserdelfine. Ihre Vorfahren sind bereits vor der Auffaltung der Anden (Beginn vor ca. 70 Millionen Jahren) in die Mündung des Ur-Amazonas eingewandert, der damals noch von Osten nach Westen floss. Nach Auffaltung des Hochgebirges waren sie vom Ozean abgeschnitten und haben sich zu reinen Süßwasserbewohnern weiterentwickelt. Über Verbindungen der Flusssysteme von Amazonas und Orinoco haben sie sich in beiden Flüssen angesiedelt. Sie sind heute sehr selten geworden und vom Aussterben bedroht. Doch gerade dort, wo ich hinreise, sollen sie noch zahlreich vorkommen, und ich hoffe sehr, in den nächsten Tagen auch welche sehen zu können.

Da Jochen meinen neuen Guía namens Clemente gut kennt, ist dieser auch schnell gefunden. Noch ein Snack und eine Cola am Straßenrand zu uns genommen, Umladen meines Gepäcks vom Auto auf das Boot, dann erfolgt die Verabschiedung von Jochen, den ich erst nach dieser Tour wiedersehen werde. Ob es mich störe, wenn wir noch ein paar Leute zu ihren Häusern mitnähmen, fragt Clemente. Warum sollte es? Das Boot ist groß genug für alle. Die Leute gehören, wie auch Clemente, zum Indigenenvolk der Warao, der zweitgrößten indianischen Ethnie Venezuelas. Im Gegensatz zu den meisten anderen indianischen Völkern wurden die Warao nie besiegt oder kolonisiert, was wohl auch mit der Entlegenheit ihrer Wohngebiete zu tun hatte. Bis heute leben sie entlang der Wasserläufe in Pfahlhäusern, die aus Palmholz und Schilf gefertigt werden und während der Trockenzeit (bei der es aber ebenfalls regnet, nur nicht so ergiebig wie in der Regenzeit) ungefähr zwei Meter hoch aus dem Boden ragen, damit ihre Bewohner auch in der Regenzeit im Trockenen sitzen können. Wobei der Boden selbst dann eher schlammig als trocken ist, aber man kann ihn zumindest betreten und sich darauf fortbewegen, was in der Regenzeit oft unmöglich ist. Dann ist alle Fortbewegung außerhalb des Hauses nur noch per Boot möglich. In so einem Pfahlhaus lebt mindestens eine Familie, oft aber auch mehrere, wobei der Begriff Familie viel weiter gefasst ist als bei uns. Ich werde in den nächsten Tagen Familien kennenlernen, die aus mindestens 20 Personen bestehen – da sind Kinder, Eltern, aber auch Geschwister und Eltern der Eltern, ja sogar noch Urgroßeltern dabei. Alle leben unter einem Dach ohne Wände oder Zimmer. Das ganze Leben spielt sich auch im Haus noch im Freien ab. Privatsphäre? Die wird hier wohl anders definiert als bei uns. In einer solchen Umwelt liebt man eher die Nähe zur Gemeinschaft. In dem kargen Leben ist Arbeitsteilung oft die einzige Erleichterung im Alltag. Und allein ist man, sobald man dem Haus den Rücken kehrt. Es ist also genau anders herum als in unserer Kultur, aber man muss auf Privatsphäre nicht verzichten. Die hat man außerhalb der Häuser genug. Die ersten beiden Männer bringt Clemente zu einem kleinen Weiler aus ein paar wenigen Pfahlbauten. Etwa 15 Kinder kommen angerannt, um die Heimkommenden zu begrüßen. Ich werde vorgestellt, ein paar freundliche Worte werden gewechselt. Dann versinkt der kleine Ort allein schon durch unsere Weiterfahrt irgendwie in der Abgeschiedenheit. Als nächstes steigt ein Paar mit Kleinkind aus. Dort gibt es nur zwei Pfahlhäuser und entsprechend etwas weniger Leute, die zur Begrüßung der Ankömmlinge eilen. Es fällt aber sofort auf, dass diese Gruppen erst dann richtig zufrieden sind, wenn auch alle Dazugehörenden anwesend sind. Mir drängt sich gleich ein Vergleich zu deutschen Familien auf. Wen interessiert es da schon, ob ein anderer gerade daheim oder sonst wo ist? Außer bei Kindern, für die man ja eine Fürsorgepflicht hat, ist dieses Sich-Kümmern bei uns doch nur sehr schwach ausgeprägt. Und man selbst hätte vielleicht dann das Gefühl, es ginge die anderen auch gar nichts an, wo man wann mit wem und warum seine Zeit verbringt. Es ist hier und da jedenfalls ein vollkommen anderes Leben.

Die wichtigste Pflanze, sozusagen der Lebensbaum der Warao, ist die Moriche-Palme. Diese Pflanzenart dient den Warao zum Bau ihrer Einbaum-Kanus, wozu sie die Stämme aushöhlen und am Ende noch mit Feuer härten. Mit den Palmwedeln der gleichen Palme decken sie ihre Häuser. Die Früchte sind essbar. Sie liefern zudem ein gutes Öl, das man beispielsweise zum Kochen verwenden kann, aber auch als Sonnenschutzcreme oder Seife. Aus der Wurzel stellt man zudem ein Mittel gegen Malaria her und aus anderen Teilen der Pflanze kann man Arzneien gegen Diabetes, Muskelschmerzen, Hepatitis oder Fieber gewinnen. Aus dem Bast der Stämme machen die Indigenen Fasern, Seile und Schnüre, weben daraus Hängematten, flechten Körbe oder schnitzen Pfeile daraus. Der Palmenstamm der lebenden Palme wird zudem angezapft, um einen schmackhaften Fruchtsaft zu gewinnen, aus dem auch noch durch Gärung Palmwein hergestellt werden kann. Das Mark des Stammes wird nach dem Fällen und einem aufwendigen Auswaschen der Palmstärke als Sago-Mehl verwendet. Daraus backt man dann Brot. Sind alle verwertbaren Teile der Palme genutzt, lässt man den Rest verrotten. Das heißt jedoch nicht, dass er für die Warao wertlos geworden ist. Hier entwickeln sich nach kurzer Zeit proteinreiche Käfer-Larven, die, lebendig gegessen, als große Leckerbissen angesehen werden. Auch am Amazonas werden solche Larven lebendig verspeist. Sie heißen dort Mojojoy. Ob es dieselbe Käfer-Art ist, weiß ich allerdings nicht. Vom Aussehen und der Größe her ist für mich jedenfalls kein Unterschied feststellbar. Und in beiden Fällen würde ich nicht um alles in der Welt freiwillig einen essen wollen. Je weiter wir fahren, desto dichter wird die Ufervegetation und desto seltener sieht man überhaupt noch irgendwelche Behausungen. Auf dem träge fließenden Fluss treiben riesige schwimmende Teppiche aus Wasserhyazinthen vorbei. Oft stellen sie für das Boot richtige Hindernisse dar und Clemente muss große Bögen um sie fahren. Unterwegs erzählt er mir viel über das heutige Leben im Dschungel. Sein großer Traum ist es, einmal eine eigene Lodge zu eröffnen. Nur müssten dazu wieder mehr Touristen ins Land kommen, was voraussetzt, dass die Wirtschaftskrise auch beendet werden muss. Momentan ist das Leben für alle vom Tourismus lebenden Menschen sehr hart. Die Lodges stehen größtenteils leer. Und viele der Guías suchen sich eine Arbeit im benachbarten Ausland, beispielsweise in Britisch-Guayana, um besser über die Runden zu kommen.

Wo Delfine rosa sind

Vorbeiziehende Teppiche aus Wasserhyazinthen

Zu Besuch bei Warao-Indigenen

Venezuela

Der offene Wohn-, Schlaf- und Arbeitsraum der Familie

Aufwendiges Reisschälen von Hand

Während Clementes Ausführungen zur momentan recht unerfreulichen wirtschaftlichen Situation zeigt er mir fast nebenbei immer wieder Tiere. Sie sind überall zu sehen, wenn man seinen Blick dafür schult. Unglaublich! Als wir unter einem riesigen Baum am Ufer durchfahren, liegt ein großer grüner Python zusammengekringelt direkt über unseren Köpfen auf einem Ast. Wenn ich den Arm ausstrecken würde, könnte ich ihn berühren. Kurz darauf biegt das Boot in einen Seitenarm des Flusses ab. Ohne zu wissen, wo er genau liegt, hätte man ihn vom Hauptfluss aus nicht gesehen, so dicht und verzahnt ist hier das Kronendach. Wir müssen sehr unsere Köpfe einziehen. Aber warum biegen wir überhaupt in dieses Dickicht ab? Plötzlich taucht mitten im Dschungel die Lodge auf, in der ich wohnen werde. Webervögel und Tukane schreien um die Wette, eine Horde Brüllaffen fällt in den Chor mit ein. Es ist atemberaubend schön. Eine Holzbrücke überspannt den kleinen Flusslauf. Hier gibt es ein paar Pfahlbauten, eine Bootsanlegestelle und einen ebenfalls auf Pfählen ruhenden Weg, der alle Bauten der Lodge miteinander verbindet. Man sieht an der Anlegestelle auch, weshalb das nötig ist: Hier ändern sich offenbar innerhalb kürzester Zeit die Wasserstände um erhebliche Beträge. Auf ihren Pfählen ruhend, befindet sich die ganze Lodge jedoch auch bei Wasserhöchststand im Trockenen. Die schlichte Schönheit der Anlage, noch dazu die vielen auffällig bunten Blumen, die hier wachsen, lassen das alles wie eine exotische Postkartenidylle erscheinen. Hier fühle ich mich auf Anhieb wohl. Anders als bei den heimkehrenden Warao kommen hier aber keine Scharen von Kindern angelaufen, nur eine junge Frau aus der Küche und ein Mann, der bis dahin noch irgendwelche Arbeiten an der Anlegestelle erledigt hat. Das sind auch in diesem Moment die einzigen Personen, die außer Clemente und mir hier anwesend sind. Der Leiter der Lodge wird erst gegen Abend zurückerwartet. Touristen sind außer mir gerade keine da. Es gibt ein Haupthaus mit Küche, Restaurant und ein paar ganz kleinen Anbauten und sechs Pfahlhäuschen für die Touristen. Die ganze Anlage schwebt auf Pfählen über dem Boden. Darunter steht Wasser, in dem sich vor allem Amphibien und Krebse tummeln.

Mein Häuschen ist das letzte in der Reihe – warum sie mir ausgerechnet dieses zugeteilt haben, ist mir nicht klar, denn so ist der Weg, vor allem abends im Dunkeln, doch recht weit. Die Türe zu meinem Haus ist mit einem Vorhängeschloss gesichert. Dafür habe ich einen kleinen Schlüssel. Das Schloss klemmt ein wenig, ich brauche also beide Hände zum Öffnen. Das ist tagsüber kein Problem. Wie soll das aber nachts mit der Taschenlampe funktionieren? Bald habe ich den Dreh raus, wie ich sie mit den Zähnen festhalten muss, um auf meine Hände zu leuchten. Zum Glück fällt mir der Schlüssel nie aus der Hand – der würde wahrscheinlich sofort zwischen den Brettern des Holzstegs hindurch in den matschigen Mangroveboden fallen. Einmal verliere ich allerdings die Taschenlampe. Fast wäre sie vom Steg gefallen. Ich lege einen wahren Hechtsprung hin, um sie zu erwischen, bevor sie verloren geht. Zum Glück verliere ich bei der Aktion

Venezuela

nicht auch noch den Schlüssel. Im Häuschen gibt es ein breites und bequemes Bett mit Moskitonetz. Dazu ein winziges Bad mit kaltem Wasser und ohne Spiegel. Aber in dem hätte ich bei den schlechten Lichtverhältnissen ohnedies nichts sehen können. Als einzige Beleuchtung des Häuschens dient eine trübe Funzel an der Zimmerdecke mit einem Lichtschalter am Eingang. Zum Schlafen irgendwie unpraktisch, denn ich muss ja auch noch mein Bett finden. Zum Glück habe ich mehrere gute Taschenlampen und eine Menge Batterien dabei. Da alles Baumaterial aus dunklem Holz besteht und das Haus zudem im Schatten unter den Baumkronen der Urwaldbäume steht, ist es hier drinnen auch tagsüber stockfinster. Koffer auspacken? Sachen sortieren? Bei diesen Lichtverhältnissen fast ein Ding der Unmöglichkeit und ich lasse es deshalb auch bleiben. Meine beiden Koffer liegen geöffnet am Boden und sehen nach kürzester Zeit aus wie Wühltische. Die wenigen, kleinen Regalbretter an der Wand belege ich mit Sachen, die ich ständig brauche. Zu einem längeren Aufenthalt in diesem Haus werde ich ohnedies nicht kommen, es ist wirklich ausschließlich zum Schlafen da. Es existieren weder Klimaanlage noch Ventilator, denn es gibt auch nur zu sehr begrenzten Zeiten Strom, der in der Lodge selbst produziert wird. Nur im Restaurant kann ich zu bestimmten Uhrzeiten mein Handy und den Akku der Kamera aufladen.

Meine Lodge am Seitenarm des Caño Manamo

Wo Delfine rosa sind

Selbst geangelte Piranha

Rosa Flussdelfin

Venezuela

Badestopp bei den rosa Fluss-Delfinen

Hoazins

Wo Delfine rosa sind

Die Fenster haben keine Scheiben. Die wären hier allerdings auch völlig unnötig. Für Luftbewegung in den Gebäuden sorgen ausschließlich offene Fenster, deren Moskitonetze unerwünschte fliegende Gäste vom Besuch abhalten. Nun verstehe ich auch, weshalb es in den Indigenenhäusern keine Wände oder andere Raumteiler gibt, denn so zirkuliert wenigstens ein wenig Luft. Die Eingangstüre zum Häuschen sollte man nicht lange offen stehen lassen, damit kein unerwünschtes Getier hereinkommt. So beobachte ich am Morgen eine große Kakerlake auf dem Weg zu mir ins Zimmer. Nachdem ich sie wieder sanft herausbefördert habe, gehe ich erst mal mit der Taschenlampe in der Hand auf Viecher-Kontrolle im eigenen Häuschen. Dabei bekommt der Begriff des Kammerjägers eine ganz wörtliche Bedeutung. Gegenüber der Türe meines Häuschens befindet sich neben dem Fenster noch ein kleiner Balkon, der über dem Wasser schwebt – sehr idyllisch, vor allem abends, wenn die Dschungelsymphonie der unendlich vielen Vögel, Amphibien und Affen losgeht. Aber dann sind natürlich auch gleich Myriaden von Stechmücken unterwegs. Länger draußen sitzen und den Abend genießen – nicht zu empfehlen. Noch nicht einmal mit langen Ärmeln und reichlich eingesetztem Insektenschutzmittel. Hört sich das alles nicht so toll an? Doch, es ist fantastisch, nur ganz anders, als man es gewohnt ist. Aber dafür ist das hier das Orinoco-Delta. Hier ist man als Mensch sowieso nur „geduldet", hier bestimmt die Natur.

Clemente ist nicht nur mein Fremden- und Bootsführer. Sein Boot hat er neben einem der Nachbarhäuschen festgemacht, das er in der Zeit meines Aufenthaltes bewohnt. Er kocht zusammen mit der Köchin mein Essen und serviert es mir auch im ansonsten leeren Restauranthaus. Er ist mein „Mädchen für alles" und ist in diesem vielseitigen Job geradezu perfekt. Dazu ist er liebenswürdig, humorvoll und äußerst hilfsbereit. Sein Wissen über den Dschungel ist geradezu immens. Keine Frage, die er nicht beantworten kann. Mit ihm bekomme ich einen Blick für die Uferregion, weiß bald, wo und wie man nach welchen Tieren Ausschau halten muss. Tukane, Papageienvögel aller Größen und Farben, Wellensittiche, Schwärme der komplett roten Orinoco-Flamingos, Hoazins mit ihrem auffällig bunten Gefieder, dem blauen Gesicht und einer hohen Haube aus langen orangeroten Federn auf dem Kopf, die sie ein wenig wie Punker aussehen lassen; sie alle sind eher laute Vögel, die man sehr bewusst wahrnimmt und bald auch schon allein an ihren Stimmen auseinanderhalten kann. Sehr große Vögel wie beispielsweise die schönen Weißhalsreiher, lauern am Ufer auf Beutetiere im Wasser, leuchtend rote Ibisse stochern im Uferschlamm nach Nahrung, Raubvögel, darunter Adler und Falken, sitzen auf den Bäumen und stoßen dann lautlos auf ihre Beutetiere herab, winzige Kolibris fliegen in riesiger Zahl herum und trinken aus den Blüten der auf den Bäumen aufsitzenden Ananasgewächse und Orchideen

Nektar. Über 300 verschiedene Vogelarten gibt es hier im Delta. Sie sind die eigentlichen Herren des Dschungels zusammen mit den vielen fliegenden und krabbelnden Insekten und Spinnentieren. Während man sich über einen Skorpion im Badezimmer wohl nicht unbedingt freut, ist jeder von den riesigen Schmetterlingen oder Libellen begeistert, die überall zu beobachten sind, sobald man sich in Ufernähe befindet. Unter den Säugetieren dominieren zahlenmäßig die vielen Affen, darunter ganze Horden von Micos (Kapuzineraffen) und Monos (Brüllaffen). Vom Boot aus kann man ihr Treiben in den Bäumen perfekt beobachten. Da jagen die Affen hintereinander her in einer so großen Wendigkeit und Geschwindigkeit durch die Baumwipfel, dass man nur staunen kann. Aber auch leise Vertreter der Fauna gibt es, darunter vor allen Dingen riesige Schlangen, von denen die Anakonda die größte ist. Daneben kommen unter anderem Pythons, Boas und Korallenschlangen und andere Reptilien wie Kaimane, Leguane und Schildkröten vor. Im Wasser leben zahllose verschiedene Fischarten, darunter elektrisch geladene Zitteraale und auch die berühmt-berüchtigten Piranhas, die allerdings ihrem schlechten Ruf während meines Aufenthalts zum Glück nicht nachkommen. Ich bade sogar zwischen ihnen. Aber auch Süßwassermantas und Stachelrochen kommen vor, deren nächste Verwandte Meeresfische sind. Sie sind zur gleichen Zeit und auf die gleiche Art aus der Region des Pazifiks hier eingewandert wie auch die rosa Flussdelfine. An einer Stelle, wo diese Delfine sehr oft zu sehen sind, lasse ich mich vom Boot ins Wasser gleiten. Bei einem Sprung würde ich die Delfine vielleicht verscheuchen. Doch was für die Delfine gut ist, hat für mich leider schmerzhafte Konsequenzen, denn bei der Aktion ziehe ich mir an der rauen Bootswand drei sehr heftige Schürfwunden an beiden Beinen zu. Sie brennen in dem huminsauren Wasser wie Feuer. Aber ich habe keine Zeit zur Wehleidigkeit: Ganz in der Nähe taucht gerade ein neugieriger Delfin auf. Wirklich rosa – ein einmaliges Naturschauspiel. Anders als bei den Meeresdelfinen ist die Stirn dieser hier Botos genannten Süßwasserdelfine wulstartig und dick und ihre Schnauze ist lang und pinzettenförmig. Damit können sie Fische aus dem dichten Geflecht der Mangrovewurzeln pflücken oder im Schlamm des Flusses nach Krebsen stochern. Ihre Beute finden sie im trüben Wasser durch Echo-Ortung. Anders als ihre Meeresverwandten haben sie keine miteinander verwachsenen Halswirbel, können also sehr wendig um Hindernisse herum und durch Engstellen hindurch schwimmen. In der halben Stunde, die ich im Wasser bleibe, sehe ich immer wieder Delfine, die sich durch mich überhaupt nicht stören lassen. Erst als ich aufs Boot zurückwill, fällt mir auf, dass es leider keine Treppe gibt und die Bootswand sehr hoch ist. Mühsam versuche ich mehrere Male erfolglos, mich daran hochzuziehen. Am Ende lande ich wie ein unbeholfener, gestrandeter Wal mit Clementes tatkräftiger Hilfe wieder an Bord. Schade, aber dieses schwierige Unterfangen hält mich von weiteren Orinoco-Bädern ab. Dafür fischen wir an einer anderen Stelle Piranhas fürs Abendessen. Die Angeln dafür basteln wir uns aus Stöcken und Schnüren selbst. Als Köder gibt es Hähnchenfleisch. Aber die Fische fressen dermaßen schnell, dass wir, auch bei aller noch so großen Eile, meistens zu spät dran sind, wenn wir die Angelruten hochreißen. Piranha und Köder sind dann schon weg, und wir haben nur noch einen leeren Angelhaken. Dennoch reicht unser Fang für ein herrlich schmackhaftes Abendessen in der Lodge. Auf dem Rückweg von der Angeltour sehen wir direkt unter der Wasseroberfläche sogar noch eines der seltenen und überaus scheuen Manatis (dt.: Rundschwanz-Seekuh). Nur durch Zufall haben wir seine Nasenlöcher gesehen, die es zum Atmen aus dem Wasser gestreckt hat. Kurz darauf ist es auch schon wieder nach unten verschwunden.

Bei einer Nachtexkursion erblicken wir im Schein der starken Lampe sowohl an Land als auch im Wasser viele Augen. An Land sind es meistens Eulenvögel, im Wasser oft Brillenkaimane. Ihre Augen leuchten sogar rot! Das sieht dann richtiggehend gruselig aus. Natürlich ist es für mich als Europäerin das absolute Supererlebnis, als wir eine große Anakonda sehen, die in vielen Windungen um einen ins Wasser umgestürzten Baum gewickelt ist. Bei Tag hätte ich dieses riesige Tier selbst für eine der zahlreich vorkommenden Würgepflanzen gehalten. Diese keimen aus Samen, die von Tieren oben im Geäst eines Baumes ausgeschieden werden und dann lange Luftwurzeln an ihm nach unten ranken lassen. Einmal am Boden angekommen, werden die Wurzeln dicker und verholzen schließlich. Dabei würgen sie den Baum am Ende zu Tode. Doch welche Würgepflanze hat schon leuchtende Augen? Die hier gesehene entpuppt sich jedenfalls als Würge-Schlange – nicht für den Baum gefährlich, um die sie sich geschlängelt hat, aber für diverse Beutetiere, die die Anakonda im und am Wasser und auf den Bäumen findet. Sogar einen der sehr seltenen großen Orinoco-Kaimane sehen wir, der zwar im Wasser jagt, jedoch nur an Land seine Beute frisst, damit ihm kein Wasser in die Luftröhre gelangt. Der von uns gesehene Kaiman scheint allerdings satt zu sein. Er liegt einfach unbeweglich da. Es gibt zudem sehr kleine Kaimane, die man hier Babas nennt, oder Schildkröten, die sich tagsüber auf großen im Wasser liegenden Baumstämmen sonnen. Die an Land lebenden und nicht, wie die Affen, besonders lauten Säugetiere führen ein eher geheimes Leben, zumindest für uns vom Boot aus. Aber es gibt natürlich neben den Raubkatzen wie Jaguar, Ozelot oder Puma auch noch eine fast endlose Zahl an anderen Vertretern wie zum Beispiel Wasserschweine, Ameisenbären oder Rehe. Viele von ihnen werden von den Warao gefangen und als Haustiere gehalten. Darunter sind vor allem kleine Nabelschweine sehr beliebt. Eine Familie, die wir besuchen, hat drei kleine, noch flugunfähige Tukane gefangen, die herzzerreißend nach

Nahrung schreien und von den Kindern der Indigenen permanent gefüttert werden.

Die Häuschen der Eco-Lodge

Wasser wie ein schwarzer Spiegel

Wo Delfine rosa sind

Was man alles mit Palmito-Holz anstellen kann...

Als Christoph Kolumbus 1498 die Mündung des Orinoco entdeckt hat, sollen seine Worte gewesen sein: „Heute habe ich das Paradies gesehen." Ich schließe mich dieser Aussage an, denn es ist so schön wie man sich das Paradies vorstellt. Im Jahr 1800 reiste Alexander von Humboldt, den man heute als den eigentlichen Entdecker Südamerikas bezeichnet, von der Mündung des Rio Apure ins Orinoco-Tal. Ihn faszinierten vor allem die für den gewaltigen Strom so charakteristischen „zerstreuten Landschaftszüge, dieses Gepräge von Einsamkeit und Großartigkeit". Auch heute noch, über 200 Jahre später, übt das Orinoco-Delta diese Faszination auf seine Besucher aus. Hoffen wir, dass nicht durch weitere Eingriffe in den Naturhaushalt, wie bereits an manchen Stellen geschehen, allzu viele große Veränderungen erfolgen. So wurde in den 60er-Jahren ein Flutkontrollprogramm durchgeführt, bei dem das westliche Delta in höhere und tiefer gelegene Regionen aufgeteilt wurde. Zudem wurde ein Teil des Wassers vom Caño Manamo zum mittleren Mündungsarm des Orinoco, dem Caño Macareo, umgelenkt. Durch diese Maßnahmen hat man im Norden die saisonbedingten Überschwemmungen verhindern wollen, um das Land für die Landwirtschaft dauerhaft nutzen zu können. Doch die Natur mag solche Eingriffe nicht und reagiert auf ihre eigene Art. Nun sind die Flüsse, die nach Norden entwässern, viel stärker als zuvor den Gezeiten des Atlantiks ausgesetzt. Der Wasserstand steigt und fällt auch noch in größerer Entfernung von der Küste. Die Bereiche zwischen den Häusern meiner Lodge sind tagsüber kaum, abends und nachts jedoch vollkommen von Wasser bedeckt. Das wirkt sich natürlich auf die Artenzusammensetzung aus. Auch fließt das Meerwasser kilometerweit in die Flussmündungen hinein, was sich vor allen Dingen für die dort vorkommende Flora und Fauna so stark ausgewirkt hat, dass viele Warao ihre traditionellen Verbreitungsgebiete in solchen Gegenden verlassen haben, um weiter in Richtung Dschungel zu siedeln und so ihrer Nahrungsgrundlage, den Fischen, zu folgen, die in ihrem alten Wohngebiet wegen der veränderten Wassereigenschaften plötzlich nicht mehr vorkommen. Da es dort, wohin sie ausweichen, jedoch schon seit jeher andere Warao-Indianer gibt, ist so eine Flucht aus ökologischen Gründen immer mit großen Folgeproblemen behaftet. Nun müssen ja manche Gebiete wesentlich mehr Menschen ernähren als zuvor. Weitere Probleme für die Natur der Deltalandschaft bringt die Erschließung der dortigen großen Erdölvorkommen mit sich. Momentan zumindest ruhen viele dieser Pläne aufgrund der globalen Öl-Absatzkrise. Für das Orinoco-Delta ist die augenblickliche Abkehr vom Öl wohl eine gute Sache. Was jedoch die Zukunft bringt, weiß man noch nicht. Ebenfalls eine große Gefahr für das ökologische Gleichgewicht der Region stellen die Palmherz-Fabriken dar. Tausende von Manaca-Palmen sind im Dschungel deshalb bereits gefällt werden. Pro Palme wird jedoch nur ein etwa ein Meter langes "Palmito", das Mark des Vegetationskegels, verwertet. Bedenkt man, dass eine Palme 15-20 Jahre alt werden muss, bevor man sie fällt und daraus Palmito gewinnen kann, so ist das Ganze als riesiger Raubbau zu sehen. Für nur ein einziges Kilo Palmito müssen zwei Palmen gefällt werden! Und es bleibt ja nicht beim Fällen der Palmen. Auch die Bäume und Palmen im Umkreis werden bei diesen Aktionen um Gewinnung und Abtransport von Palmito zerstört. Aber es gibt zum Glück Bestrebungen und Maßnahmen zum Schutz, wenn auch nicht des ganzen, aber doch zumindest eines großen Teils des Orinoco Deltas. So sind seit dem Jahr 1991 rund 3.000 Quadratkilometer des unteren Deltas im "Parque Nacional Mariusa" geschützt.

Für den zweiten Dschungeltag ist am frühen Morgen eine Wanderung durch den Regenwald geplant. Wir machen das Boot an einem Baum fest, ziehen hohe Gummistiefel an, lassen uns aus dem Boot gleiten und – schwupps – sind wir bis zum Knie in den Morast des Mangrovenwaldes eingesunken. „Der Wasserstand ist viel zu hoch. Ungewöhnlich hoch", sagt Clemente. „Wollen wir es trotzdem versuchen?" Ich bin ja nicht gerade oft hier, genaugenommen nie. Also wann, wenn nicht jetzt, soll ich durch den Orinoco-Dschungel laufen? „Lass es uns wenigstens versuchen", bitte ich. Nach drei Metern Weg stehe ich fast bis zur Hüfte im Wasser. Clemente lacht. „Es hat keinen Sinn. Komm, wir machen etwas anderes. Das hier ist unangenehm und gefährlich." Er hat Recht, auch wenn ich es ungern zugebe. Wir brechen also die Dschungelwanderung wieder ab. Schade, aber es gibt auch viel anderes hier zu tun. So fahren wir erst einmal zu einer anderen Lodge. Dort hat Clemente früher gearbeitet und stellt mich seinen alten Kollegen vor. Diese Lodge ist wesentlich größer als meine, aber es gibt nicht einen einzigen Gast. Dabei ist sie wunderschön gestaltet und sehr gepflegt. Es ist wirklich ein Jammer. In einem Becken schwimmen Fische, die wie riesige Aale aussehen. „Fass mal einen an", meint Clemente. Nichts Böses ahnend, berühre ich einen Fisch und zucke von einem heftigen Stromschlag zurück. „Mannomann, was sind das denn für schreckliche Tiere?", schimpfe ich. Clemente lacht mich aus. „Das sind Zitteraale. Die hier sind noch recht klein – was meinst du, wie du erst erschrickst, wenn du einen 20-jährigen, ausgewachsenen Fisch anfasst?" „ Das will ich gar nicht so genau wissen", antworte ich. Man kann die Tiere hier im Becken sehr gut anschauen und beobachten. Auch wenn sie vom Körperbau her wie Aale aussehen, sind es keine, sondern sie zählen zu den Messerfischen. Aber ihre Lebensweise ist der der Aale ähnlich und folglich auch ihre körperlichen Anpassungen daran. Zitteraale leben in schlammigen, sauerstoffarmen Gewässern. In ihrer fast zahnlosen Mundhöhle haben sie speziell ausgebildete Blutgefäße, mit denen sie ca. 80% ihres Sauerstoffbedarfs aus der Luft aufnehmen. Dazu tauchen sie etwa einmal alle Viertelstunde auf, um Luft zu schnappen. Die restlichen 20% ihres Sauerstoffbedarfs nehmen sie, wie die anderen Fische auch, mithilfe der Kiemen aus dem Wasser auf. Das elektrische Organ aus Muskeln, die Spannungen freisetzen können, dient bei allen Messerfischen zur Orientierung im dunklen Wasser. Die dadurch erzeugte Spannung ist bei den Zitteraalen sogar so hoch, dass sie damit auch ihre Beute, kleinere Fische, töten können. Der Schlag, den ich abbekommen habe, war also für mich als Menschen nicht gefährlich, aber unangenehm war er alle Male. Das brauche ich nicht unbedingt ein weiteres Mal auszuprobieren.

Idylle am Orinoco

Venezuela

Die Orinoco-Queen

Botanik-Lehrstunde bei Clemente

Wasserkakao-Blüte

Clemente freut sich immer wieder sehr, wenn mich irgendetwas zum Staunen bringt, das heißt, er freut sich sehr häufig. Beispielsweise fährt er einmal mit dem Boot direkt unter die große, ausladende Krone eines sattgrünen Baumes, rupft davon eine unscheinbare, noch geschlossene, grünlich-gelbe, etwa 15 Zentimeter lange Blütenknospe ab, die aussieht wie eine Mischung aus Banane und Bohne, verdreht sie ein wenig mit seinen Fingern, schüttelt sie und – tatatata – wie ein Zauberkünstler hält er jetzt eine wunderschöne Blüte in der Hand, die wie ein großer, filigraner Rasierpinsel aussieht. Die Pinselhaare sind in Wahrheit lange Staubgefäße, die am Ansatz weiß beginnen und dann jeweils in eine lange, leuchtend dunkelrosa Spitze auslaufen. „Das ist Cacao de Agua", sagt er. „Die Pflanze heißt so, weil ihre Früchte ähnlich aussehen wie die vom Kakao-Baum. Schau – da vorne an dem Baum hängen gerade welche!" Ich klemme mir die schöne Blume hinters rechte Ohr. „Die wird von Fledermäusen befruchtet", sagt er und bringt mich noch mehr ins Staunen.

Dann zeigt er mir andere Bäume oder Früchte mit anderen Besonderheiten – mal sehen sie einfach spektakulär aus, mal ist es die Verwendung der einzelnen

Pflanzenteile, die besonders ist. Taparone beispielsweise sind Bäume, deren Früchte wie Christbaumkugeln an langen Stielen direkt aus dem Stamm wachsen. Die Früchte der Temiche-Palme, die in Größe und Form äußerlich an Platanenfrüchte erinnern, sind innen hohl und enthalten eine wässrige Flüssigkeit, die trinkbar ist. Die Blüten sind in großen Blütenständen angeordnet. Wenn sich diese zu Früchten weiterentwickeln, wird jeder Fruchtstand von einer Hülle umgeben. Diese entfernen die Indigenen vorsichtig und verwenden sie dann wie eine Mütze. Die Wedel der Palme kann man, wie auch die der Moriche-Palme, zum Decken der Häuser verwenden. Mit der Machete schlägt Clemente einen dünnen Palmenstamm einer Palmito-Palme (lat. Euterpe oleracea), zerhackt ihn längs und quer in kurze Stücke, wirft die Blätter weg und reicht mir zunächst das essbare Mark, dann noch ein Stück des Stammes, auf dessen fast weißer Innenseite ich mit einem kleinen Hölzchen mal etwas schreiben oder zeichnen soll. Ich ritze meinen Namen hinein und innerhalb von Sekunden verfärbt sich die Schrift und wird dunkelbraun.

Manche Bäume geben eine Flüssigkeit oder ein Harz ab, wenn man ihre Rinde verletzt. Der Kautschukbaum ist dafür ein Beispiel, aber auch der Lacre (lat. Visma macrophylla), der einen gegen Hautpilz wirksamen Saft abgibt, oder der Sangrito (lat. Pterocarpus dubius) mit seinem roten Holz, dessen Saft adstringierend wirkt und mit dem man wie mit einem flüssigen Pflaster Wunden verschließen kann. Wir probieren das gleich erfolgreich an meinen drei Schürfwunden aus, die ich mir an der Bootswand zugezogen habe. Ein anderes Heil- oder Hausmittel findet Clemente gegen meine juckenden Moskitostiche. Er zerreibt die Blätter eines besonderen Strauchs, die daraufhin einen seifenähnlichen Schaum abgeben, der den Juckreiz tatsächlich für eine ganze Weile stillt. Unsere Angelschnüre für die Piranha-Jagd haben wir aus Kletterpflanzen namens Mamure (lat. Asplundia moritziana) hergestellt. Das heißt, wir haben sie einfach vom Baum abgezogen, an dem sie sich hochgewunden haben – fertig war die Angelschnur. Manche Blüten, Blätter oder Früchte, die ich kennenlerne, sind nützlich, andere einfach nur schön, wieder andere schön und nützlich zugleich. Bei einigen sind unterschiedliche Pflanzenteile nutzbar wie auch schon bei der bereits erwähnten Moriche-Palme. Schön und nützlich zugleich sind beispielsweise die roten, wie lange Zapfen aussehende Zier-Ingwerfrüchte, die gegen Erkältungskrankheiten und Fieber eingesetzt werden. Der Peramanchillo-Baum (lat. Symphonia globulifera) hat nicht nur wunderschöne, leuchtendrote Blütenstände, sondern darüber hinaus eine Rinde, aus der man einen Tee bereiten kann, der gegen Durchfall hilft. Sein Harz wird zudem als Klebstoff oder Lederfärbemittel eingesetzt. Natürlich sind für die Warao-Indigenen Bäume besonders wichtig, die sie zum Bau ihrer Einbaum-Kanus verwenden können. Dazu eignen sich vor allem Stämme des Cachiamo- (lat.

Calophyllum brasilense) oder auch des Ceiba-Baumes. Zahllos sind die vielen Früchte und Samen, die man essen kann. Viele Samen werden auch wegen ihrer schönen, meist roten, braunen oder gelben Farbe dazu verwendet, Schmuck wie Armbänder oder Ketten damit herzustellen. Einfach nur wunderschön sind die trompetenförmigen, goldenen Blüten des Jazmin falcon (Lat. Allamanda catártica) oder die zahlreichen verschiedenen, auffälligen und exotisch schönen Helicornia-Arten. Viele von ihnen kennt man bei uns als Zimmerpflanzen. Hier im Dschungel erreichen sie ganz andere Ausmaße und man hat das Gefühl, sich in einem riesigen Gewächshaus zu befinden. Auch die großen Teppiche aus herrlich blau blühenden Wasserhyazinthen (lat. Eichhornia crassipes) sollten hier erwähnt werden, die mithilfe ballonartiger Schwimmkörper an den Blattansätzen auf dem Orinoco treiben. Sie sind in der Lage, dem Wasser Giftstoffe zu entziehen und werden deshalb auch bei uns in Aquarien oder Teichen gerne eingesetzt. Im Winter und bei Lichtmangel sterben sie dann allerdings ab. Wo die klimatischen Bedingungen ähnlich sind wie am Orinoco, hat man sie zur Zierde oder wegen ihrer wasserreinigenden Eigenschaften eingeführt. Da sie dort jedoch keine natürlichen Fressfeinde besitzen, haben sich die schnellwüchsigen Pflanzen an vielen Orten der Welt als Neophyten[31] explosionsartig ausgebreitet, behindern Schifffahrt und Fischerei, dienen Krokodilen als Versteck und tragen nach ihrem Absterben zur Eutrophierung[32] und als Folge davon zum massenhaften Sterben der Fische bei. Hier am Orinoco sind sie in ihrer natürlichen Heimat, und daher treten die negativen Begleiterscheinungen, die beispielsweise am Tschadsee verheerende Wirkungen gezeigt haben, nicht auf. Stattdessen sind sie aufgrund ihrer wasserverbessernden Eigenschaften nützlich, zudem werden aus ihren Fasern Korbmöbel hergestellt. Eine der Blüten pflückt Clemente für mich. Die klemme ich mir nun auch noch hinter das andere Ohr. „Flower-power!", lacht Clemente. „Ja, auch altersmäßig passt das für mich – ich gehöre ja noch zur Blumenkinder-Generation." „Das kann ja gar nicht sein. So alt bist du doch noch lange nicht." Ich lasse das so stehen und widerspreche aus Eitelkeit einfach mal jetzt nicht.

Obwohl bei meiner Reise gerade Regenzeit herrscht und man im tropischen Regenwald eigentlich immer wieder mit heftigen Niederschlägen rechnen muss, ist es an den drei Tagen während meines Aufenthalts im Orinoco-Delta bis auf ein paar ganz kurze Schauer fast durchgängig trocken. Deshalb bitte ich Clemente, mit mir nach dem Abendessen eine zusätzliche Bootstour durch den nächtlichen Dschungel zu machen. Auch der Verwalter der Lodge, seine Frau und ein

---

[31] Als **Neophyten** bezeichnet man Pflanzen, die sich ohne oder mit menschlicher Einflussnahme in einem Gebiet etabliert haben, in dem sie zuvor nicht heimisch waren.

[32] Überdüngung, die zu übermäßigem Algenwachstum führt. Sterben diese ab, entziehen sie dem Gewässer den Sauerstoff und rauben dadurch Wassertieren die Lebensgrundlage.

Venezuela

Kleinkind kommen auf diese Fahrt mit. Einer der Männer hält eine sehr starke Lampe, da das Boot ja unbeleuchtet ist und man sonst den Weg nicht sehen könnte. Der andere sitzt am Motor und lenkt das Schiff. Dabei wechseln die Männer während der Fahrt mehrere Male die Positionen. Alle Augen suchen das Ufer nach schimmernden Augen ab, ein untrügliches Zeichen für ein waches Tier. Die Mehrzahl der an diesem Abend gesehenen Tiere sind Eulen, die groß wie unsere Uhus sind. Sie sitzen wie Perlen auf einer Schnur in geringen Abständen auf den großen Bäumen am Ufer mit Blick auf das Wasser. Auch Schlangen, Ratten, Tapire, Pakas und Kaimane sehen wir. Das Licht scheint sie nicht zu stören. Auf manchen Bäumen sieht man Affen in ihren Schlafnestern dösen. Fledermäuse aller Größen fliegen herum. Vielleicht sind auch Vampir-Fledermäuse dabei, aber da die nur bei fest schlafenden Tieren oder Menschen auf Blutsauge-Tour gehen, sind sie für uns ungefährlich. „Das da vorne ist eine Raubkatze", meint der Lodgeverwalter. „Was denn für eine?", will ich wissen. Wir fahren näher ran, das große Tier zieht sich daraufhin aber leider zurück. Vielleicht war es ein Jaguar – Flecken hat es jedenfalls gehabt. Für eine sichere Bestimmung war der Moment der Sichtung zu kurz. Aber das ist ja eigentlich auch egal. Es ist weniger das, was man wirklich sieht, als das Gefühl, selbst von hunderten von Tieren gesehen und vielleicht beobachtet zu werden. Das Gefühl, dass sie da sind, auch wenn wir sie nicht sehen können. Das Wissen, dass zumindest hier die Umwelt noch in Ordnung und das Gleichgewicht der Natur noch intakt ist. Dass der Mensch hier noch keine vernichtenden Spuren hinterlassen hat, wie an vielen anderen Orten der Erde, denen er seinen Stempel aufgedrückt hat. Nachts ist hier eine andere Welt, die jedoch genauso lebendig ist wie die des Tages. Die Tour ist unglaublich schön. Noch dazu auf dem Wasser stechmückenfrei, auch wegen des Fahrtwindes. Der Himmel ist, was, laut Clemente, hier außergewöhnlich selten ist, tatsächlich sternenklar. Der Mond scheint auf das Wasser und lässt es silbrig erscheinen. „Parece el paraíso" (Es scheint das Paradies zu sein) – der Meinung sind wir alle vier. Das Baby hingegen ist eingeschlafen. Es ahnt noch nicht, dass sich die Welt außerhalb dieses einmaligen Naturraumes immer stärker verändert und dass die berührende Schönheit der Natur an diesem Abend etwas ganz Besonderes ist.

Am letzten Morgen brechen Clemente und ich mit einem Einbaum auf dem schmalen Caño direkt vor unserer Lodge auf. Dabei paddeln wir bei einer Warao-Familie vorbei. Die Kinder sind gerade dabei, aus Balsa-Holz schöne Figuren zu schnitzen, zwei junge Frauen dreschen Reis, den sie selbst auf den Flächen neben ihrem Pfahlhaus kultiviert haben. Es sieht unglaublich mühsam aus. Die älteren Frauen flechten Korbwaren aus Moriche-Fasern, die Männer reparieren Boote. „Hättest du mir das vorher gesagt, hätte ich doch Geld mitgebracht und etwas gekauft", sage ich zu Clemente. Ich nehme am Ende trotzdem ein hübsches Körbchen mit und verspreche, das Geld an der Lodge zu hinterlegen. Die Freude der Familie über meinen kleinen Kauf ist riesengroß. Ohne Motorengeräusch gleiten wir noch lange Zeit weiter durch den Dschungel. So hört man nur noch Naturgeräusche – eine unglaublich beindruckende Atmosphäre. Wunderschön und friedlich. Und doch ist hier nicht alles nur einfach schön. Das beschwerliche Leben der Warao-Familie, ihr abgeschiedenes Leben an diesem Nebenarm des Flusses, der Verzicht auf alles, was das Leben etwas weniger anstrengend machen könnte – ich würde so nicht leben wollen.

Mit dem Motorboot besuchen wir später auch noch eine andere Familie, die am großen Fluss lebt. Wenigstens wohnen hier mehr Personen und im Umkreis stehen noch drei weitere Häuser von anderen Familienmitgliedern. Sie haben dadurch doch wenigstens noch ein paar tägliche Ansprechpartner mehr. Zumindest in Zeiten, in denen mehr Touristen als momentan zur Krisenzeit vorbeikommen, können die Leute ihnen bisweilen Korbwaren verkaufen. An ihrem Wohnplatz kommen doch immerhin öfter mal ein paar Boote vorbei als bei dem der kleinen Familie am Nebenfluss. Aber andererseits – was soll man eigentlich im Dschungel mit Geld anfangen? Ist es da nicht besser, wenn man Ernte- oder Jagdglück hat? Hier gibt es sicherlich ganz andere Prioritäten.

Die drei Tage am Orinoco sind eine unglaublich intensive Lebenserfahrung. Alles ist hier anders als in meinem normalen Lebensalltag. Alles ist faszinierend, die Lodge ist sehr schön, mein Guía Clemente der ideale Begleiter. Aber es bleiben als Negativsouvenir insgesamt drei ziemlich schmerzhafte Schürfwunden an beiden Beinen, die nur schwer heilen werden, da auf der ständig nassen Haut kein Pflaster hält. Zudem gehen mir nach ein paar Tagen auch die Pflaster aus. Ich bin hier in den Tropen, da gibt es die verrücktesten Krankheiten. Ich hoffe, dass sich die Wunden nicht noch infizieren. Zum Glück tun sie es auch nicht, aber sie schmerzen bei jeder Berührung. Man sieht sie nach meiner Rückkehr von der Reise noch monatelang. Ein weiteres Dschungel-Souvenir, auf das ich gerne verzichtet hätte, sind die vielen Moskitostiche. Sie jucken wie die Pest. Aber glücklicherweise waren die Mücken, die mich da erwischt haben, frei von schlimmen Krankheitserregern. Man kann sich hier einreiben, so viel man will – Stiche hat man immer. Das geht jedem so, ob er für eine kurze Weile als Tourist kommt oder immer hier lebt. Alle sehen immer ziemlich zerstochen aus. Das ist eben der Preis, wenn man in ein Paradies eingelassen werden möchte. Nichts ist umsonst! Doch die Stiche gehen, die schönen Erinnerungen hingegen bleiben. Mit leichten Blessuren, aber glücklich und zufrieden werde ich von Clemente wieder nach Boca de Uracoa zurückgebracht. Waren das wirklich nur drei Tage? Ich war in eine völlig andere Welt eingetaucht, ein so intensives Erlebnis, das sich so angefühlt hat, als seien es Wochen gewesen.

Bootsverkehr traditionell

Bootsverkehr modern

Wo Delfine rosa sind

Zitteraal

Halswender-Schildkröte

Venezuela

Wasserschwein

Grüne Pythonschlange

Wo Delfine rosa sind

Kaiman

Schön, aber sehr giftig

Venezuela

Roter Brüllaffe und ein Nachtaffe

Kapuzineraffen

Namensverwirrungen um Städte und Brücken

Sonnenuntergang hinter der Angostura-Brücke am Orinoco (Ciudad Bolívar)

Am Hafen wartet bereits Jochen auf mich. Nach der Verabschiedung von Clemente machen wir uns auf den Weg nach Ciudad Bolívar. Der Weg führt uns zunächst zu der für venezolanische Verhältnisse mit etwa 800.000 Einwohnern sehr großen Industriestadt Ciudad Guayana. Ganz in der Nähe werden Aluminium, Eisenerz, Gold und Diamanten gefördert. Zudem ist die Stadt eine Drehscheibe für den Handel, aber auch für den Tourismus von Reisenden, die den östlichen Teil Venezuelas mit dem Orinoco-Delta, dem Nationalpark Canaima oder der Gran Sabana besuchen wollen.

Mich verwirren die ähnlichen Namen der beiden Ciudades (dt.: Städte). Zwei ähnlich klingende Stadtnamen, zwei Flüsse, zwei gewaltige Brückenwerke – das alles kann ich erst einmal nur schwer auseinanderhalten. Dazu kommt noch, dass hier ohnedies eigentlich keiner von Ciudad Guayana spricht, sondern es immer Puerto Ordaz oder San Felix heißt, die aber offiziell 1961 zu einer gemeinsamen Stadt, eben Ciudad Guayana, zusammengelegt wurden. Von den so vereinten

Venezuela

Stadthälften liegt Puerto Ordaz, das erst 1952 gegründet wurde, am westlichen Caroní-Ufer.

Mündung des dunklen Caroní in den Orinoco – genannt Caronoco

Industrieansiedlung (Aluminium) am Orinoco bei Ciudad Guayana

Namensverwirrungen um Städte und Brücken

Wenige Jahre zuvor hatte man in der Nähe reiche Eisenerzvorkommen entdeckt und die Orinoco Mining Company hatte das Land erworben, um dort Produktionsstätten und auch einen Speditionshafen am Río Caroní zu bauen. Am östlichen Ufer des Caroní liegt das ältere San Felix, das bereits 1724 gegründet wurde und heute eine reine Arbeiterstadt ist. Historische Sehenswürdigkeiten gibt es in beiden Stadtteilen keine, dafür aber wirklich riesige Parks. Der größte davon hat eine Fläche von unglaublichen 160 Hektar, und in ihm befinden sich sogar natürliche Wasserfälle. Beide Stadtgebiete sind mit zwei Brücken über den Caroní verbunden. Eine weitere, die zugleich auch den Beginn der Autobahn nach Ciudad Bolívar darstellt, überquert den Caroní etwas außerhalb des Stadtgebiets direkt über seiner Mündung in den Orinoco, einem Gebiet, das hier deshalb auch als Caronoco bezeichnet wird. Die Wasser des klaren Schwarzwasserflusses Caroní und des trüben Orinoco mischen sich noch viele Kilometer weit nicht. Von der Brücke aus sieht man, wie sich zwei unterschiedlich gefärbte Wasserströme nebeneinander im gleichen Fluss bewegen, was wirklich sensationell aussieht.

Der Orinoco mit der Angostura-Brücke im Hintergrund

Seit dem Jahr 2006 gibt es auch über den Orinoco selbst, etwa 40 Kilometer von Ciudad Guayana entfernt, eine zweite Brücke (außer der 39 Jahre älteren Puente Angostura in Ciudad Bolívar). Diese Puente Orinoquia, verbindet den südlichen Bundesstaat Bolívar mit den Bundesstaaten Anzoátegui und Monagas im Norden des Flusses. Sie ist ein wirklich gigantisches Bauwerk, eine Schrägseilbrücke von insgesamt 3.156 Metern Länge. Damit überquert sie nicht nur den Fluss, sondern auch einen weiten Teil der Uferregionen. Das hat seine Begründung in der sehr unterschiedlichen Wasserführung des Orinoco, der in der Regenzeit etwa einen Kilometer breiter ist als zur Trockenzeit. Wir lassen die optisch recht unattraktive Stahl- und Aluminiumstadt hinter uns und die schön anzuschauende Puente Orinoquia rechts liegen und folgen der Autopista 120 Kilometer weit bis zu ihrem Ende in Ciudad Bolívar. Dort habe ich ein Zimmer in einer Posada gebucht, die mitten im alten Zentrum der Stadt liegt.

Auf dem Weg dorthin erzählt mir Jochen einiges über die im wahrsten Sinne des Wortes bewegte Stadtgeschichte von Ciudad Bolívar. 1595 von den Spaniern gegründet, hieß die Stadt zunächst noch Santo Tomé de Guayana. Piraten und auch die indigenen Cariben griffen sie immer wieder an, sodass das Stadtgebiet mehrmals verlegt werden musste. Erst 1764 ist sie in der heutigen Lage „angekommen". Zu diesem Zeitpunkt hat man sie in Nueva Guayana de la Angostura umbenannt, wobei sich das Wort Angostura (dt.: Enge) auf die hier vorhandene schmale Stelle am Mittellauf des Orinoco bezieht. Bald kürzte man den Stadtnamen ab und sprach nur noch von Angostura. 1818 wurde die Stadt von Simón Bolívar zur provisorischen Hauptstadt der Republik ernannt und hier hielt Bolívar 1819 seine berühmte Rede, bei der er die Republik Großkolumbien ausrief. Auch die erste Tageszeitung Venezuelas, der Orinoco-Kurier, erschien in Angostura. Hier wurde also für Südamerika auch wichtige Geschichte gemacht. Durch die Lage am Orinoco wuchs die Stadt zu einer bedeutenden internationalen Handelsstadt heran. Bei uns ist der Name auch mit dem Kräuterbitter Angostura verbunden, der hier 1920 von einem deutschen Arzt namens Johann Gottlieb Siegert[33] erfunden wurde, der an Bolívars Seite im Unabhängigkeitskrieg gegen die Spanier gekämpft hatte. Er wurde unter Bolívar zum Generalstabsarzt befördert und entwickelte in dieser Zeit den Kräuterschnaps, ursprünglich als eine Medizin gegen Tropenkrankheiten. Die Basis dafür ist die Rinde des hier häufig vorkommenden Angosturabaumes, die bereits vorher traditionell als Fiebermittel verwendet wurde. Auch heute wird der Kräuterbitter Angostura noch immer produziert, allerdings aus diversen wirtschaftlichen Gründen seit 1875 auf der nahen Insel Trinidad. Elf Jahre zuvor hatte man die Stadt selbst auch schon wieder umbenannt. Dieses Mal nach ihrem größten und berühmtesten Bürger und Helden in Ciudad Bolívar. Die koloniale Altstadt ist noch immer sehenswert. Auch die Hängebrücke über den Orinoco, die 1967 fertiggestellte, 1.678,50 Meter lange und vierspurige Angostura-Brücke sollte man einmal gesehen haben. Sie ist nicht nur

---

[33] **Johann Gottlieb Benjamin Siegert** (* 22. November 1796 in Groß Walditz, bei Löwenberg, Schlesien; † 13. September 1870 in Ciudad Bolívar) war der Erfinder des Bitterlikörs Angostura.

ein beeindruckendes Bauwerk, sondern sieht auch wirklich sehr schön aus. Aber ich habe an diesem Tag nicht mehr viel Zeit, mich umzuschauen. Ich muss erstmal etwas essen gehen, da ich seit dem frühen Frühstück noch nichts zu mir genommen habe und Hunger verspüre. „Wo kann ich denn hier etwas essen gehen?", frage ich Jochen. „Genau gegenüber von deiner Posada in dem kleinen braunen Gebäude", antwortet er. Das sieht zwar nicht wie ein Restaurant aus, aber ich bin schließlich im Krisen- und Mangelland Venezuela. Vielleicht gibt es ja doch etwas zu essen.

Zuerst einmal belege ich mein Zimmer in der Posada. Sie ist ein 140 Jahre altes im Kolonialstil erbautes ehemaliges Herrenhaus und liegt mitten im Herzen der sich einen Hügel hinaufziehenden historischen Altstadt, nur wenige Schritte vom schönen kleinen Bolívar-Platz und etwa 200 Meter vom Orinoco entfernt. Von der Straße aus sieht das Gebäude völlig unscheinbar aus. Wenn man eintritt, fällt gleich der gepflegte, schöne Innenhof auf, in dem ein riesiger alter Baum steht. Ringsum ist der Hof überdacht und sehr geschmackvoll eingerichtet. Von dort geht auch mein Zimmer ab. Es ist wirklich groß, hat auch ein schönes Badezimmer, in dem, der venezolanischen Krise angemessen, bereits für einen Tag abgezählte Blätter Klopapier liegen. Aber es gibt, was mir viel wichtiger ist, warmes Wasser zum Duschen. Sogar eine sehr rasch kühlende Klimaanlage ist vorhanden. Die ist auch nötig, denn es ist brütend heiß in dieser Stadt. Angeblich soll sie die heißeste von Venezuela sein. Ich glaube das ungeprüft: Hier ist es wie im Backofen. Vor dem Essen möchte ich schon die Koffer auspacken und ein wenig vorsortieren, was ich für meine nächste Kleingepäcktour mitnehmen möchte. Aber die Holzklappläden des Zimmers sind verschlossen und die verschiedenen Lampen des Raumes spenden alle zusammengenommen noch immer kaum Licht. Deshalb öffne ich einen Fensterladen und falle von der hineindrückenden Hitze fast um. Da ist dieses Hotel dermaßen schick und stilvoll, aber Fensterscheiben gibt es keine! Also Klimaanlage auf niedrigste Temperatur drehen, Läden aufklappen und dann ganz schnell arbeiten. Nur so geht es ohne Schweißausbruch. Zumindest ohne einen wirklich großen. Danach schließe ich rasch wieder die Klappläden, stelle die Klimaanlage auf eine höhere Temperatur, dusche anschließend und gehe dann ein wenig spazieren. Dabei schaue ich schon mal in das Restaurant hinein. Ist es wirklich eines? Da sitzen zwei alte Damen an einem der drei Tische. Es gibt eine Theke mit leeren Regalböden aus Glas, eine Kühltruhe und ganz hinten so etwas wie eine Küche, zumindest mit einem Gasherd und einem Spülbecken. Der Fernseher dudelt eine Musikshow runter, der Hund döst auf der Türschwelle. Im Raum ist es garantiert nochmal 5°C heißer als draußen. Zudem ist es wohl doch zum Abendessen noch zu früh. Daher mache ich erst mal einen kleinen Spaziergang durch die angrenzenden Straßen. Die Häuser sehen sehr schön aus. Alle sind bunt angemalt. Aber was ist das hier denn? Eine schöne bunte Fassade, die Fenster mit bunten Klappläden verschlossen, von denen jedoch einer kaputt ist. Dahinter… nichts außer Schutt und Müll: Potemkinsche Dörfer. Wieso streicht einer die Fassade von einem völlig entkernten Haus, in dem keiner mehr leben kann? Wie ich erfahre, hat sich die Stadt vor ein paar Jahren um die Paralympics beworben. Zugleich oder bald darauf war irgendein lokales oder nationales Jubiläum. Da hat man die Stadt verschönern wollen, und der sozialistische Staat hat Gelder für die Fassaden-Farben zur Verfügung gestellt. Die Paralympics sind nicht hierhergekommen, die schöne Wandfarbe ist jedoch geblieben und macht die Stadt auch heute noch sehr ansehnlich. Zum Orinoco geht es recht steil nach unten. Anschließend ebenso steil wieder hoch. Als ich wieder oben angekommen bin, habe ich wirklich großen Hunger. Also trete ich bei den alten Damen ein. „Gibt es bei euch etwas zu essen?", frage ich. Ohne rechte Antwort kommt die Chefin gleich mit Besteck und einem Untersetzer für den Teller. Das nehme ich mal als „Ja". Und jetzt? Ich würde gerne etwas bestellen, aber ich habe nirgends eine Karte ausfindig machen können. Indessen hat die Frau schon den Herd angeschaltet und ist an der Kühltruhe zugange. Dann holt sie aus einem Schrank unter der Theke Tomaten. O.K., ich verstehe: Hier gibt es genau ein Gericht. Daher ist auch die Karte überflüssig. Ich könnte fragen, was es gibt, aber wozu? Ich werde es ja bald sehen. Ändern kann ich daran ohnedies nichts. Nur etwas zu trinken hätte ich jetzt schon mal gerne. Da kann ich zwischen selbstgemachtem, frischem Ananas- und Guavensaft wählen. Beide. Nacheinander! Als mein Fleisch auf dem Gasherd in der Pfanne liegt, wird es im Raum noch heißer. „Qué calor" (was für eine Hitze), sage ich. Damit oute ich mich wohl als Spanisch-Sprechende. Beide Damen beginnen in einem Redeschwall mit mir zu reden. Es geht, wie momentan in Venezuela überall, um Politik. Dabei fallen die Kommentare der beiden über die momentanen Machinhaber vernichtend aus. Was soll ich dazu sagen? Die Not der schlechten Versorgungslage und der Inflation habe ich schon überall zur Kenntnis genommen, das Theater mit den großen, gebündelten und doch recht wertlosen Geldpaketen geht mir ziemlich auf die Nerven, auch andere haben sich sehr kritisch in meinem Beisein geäußert. Genau genommen hat mir gegenüber noch kein einziger die herrschenden Verhältnisse gelobt. Also sage ich „Sí". Das einzige, was man dazu sagen kann. Die Damen verwickeln mich in ein Gespräch und schimpfen sich die Seele etwas frei. Im Fernseher kommen jetzt Bilder von Präsident Maduro bei irgendeiner Festveranstaltung. „Am liebsten würde ich das ausschalten, aber dann kommt vielleicht gleich wieder einer von den Soldaten auf der anderen Straßenseite und meckert mich an.", sagt die Wirtin. Tatsächlich sitzen da drei Soldaten an der Straßenecke auf Stühlen und unterhalten sich. Sie passen auf, dass in die Straße vor dem Lokal kein Auto fährt, denn nur ein paar Häuser weiter ist die Plaza Bolívar und der Sitz des

Namensverwirrungen um Städte und Brücken

Gouverneurs gegenüber von der Kathedrale. „Noch nicht einmal zum Anliefern in meinem Lokal darf hier ein Auto vorfahren. Ist das nicht albern?", ärgert sich die Wirtin. „Dabei ist der Eingang nur zwei Meter von der Kreuzung weg. Das würde wirklich niemanden im Regierungsgebäude stören." Tja, was sage ich dazu? Mir fällt wieder nur „Si" ein. So plätschert unser im Prinzip sehr einseitiges Gespräch dahin. Ich kann nicht viel dazu sagen, aber ich erfahre viel über den Unmut der Venezolaner, jedoch auch über ihre Fähigkeit, trotz der Krise nicht den Kopf in den Sand zu stecken und nur zu jammern. Sie schimpfen über das, worüber man schimpfen muss, und lachen über Dinge, die zum Lachen sind. Auch davon gibt es eine Menge. Folglich lachen wir drei Frauen ziemlich viel. Mein Essen ist lecker – eine Scheibe Rindfleisch, Gemüse obendrauf, dazu Reis. Ich verabschiede mich am Ende wie eine gute alte Bekannte von den beiden netten Señoras. „Komm bald wieder", sagt die Chefin. „In vier Tagen bin ich wieder da", verspreche ich ihr. Dann überquere ich die Straße und gehe in meine Posada zurück. Da ich hier mal wieder normalen Strom habe, hängen zwei Foto-Akkus, mein E-Book und das Handy schon zum Aufladen an den Steckdosen in meinem Zimmer. Mehr geht nicht und mehr habe ich auch nicht. Am nächsten Morgen ist alles fertig aufgeladen. Das Packen des reduzierten Gepäcks stellt mich dieses Mal vor echte und dazu noch ein paar hausgemachte Herausforderungen. Mehr als 10 Kilogramm Gesamtgepäck darf ich im Flugzeug nach Canaima nicht mitnehmen. Die Wanderschuhe ziehe ich gleich an, eine warme Jacke – trotz der in Ciudad Bolívar herrschenden Hitze – nehme ich so mit, dass ich sie vor dem Einchecken auch noch anziehen kann. Somit reduziere ich ja automatisch mein Gepäck. In den Koffer hinein nehme ich meinen wasserdichten Rucksack. So wenig wie zu dieser Tour habe ich noch auf keinen der anderen Abstecher mitgenommen. Der Blick auf die Kofferwaage zeigt eine Angabe von 19,8. Verflucht nochmal, was ist da denn heute so schwer? Ich reduziere umgehend um ein paar Dinge, die ich weglassen kann, darunter auch den wasserdichten Rucksack. Noch immer zu viel Gewicht. Also auch die Sandalen raus. Immer noch über 10 Kilogramm. Kann das denn wirklich sein? Ich kann einfach nicht auf noch mehr davon verzichten. Vielleicht hat die Waage ja auch eine Macke. Sie war sehr preisgünstig, vielleicht war das sogar der Grund dafür. Erst einmal gehe ich frühstücken, dann wieder ins Zimmer, um den Koffer ein weiteres Mal zu wiegen. Beim erneuten Einschalten der Waage erscheint die Angabe „lb". Da habe ich doch glatt in Pfund statt Kilo gemessen. Auf so etwas muss man erst einmal kommen. Mit Lesebrille wäre es mir wahrscheinlich nicht passiert. Ich hätte fast doppelt so viel mitnehmen können. Da ich es jetzt aber sehr eilig habe und sonst in dem anderen Koffer wieder nach irgendwelchen dort inzwischen verräumten Sachen suchen müsste, lasse ich fast alles so, wie es nun einmal ist, lege nur noch die warme Jacke hinein und schließe den Koffer. Hätte ich nur ein wenig mehr nachgedacht, hätte ich jetzt den wasserdichten Rucksack wieder eingepackt, aber sobald ich Hektik habe, scheint sich mein Gehirn auszuschalten. Den anderen Koffer deponiere ich bis zum Ende der Canaima-Tour in der Posada und lasse mich von Jochen zum kleinen Flughafenterminal von Ciudad Bolívar mit Namen „El Río Caroní" bringen. Daran erkennt man schon, wohin hier die Mehrzahl der Flüge geht, denn der Río Caroní ist der Fluss, der auch die Canaima-Lagune bildet.

Das legendäre Flugzeug von Jimmie Angel am Flughafen von Ciudad Bolívar

Vor dem Eingang des Flughafens ist auf einer Grünfläche ein in die Jahre gekommenes kleines Flugzeug vom Typ „Flamingo" zu sehen. Dabei handelt es sich um das Originalflugzeug des US-Amerikaners Jimmie Angel[34], der im Jahr 1933 nach Gold und goldführenden Flusstälern der Gran Sabana suchte, dazu auf dem Auyán-Tepui landete und dabei den höchsten Wasserfall der Welt wiederentdeckte, der bereits 23 Jahre zuvor von einem Venezolaner[35] entdeckt und danach irgendwie wieder vergessen worden war. Doch bei der Landung Angels gruben sich die Räder des Fahrwerks sowie auch die Flugzeugnase tief in den Schlamm.

---

[34] **Jimmie Angel** (* 1. August 1899 in Springfield, Missouri, USA; † 8. Dezember 1956 in Panama-Stadt, Panama; geb. als *James Crawford Angel Marshall*) war ein in Südamerika bekannter US-amerikanischer Buschpilot, nach dem die Angel-Wasserfälle (Salto Ángel) benannt sind.

[35] **Ernesto Sánchez La Cruz** (* 1883 in Jajó, Bundesstaat Trujillo, Venezuela) war ein venezolanischer Forschungsreisender, Marineoffizier und Goldsucher, der 1910 als erster Weißer die Angel-Wasserfälle (Salto Ángel) zu Gesicht bekam.

Namensverwirrungen um Städte und Brücken

Die Insassen waren zwar unverletzt geblieben, mussten aber ohne entsprechende Ausrüstung einen elf Tage dauernden Abstieg vom hohen, steil abfallenden Auyán-Tepui bewältigen. Karten von diesem Gebiet gab es noch keine. Proviant oder für so einen gefährlichen Abstieg angemessene Kleidung hatten sie nicht dabei. Man kann sich vorstellen, wie riskant und unglaublich mühsam der Abstieg von Angel und seinen drei Begleitern war. Das Flugzeug hat die Armee tatsächlich erst 1970, in Einzelteilen zerlegt, von dem Tafelberg geborgen. Der Wasserfall heißt heute nach seinem zweiten Entdecker Salto Angel (Angel spricht man englisch aus). Da ich auf dem Weg zum Salto Angel bin, ist dieses Flugzeug schon einmal eine tolle Einstimmung auf die vor mir liegenden Tage.

Blick zurück auf Ciudad Bolívar und den Orinoco

Am Flughafen falle ich unter die legalen modernen Wege- bzw. Flugplatzlagerer. Es wird dort trotz Vorlage meines Passes von mir eine Steuer verlangt, die ich aber gar nicht bezahlen müsste, da in Venezuela alle Personen älter als 55 Jahre nicht mehr steuerpflichtig sind. Folglich ist also die Aufgabe der Dame an diesem Schalter unter anderem auch die Feststellung meines Alters. Das erfahre ich leider aber erst, nachdem es zu spät ist und ich schon die Gebühr entrichtet habe. Das fälschlich bezahlte Geld kann sie mir angeblich nicht mehr rückerstatten. Ihre Begründung: „Weil ich es jetzt ja schon kassiert habe." Einzusehen ist das allerdings nicht. Schließlich war es nicht mein Fehler. Inzwischen ist Jochen gekommen, der noch schnell das Auto auf den Parkplatz gefahren hat, aber auch er kann die Frau nicht mehr zur Herausgabe des Geldes bewegen. Wahrscheinlich hat sie, wie alle hier, einfach keine Lust, noch einmal die vielen Scheine abzuzählen. Vielleicht zweigt sie es auch für sich selbst ab. Zum Glück war es nur ein recht kleiner Betrag. Ich nehme es sportlich und mit Humor. Schließlich bin ich in Urlaub und will mich nicht ärgern.

Die Llanos aus der Vogelperspektive

Reise zum Sitz der Götter

Flug über Tepuis der Gran Sabana

Ein Flugticket habe ich wieder einmal nicht. Das kenne ich inzwischen schon. Da wird einfach ein Kreuzchen hinter den Namen gesetzt, und das war es dann. Bald sitze ich am einzigen Gate des Flughafens und warte auf meinen namentlichen Aufruf. Eine genaue Abflugzeit gibt es nicht. Aber es geht dann doch relativ schnell, und fünf Namen, darunter auch meiner, werden aufgerufen. Die Maschine ist noch kleiner als alle vorherigen, mit denen ich bislang geflogen bin. Sogar neben dem Piloten sitzt ein Passagier. Er ist ein brasilianischer Fotograf, der in der gleichen Lodge wie ich unterkommen und zudem noch in meiner kleinen Reisegruppe zum Salto Angel dabei sein wird, ebenso wie ein spanisches Ehepaar, das ebenfalls hier mit im Flugzeug sitzt. Der anderthalbstündige Flug ist fantastisch. Da es heute auf dieser Strecke keinerlei Wolken oder Turbulenzen gibt, fliegt das winzige Flugzeug ohne jedes Auf und Ab. Beim Abflug hat man einen weiten Blick übers Orinoco-Delta. Dann fliegen wir über Berge, die mit riesigen Steinbrüchen übersät sind, aus denen leuchtend rotes, eisen- und aluminiumhaltiges Gestein gebrochen wird. Dort in der Nähe gibt es kleine Bergarbeitersiedlungen, und die wenigen Straßen enden dort auch immer. Ansonsten ist die Landschaft absolut karg: eine endlos weite Graslandschaft mit perlschnurartig aufgereihten Bäumen an den reichlich vorhandenen Flussläufen. Vor einigen Jahren soll in dieser Region eine enorme Feuerkatastrophe gewütet und auf einer riesigen Fläche die natürliche Vegetation vernichtet haben. Nach ungefähr 130 Kilometern Weg in südlicher Richtung wird die Pflanzendecke sichtbar üppiger, und unter uns taucht eine riesige Wasserfläche auf, der Guri-Stausee. Er wird von den Flüssen Caroní und Paragua gespeist. Zu den Dimensionen finde ich in unterschiedlichen Quellen auch ganz verschiedene Angaben. Diejenige, von der ich meine, dass sie die wahrscheinlichsten Angaben enthält[36], nennt eine Länge von 300 Kilometern in Nord-Süd-Erstreckung und eine Breite von 150 Kilometern bei einer Durchschnittstiefe von 30 Metern. An besonders tiefen Stellen sollen auch bis zu 170 Meter erreicht werden.

Blick auf den riesigen Guri-Stausee

Was die Fläche anbelangt, so hat der See mit 4.250 Quadratkilometern ungefähr die Größe Niedersachsens. Hier befindet sich das drittgrößte Wasserkraftwerk der Welt, das 75% des gesamten Bedarfs an elektrischer Energie von Venezuela deckt. Es handelt sich dabei um ein Megaprojekt aus den 60er-Jahren, als man das eigene Erdöl lieber zu einem guten Preis an die USA verkaufen wollte, statt damit für das eigene Land Strom herzustellen. Für die Ökologie des Raumes muss das eine wahre Katastrophe gewesen sein, da man das Gebiet ohne Rück-

---

[36] www.gwegner.de/venezuela-reisebericht/das-traurige-geheimnis-des-lake-guri/

sicht auf Pflanzen- und Tierwelt überflutet hat. Milliarden von Tieren müssen damals ertrunken sein. Diejenigen, die sich auf die kleinen Inseln im See retten konnten, haben dort bald eine viel zu hohe Populationsdichte erreicht, sodass die Nahrung nicht mehr für alle reichte. Da auch die großen Raubtiere nach der Veränderung des Lebensraumes meistens fehlten, waren keine natürlichen Feinde mehr da, die für ein Jäger-Beute-Gleichgewicht hätten sorgen können. Die Folgen für die Vegetation sind bis heute verheerend. Es überleben nur die stärksten Pflanzen. Manche giftigen Vertreter darunter haben als Schutzmechanismus gegen Fressfeinde ihre Giftkonzentration erhöht. Die von mir gelesene Quelle erwähnt sogar eine Insel, auf der es Brüllaffen in einer Populationsdichte gibt, die dem 50-fachen des Normalen entspricht. Diese Affen verhalten sich – sicher als Folge der Überpopulation – vollkommen verhaltensgestört und artuntypisch: Sie brüllen einfach nicht mehr. Aber auch die Folgen für das Land Venezuela sind nicht durchgehend positiv zu sehen, denn der See zeigt auffällige Wasserstandschwankungen. Im Länderbericht der Konrad-Adenauer-Stiftung stand im März 2016 ein Artikel, der die Überschrift trug: „Der Letzte macht das Licht aus – Dramatische Wasser- und Stromkrise in Venezuela". Darin wird erwähnt, dass der Wasserstand zur Zeit der Veröffentlichung gerade bei 247,70 Meter über dem Meeresspiegel lag. Die ersten Turbinen können jedoch bei 245 Metern nicht mehr reibungslos arbeiten und müssten dann abgeschaltet werden. Bereits 2010 lag der Wasserstand schon einmal besorgniserregend niedrig. In solchen Zeiten wird der Strom im ganzen Land streng rationiert. Industrie, Handel, Banken oder Privathaushalte sind dann davon betroffen, und auch die Stahlöfen und Aluminiumhütten müssen zeitweise oder sogar ganz abgeschaltet werden. Heute bleibt Venezuela aufgrund des Preisverfalls auf seinen Erdölreserven sitzen. Zudem ist die Stromversorgung nicht wirklich sicher. Wie soll da die Volkswirtschaft dauerhaft funktionieren?

Nach Überfliegen des Stausees ändert sich das Aussehen der Landschaft. Das Grün der Vegetation wird zusehends dunkler. Nun tauchen auch bald die ersten Tafelberge auf. In keinem Land der Erde gibt es so viele davon wie im Südosten Venezuelas, in der Gran Sabana. Die 115 Tafelberge sind hier die Überreste eines uralten, ehemals zusammenhängenden Sandsteinplateaus, das durch die Schubkräfte während der Entstehungszeit der westlich gelegenen Anden angehoben wurde und dabei zerbrach. Die Bruchstellen wurden durch Erosion immer stärker ausgeräumt, sodass die ehemals zusammenhängende Landschaft heute aus Inselbergen besteht, die man hier Tepuis nennt, was der Sprache der Pemón[37]-Indigenen entnommen wurde und „Sitz der Götter" bedeutet. Sie erheben sich mit ihren

---

[37] **Pemón** (dt.: echte Menschen) sind Angehörige eines Indigenenvolkes Südamerikas von ungefähr 30.000 Personen, das insgesamt zu den Kariben gezählt wird.

fast senkrecht stehenden, zerklüfteten Steilwänden weit über den dichten Regenwald hinaus. Da Vegetation und Tierwelt auf den einzelnen Tepuis untereinander keine Verbindung haben, sind dort viele endemische Arten entstanden. Auch schon innerhalb eines Tepuis können isolierte Felssäulen vorkommen.

Tepui beim Landeanflug auf Canaima

Der Name „Tal der tausend Säulen" für eine Region mitten im Auyán-Tepui sagt dabei schon alles aus. Außer den in die Höhe gewachsenen Lebensinseln der Tepuis gibt es zudem auch rätselhafte Simas. Das sind riesige, mehrere hundert Meter tiefe Löcher, die wie Schlote mitten in der Landschaft stecken (Beispiel: Die Sima Humboldt auf dem Sarisariñama-Tepui ist 350 Meter tief, besitzt am oberen Rand einen Durchmesser von 352 und am Boden von 502 Metern und umfasst einen Raum von etwa 18 Millionen Kubikmetern.) In ihnen sammelt sich das dort hineinstürzende Oberflächen- und Regenwasser und findet seitlich Gänge und Wege, mit deren Hilfe es die Simas wieder entwässert. Wo diese Wassermassen an anderer Stelle zutage treten, entstehen Wasserfälle. Jede Sima ist eine Art unerforschter Mikrokosmos mit einer eigenen Pflanzen- und Tierwelt. Bis heute ist noch nicht in allen Details sicher erforscht, wie die Simas entstanden sind. Es handelt sich hierbei um eine Erscheinung des auf der Welt sehr selten vorkommenden Sandsteinkarstes. Anders als beim klassischen Karst[38], bei dem das Gestein aus Kalk, Gips oder Salz selbst durch eingedrungenes Wasser aufgelöst wird und dadurch in der Tiefe Höhlensysteme entstehen lässt, wird bei dieser Form der Verkarstung nur das Bindemittel zwischen den einzelnen Partikeln und Mineralien des Gesteins aufgelöst und abgeführt, sodass am Ende die Stabilität des Gesteinspaketes nicht mehr gegeben ist. Dadurch kann das darüber liegende Dach lokal einbrechen, wie das bei den Simas auf den Tepuis der Fall ist. Viele der Berge sind noch nie von Menschen betreten worden, einige von ihnen permanent in dichte Wolken gehüllt. So ist das Leben auf diesen Bergen noch immer weitgehend unerforscht. Auch mit dem Regenwald tausend und mehr Meter weiter unten am Fuß der Tafelberge besteht keine Verbindung, denn dazwischen ragen steile, kahle Felswände auf, über die riesige Wasserfälle in die Tiefe donnern. Der höchste davon, ja sogar der höchste weltweit, ist der Salto Angel, der vom 700 Quadratkilometer großen Auyán-Tepui ganze 979 Meter tief hinunterfällt. Die Welt auf, unter und um die Tepuis sieht aus wie auf einem anderen Planeten. So wundert es auch nicht, dass die Berichte eines berühmten Südamerika-Forschers über den 2.810 Meter hohen Roraima-Tepui den englischen Landarzt Arthur Conan Doyle zu seinem Roman „The Lost World" über die Entdeckung einer lebenden prähistorischen Welt voller Saurier und urzeitlicher Pflanzen inspirierten. Hier kommt man sich tatsächlich vor wie im „Jurassic Park" und würde sich über das Auftauchen eines Dinosauriers kaum noch wundern.

Bei Georg und Monika habe ich die Video-Aufzeichnung eines Films über die Tepui gesehen und mich damit auf das eingestimmt, was jetzt auf mich zukommt. Nun also bin ich selbst in den Nationalpark Canaima unterwegs, der im Norden der Gran Sabana liegt und der sogar von der UNESCO[39] 1994 in die Liste des Weltkultur- und Naturerbes der Menschheit aufgenommen wurde. Vom Flugzeug aus schaue ich wie gebannt auf diese Berge, die so ganz anders sind als alle anderen, die ich in meinem bisherigen Leben irgendwo gesehen habe.

---

[38] Beim klassischen **Karst** (Oberflächenverkarstung) werden Kalkgestein, Gips und Salz durch Wasser und darin enthaltene Kohlensäure entlang von Angriffsflächen wie Schichtgrenzen, Klüften, Spalten und Rissen aufgelöst. Ist die Lösung gesättigt, werden die Mineralien an anderer Stelle wieder ausgefällt. Dabei entstehen Sinterbildungen wie beispielsweise Tropfsteine und Kalktuff. Der sehr selten vorkommende Sandsteinkarst ist hingegen eine Form der sogenannten inneren Verkarstung, bei der im gesamten Gesteinspaket Wasser zirkulieren kann, wobei das lösungsfähige Bindemittel zwischen den Sandkörnern mit der Zeit herausgelöst wird. Diese Art der Verkarstung ist wesentlich langsamer als die des klassischen Karstes.

[39] UN-Organisation (englisch: United Nations Educational, Scientific and Cultural Organization); „Organisation der Vereinten Nationen für Erziehung, Wissenschaft und Kultur"

Venezuela

Die Lagune von Canaima

Auch der Anblick der Lagune von Canaima, der sich uns beim Anflug bietet, ist geradezu sensationell. Dort unten liegt eine vollkommen fremdartige und zugleich traumhaft schöne Naturlandschaft. Den Voucher der Lodge habe ich – wie sollte es auch anders sein – im Gepäck in Ciudad Bolívar vergessen. Inzwischen weiß ich, dass das zum Glück nicht schlimm ist. Bislang habe ich noch nie wirklich einen Voucher abgeben müssen. Den Namen der Unterkunft kenne ich ja. Lustigerweise haben wir fünf Leute im Flugzeug unterschiedliche Reiseveranstalter, werden daher auch in getrennten Shuttle-Kleinbussen zur Unterkunft gefahren. Der Bustransfer dauert keine zwei Minuten. Das Ein- und Aussteigen dauert dabei länger als die Fahrt. Aber dafür sind es wirklich spezielle Busse. Eigentlich sehen sie mehr wie offene Zugwaggons auf Rädern oder Zirkuswagen mit Sitzplätzen aus, also fast ebenso exotisch wie es auch schon die Berge sind. Alles scheint hier anders als anderswo zu sein. In der Lodge stehen alle Passagiere des Flugzeuges wieder nebeneinander am Empfang. „Das wäre auch einfacher gegangen", lachen wir. Drei Busse für fünf Leute – irgendwie erinnert es mich an eine Arbeitsbeschaffungsmaßnahme. Wahrscheinlich ist es das auch. Außer dem Brasilianer und den beiden Spaniern gehört noch ein netter junger Engländer aus London zu unserer Gruppe. Laut Reiseplanung bleiben wir heute in der Lodge und erkunden die Gegend. Aber aufgrund der Wettervorhersage wird der Plan geändert. Das heißt: Zimmer belegen, Rucksack packen, umziehen, und schon geht es mit dem Boot los auf dem Río Carrao bis zum Salto Angel mit einer Hängematten-Übernachtung im Camp am Fuß des Auyán-Tepui. Wir müssen schnell los, denn die Fahrt auf dem Fluss ist weit. Also brechen wir nach kürzester Zeit schon wieder auf. Wir werden dabei von José begleitet, unserem Guía. Zudem sind noch drei Bootsleute und Josés Freundin und Chefin mit dabei, deren Namen wir während der ganzen Tour nicht herausbekommen oder auch vielleicht einfach nur nicht verstanden haben. Alle sind unglaublich nett, freundlich und kompetent.

Puerto Ucaima, die Curiara-Anlegestelle am Río Caroní

Nun rächt sich mein Fehler beim Gepäck-Wiegen in Pfund, denn ich habe den wasserdichten Rucksack, der jetzt ideal wäre, leider in Ciudad Bolívar zurückgelassen und muss mir einen Ersatz leihen. Der andere Rucksack ist auch nicht dabei, da ich zu diesem Reiseziel kein gesondertes Handgepäck mitnehmen konnte. Da habe ich mir so viele Gedanken gemacht, aber leider darunter wenige richtige! Für die Bootstour ins Hängemattenlager ist auch mein kleiner Handgepäck-Rollenkoffer vollkommen falsch. Ich frage also in der Lodge an, ob sie einen Rucksack haben, den sie mir bis morgen ausleihen können. Leider haben sie aber keinen, nur eine grüne Jute-Tragetasche. Immerhin besser als nichts! Ansonsten nehme ich nur noch meine Fototasche mit. Wie gut wäre es jetzt, dafür den wasserdichten Rucksack zu haben. Ich leihe mir von einem anderen Tour-Teilnehmer stattdessen eine Plastiktüre als Notlösung. Geld, Ausweise usw. lasse ich im Lodgezimmer zurück. Wichtig sind hingegen Treckinghosen, Wanderschuhe, eine warme Jacke für die Nacht, eine zweite lange Hose, ein Paar Leggings und ein

Ersatz-T-Shirt, dazu noch Regenschutz, Badekleidung und ein wenig Waschzeug und zumindest ein kleines Handtuch aus der Lodge. Am Ende der Welt, im echten Jurassic Park, braucht man nicht viel für zwei Tage und eine Übernachtung. Und alles, was Verpflegung anbelangt, wird ja von unseren einheimischen Begleitern mitgebracht. Darum müssen wir uns nicht kümmern. Mit einem Bus – tatsächlich einmal alle zusammen in nur einem Bus – fahren wir hangaufwärts am Salto Ucaima vorbei, dem mächtigen und breiten Wasserfall, der in die Canaima-Lagune hinunterstürzt. Direkt oberhalb davon befindet sich der Puerto Ucaima, die Anlegestelle für Boote.

Pemón-Dorf am Ufer des Caroní

Diese Boote sind Einbaum-Kanus und werden Curiaras genannt. Sie werden von den hier lebenden Pemón-Indianern gebaut und dann mit einem Motor versehen und sind die idealen Fortbewegungsmittel auf den wilden Flüssen der Gegend. Der Bootsführer sitzt hinten beim Motor. Gleichzeitig sitzt vorne ein anderer Mann, der eine Art Ruder, Paddel oder Stake in der Hand hält. Mit seiner Hilfe gelangt das Kanu sicher über Stromschnellen und an Felsen vorbei. Zunächst wird unser Gepäck aufs Boot gebracht und dort mehrfach in eine große Plastikplane eingewickelt. Schon nach fünf Minuten Bootsfahrt wissen wir auch, warum. Da sind wir nämlich bereits bis auf die Knochen nass. Auf eine Wildwasserfahrt war ich mental nicht vorbereitet. Aber nun muss ich da eben durch. Sechs Stunden lang. Doch mit jeder Stromschnelle wächst die Unternehmungslust und der Spaß an dem Ganzen. Wenn man erst mal völlig nass ist, spielt es auch keine Rolle mehr, wenn mal das halbe Boot innen knöchelhoch geflutet ist. Dann wird Wasser eben wieder hinausgeschöpft, und weiter geht es. Als allerdings eine ganz besonders heftige und lange Stromschnellen-Strecke mit dem bezeichnenden Namen Rapidos de Mayuopa kommt, steigen die Passagiere und der Guía aus und gehen ein Stück über Land. Seit es einmal einen tödlichen Unfall an diesen Rapidos gegeben hat, ist es für Passagiere verboten, dort im Boot zu bleiben.

Pause am Wasserfall Pozo de la Felicidad

Die 20 Minuten Fußwanderung über Land sind nach der unbequemen Hockerei im Boot aber auch sehr angenehm. Allerdings gibt es hier Buri-buri, Sandfliegen, die die Haut ihrer Opfer mit ihren breiten Mundwerkzeugen aufritzen und dann austretendes Blut und Lymphe aufsaugen. Sie kommen hier offenbar gleich zu Millionen vor und attackieren uns von allen Seiten. So sehen wir beim Gehen aus wie tanzende Derwische, die ständig um sich schlagen. Vor allem haben die Biester es auf Dominic abgesehen. Er ist folglich auch der Erste, der sich geradezu ins Boot zurückflüchtet, das inzwischen die Stromschnellen passiert hat und bereits auf uns wartet. Bald darauf legen wir auf der linken Seite bei dem seitwärts mündenden idyllischen Wasserfall Pozo de la Felicidad (dt.: Glücksbrunnen) zu einer Bade- und Essenspause an. Danach geht es ohne weiteren Halt stundenlang weiter. Dazu noch auf niedrigen und harten Holzbänken. Neben mir sitzt

Dominic, der junge Engländer. Er ist größer als ich, und auch ich selbst habe schon einige Probleme, meine Beine irgendwo unterzubringen.

Der breite und wilde Río Caroní

Am Río Churún

Reise zum Sitz der Götter

Das letzte Wegstück auf dem Río Churún

Vor uns und auf der rechten Seite sehen wir die schroffen Felswände des zerklüfteten Auyán-Tepui mit Felsformationen, die an Köpfe und Gesichter von Tieren und Menschen erinnern. Kein Wunder, dass die Pemón-Indianer einst hier den Sitz der Götter vermuteten. Vom Tepui her kommend mündet nach einiger Zeit mit einem schmaleren Tal der Río Churún in den Caroní. Auf diesen biegen wir nun ab. Seit etwa zwei Stunden regnet es ohne Pause heftig. Wasser oben, von unten und von der Seite. Man kann kaum noch etwas sehen. Bisweilen haut einem eine Welle voll ins Gesicht. Die Nässe steigt von unten her unter die Regenjacken. Irgendwann beginnen wir auch zu frösteln. Zwar ist es nicht wirklich kalt, aber Nässe und Fahrtwind, zudem noch unsere unbewegliche Körperhaltung, sorgen dafür, dass uns zunehmend frisch wird. Aber zugleich werden wir durch die unglaublichen Natureindrücke auch wieder vom Frieren abgelenkt. Dann, nach insgesamt mehr als sechs Stunden Zeit auf dem Wasser, klart der Himmel ganz plötzlich auf. Die letzte Sonne des Tages kommt heraus und beleuchtet in einem zauberhaft goldenen Licht den Tepui, und der Salto Angel liegt gerade völlig frei. Ein traumhaft schöner Anblick! Nur noch ungefähr eine Viertelstunde Fahrt und das Boot legt auf der rechten Seite an, kurz vor der Einmündung eines noch engeren Tals des Río Kerepacupai Meru. Das ist der Pemón-Name für den Salto Angel, übersetzt heißt es dann allerdings nicht mehr Engel-, sondern Teufel-Wasserfall. Von der kleinen Kiesbank, auf der unser Boot festgemacht wird, sind es nur noch ein paar Meter zu Fuß auf einem Holzplankenweg, und wir sind endlich mit dem letzten Tageslicht am Camp angekommen.

Das Dschungel-Camp

Es besteht aus einem Holzhaus ohne Wände. Im unteren Stock wird die Crew schlafen. Zudem gibt es dort Bänke und Tische, an denen wir essen können. Auf der Rückseite des gleichen Stockwerks gibt es sogar tatsächlich mitten im Urwald Duschen, Waschbecken und Toiletten, die mit Vorhängen vom Gang abgetrennt sind. Zumindest eine kleine Privatsphäre ist also bei solchen intimen Tätigkeiten gegeben. Strom haben wir auch, nachdem erst einmal der Generator läuft. Wasser wird über eine Pumpe aus dem Fluss geholt. Im Obergeschoss hängen die Crew-Mitglieder für uns Hängematten auf. Jeder bekommt dazu noch eine Vliesdecke, da es nachts kühl werden soll. Unsere nassen Sachen hängen wir über dem Geländer und an Holzbalken zum Trocknen auf. Leben wie die Indigenen! Allerdings nicht wirklich stilecht, denn die hier ansässigen Pemón leben ja in Rundbauten aus Lehm mit Dächern aus Palmenblättern, wie wir auch schon auf der Insel gesehen haben, auf der wir zu Fuß an den Rapidos de Mayuopa vorbeigewandert sind. Unser Haus gleicht mehr denen, die die Warao am Orinoco haben.

Der erste Blick vom Camp aus auf den Salto Angel

Während wir Touristen nun vom Haus aus den herrlichen Blick auf den Wasserfall genießen und uns bei einer netten Unterhaltung erholen, legt die Crew sofort mit dem Arbeiten los. Eine dreiviertel Stunde später sitzen wir alle gemeinsam beim Abendessen: Huhn mit Reis, dazu gibt es Cola und – immer in einer großen Warmhaltekanne in ausreichender Menge vorhanden – Kaffee. Beim Essen haben wir noch immer einen fantastischen Blick auf den Salto Angel, der inzwischen vom Mond silbrig beschienen wird. Morgen werden wir früh dorthin aufbrechen und durch den dichten Dschungel bis zum Fuß der Steilwand gehen, eine sehr mühsame Wanderung. Ich bin von allen Teilnehmern die älteste. Hoffentlich schaffe ich das einigermaßen, ohne den anderen eine Bremse zu sein. Als ich es anspreche, beruhigen mich meine Mitwanderer. „Mach dir bloß darüber keinen Kopf. Wir freuen uns sicher alle über jede Pause. Wir sind doch im Urlaub und nicht in Eile", werde ich beruhigt. Anschließend unterhalten wir uns auch noch über die Pemón-Indigenen, von denen ich bis dahin noch sehr wenig weiß. Viele von ihnen haben sich bis in die heutige Zeit erfolgreich gegen die Christianisierung widersetzt und glauben an ihren Gott und Kulturbringer Chiricavai. Dabei haben sie sich auch ihre ursprüngliche Lebensweise bewahren können. Das klingt so einfach, aber tatsächlich ist ihnen das Recht dazu erst vor wenigen Jahren per Gesetz zugesprochen worden. Sie sind außer den Bewohnern der Orte Santa Elena de Uairén und Canaima die einzigen Menschen, die im Nationalpark dauerhaft wohnen dürfen.

Schmetterling gleich neben dem Camp

Die Nacht ist in vieler Hinsicht einzigartig. Wir Touristen liegen im oberen Stockwerk in unseren Hängematten. Als eine, die bereits sogar einmal fünf Nächte am Amazonas in einem selbstgebauten Camp übernachtet hat, weiß ich, wie man dabei in der Hängematte liegen muss: Am besten quer. Wer längs liegt, hängt in der Mitte durch und das ist sehr schlecht für den Rücken. Zudem weiß ich aus Erfahrung, dass man nachts trotz der hohen Temperaturen im Regenwald fröstelt, was an der hohen Luftfeuchtigkeit liegt. Ich habe also vorgesorgt und mir Leggings für unter meine Wanderhosen und meine in Bogotá gekaufte warme Jacke hierher mitgebracht. Zusammen mit der Vliesdecke scheint das zunächst auch alles recht angenehm zu sein. Eine Stunde später beginne ich jedoch zu frieren, lege mich nun doch längs in die Hängematte und ziehe die Seiten über mir zusammen. Das ist aber unbequem. Deshalb stehe ich auf und durchsuche meine anderen Sachen nach irgendetwas, das noch zum Wärmen benutzt werden könnte. Das ist nicht einfach in völliger Dunkelheit. Ich muss mit der Taschenlampe vorsichtig hantieren, um die anderen nicht zu wecken, denn auch bei denen scheint die Schlaftiefe aus gleichem Grund nicht besonders gut zu sein. Am besten wäre es, wenn ich jetzt meine Regenjacke anziehen könnte, aber die ist noch immer genauso patschnass wie ich sie hier aufgehängt habe – also ist das auch keine Lösung. Übrig bleibt einzig mein Handtuch, wenigstens ein kleines Stück Stoff für den Oberkörper. Das funktioniert eine Weile, aber mir wird dann doch wieder kalt. Schließlich stehe ich erneut auf und gehe mit abgedunkelter Taschenlampe einen Stock tiefer, wo die Hängematten der Crew hängen. Ich bin ganz leise, sie haben ihren Schlaf schließlich verdient. Was kann ich nur jetzt gegen die Kälte unternehmen? Der heiße Kaffee in der Thermoskanne! Das ist die Rettung! Dreimal in dieser Nacht gehe ich mich damit aufwärmen. Auch das spanische Paar friert in dieser Nacht und kommt auf die Kaffee-Lösung. Dafür ist das Aufwachen nach der unruhigen Nacht zum Geschrei der Brüllaffen und Tukane einfach herrlich. Von der Hängematte aus sehe ich im ersten Tageslicht den noch immer völlig frei liegenden Salto Angel. Das macht den schlechten Schlaf der vergangenen Stunden wieder vollkommen wett. Noch im Morgengrauen geht es los – erstmal mit dem Boot ein ganz kurzes Stück an einer an Land schwer passierbaren Stelle entlang zu einer großen Kiesbank. Danach geht der Fußmarsch los. „Das erste Stück ist ziemlich eben, dann kommt ein recht heftiger Steilanstieg", hat José uns gestern noch verraten. Allerdings geht es auch schon bei dem angeblich flachen Stück buchstäblich über Stock und Stein. Gekennzeichnet oder zumindest als solcher gut zu erkennen ist der Weg nicht. Wo Tafelberge verwittern und große Steine nach unten fallen, liegt alles voll damit. Vom üppigen Regenwald werden sie schnell überwuchert, sodass unser Marsch über große Hindernisse hinweggeht, die oft vorher nur schwer auszumachen sind. Vor allen Dingen sind die vielen, oft sogar meterhohen Baumwurzeln nervig, die teilweise wie Fußangeln wirken, an denen man beim Gehen und Klettern hängenbleiben und stürzen kann. Zugleich haben die Wurzeln aber auch an steileren Stellen, an denen sie parallel zum Hang wachsen, so etwas wie natürliche Treppenstufen geschaffen, wenn auch mit wechselnd großen und oftmals sehr unbequemen Schrittlängen und Höhenabständen. Eben doch keine echte Treppe! Durch den heftigen Regen am Vortag ist der Boden außerdem an vielen Stellen unpassierbar matschig, sodass man Umwege nehmen muss, um nicht im Schlamm steckenzubleiben. Bisweilen liegen umgestürzte Bäume quer, die man umgehen oder übersteigen muss. Bei Stämmen, die auch durchaus mal einen Durchmesser von mehreren Metern haben, ist das keine Kleinigkeit. Man kann also sagen, dass der Weg durchaus etwas für sportlich Trainierte ist. Und das ist nun das angeblich ebene Stück. Was wird uns dann erst beim Steilaufstieg erwarten? Nach ungefähr einer Dreiviertelstunde wissen wir es: Ein unglaublich mühevoller Aufstieg über hohe Felsbrocken, Wurzeln und Bäume, bisweilen auch Bäche. Oft muss man sich an den Steinen hochziehen oder gegenseitig helfen. Für meine Knie ist das Schwerstarbeit. Zudem ist es inzwischen unglaublich heiß geworden. Die Natur um uns herum ist märchenhaft schön, doch vor lauter Anstrengung habe ich kaum noch genug Kraft, sie zu bewundern. Ich spüre mein Alter und die im Laufe der Jahre durch Verletzungen angesammelten „Körperbaustellen" hier doch ziemlich heftig, halte aber mit den Jungen, Fitten dennoch erstaunlich gut mit. Vorfreude und Neugier sind dabei starke Kraftquellen. Nach einer Stunde erreichen wir eine Plattform, die ein paar hundert Meter über einer tief eingeschnittenen Schlucht liegt. Darin verläuft der Río Kerepacupai Meru, der oben auf dem Tepui beginnt, den Salto Angel überwindet und in der Tiefe weit unterhalb unseres Standorts zum Río Churún weiterfließt. Von unserem Aussichtspunkt, dem Mirador, ist der hohe Wasserfall nur noch etwa 1.000 bis 1.500 Meter entfernt, die beste Gelegenheit, tolle Fotos zu schießen. Allerdings ist der Gipfel des Tepuis leider gerade in dichte Wolken gehüllt. Weit unten, wo in Verlängerung des Salto Angel treppenartig untereinander noch andere Wasserfälle folgen, sieht man einen kleinen See. „Das ist die Piscina", sagt José. „Da gehen wir jetzt hin. Nur eine halbe Stunde noch, dann sind wir da." Oje – endlich war ich oben und soll schon wieder nach unten gehen! Es hilft nichts.

Am Steilhang der Schlucht entlang geht es bergab, mal wieder über Stock und Stein bis wir endlich an dem natürlichen Schwimmbecken angekommen sind. Hier haben die herabfallenden Wassermassen eine Vertiefung im Bett des Flusses geschaffen. Über viele Felsblöcke, die überall herumliegen, kann man auf der dem Wasserfall abgewandten Seite den Río Kerepacupai Meru überqueren. Allerdings sind die Abstände zwischen den Felsen sehr groß, sodass ich befürchte, zu rutschen und hinzufallen. Aber es geht auch anders, nämlich auf dem Wasserweg durch die Piscina. Wir legen unsere Sachen auf den Steinen ab und genehmigen uns einen ausgiebigen tollen Badestopp. Dabei lassen wir uns immer wieder an unterschiedlichen Stellen vom Wasserfall den Rücken massieren. Baden, auf den warmen Steinen in der Sonne liegen, über die Felsbrocken hüpfen, wieder baden, uns massieren lassen... es ist einmalig schön. „Der Himmel reißt wieder auf. Wenn wir uns beeilen, schaffen wir es, den Aussichtsplatz zu erreichen und sogar noch einen vollen Blick auf den Salto Angel zu haben", heißt es plötzlich. Noch nass, erst halb wieder angezogen, gehen wir eilig los.

Blick vom Mirador auf die Piscina

Der Aufstieg zum Mirador ist in der Hektik hammerhart. Ich keuche wie eine alte Dampflok. Nebenbei ziehe ich mir unterwegs meine restlichen Sachen an. Bloß nicht stehen bleiben und dadurch Zeit verlieren! Am Aussichtspunkt angekommen, werden wir mit einem unvergesslichen Bilderbuchblick auf dieses einmalige Naturspektakel belohnt. Der Salto Angel liegt in der Sonne da, der Gipfel völlig wolkenfrei, große Vögel kreisen und schreien und dazu das Tosen der fast 1.000 Meter tief fallenden Wassermassen, noch dazu mit besonders viel Wasser, da ja gerade Regenzeit ist und der Tepui folglich an seiner Oberfläche mit Wasser vollgesogen ist wie ein nasser Schwamm. Im Mittelstück des Wasserfalls trägt der aufsteigende Wind Millionen von Wassertröpfchen wie einen dichten Nebelvorhang vor sich her. Erst dann sammeln sich die Tröpfchen wieder zu großen Tropfen, die sich erneut zur fallenden Wassermasse vereinen. An manchen Stellen sieht es fast so aus, als würde der Wasserfall sich von unten nach oben bewegen. Hinzu kommt das beeindruckende Geräusch, das die enormen Wassermassen beim Aufprall auf den Felsen verursachen. Kein Foto, kein Film kann wiedergeben, wie sich so ein Moment anfühlt. Es ist einfach großartig.

Rast bei der Piscina

Reise zum Sitz der Götter

Fernblick über das Tal des Churún

Eine fleischfressende Pflanzenart am Caroní

Venezuela

Geschafft – am welthöchsten Wasserfall

Reise zum Sitz der Götter

Rückfahrt auf Churún und Caroní

Bizarre Lebewesen auf den Tepuis

Das tolle Erlebnis hat seinen Preis: den Abstieg. Inzwischen ist es sehr heiß, unsere Kondition hat nachgelassen, die Motivation, oben anzukommen, ist ja nun auch weg. Es ist schlicht und ergreifend unglaublich anstrengend. Noch dazu ist es bergab sehr rutschig. Dann hängt man plötzlich an einer hohen oder breiten Wurzel oder muss über einen Felsen klettern. Na, das wird einen tollen Muskelkater geben! Auch die wesentlich jüngeren Mitwanderer sehen völlig erledigt aus. Alle freuen sich als am Ende der Tour das Ufer des Churún in Sicht kommt. Im Camp haben inzwischen die zurückgebliebenen Crewmitglieder ein Mittagessen vorbereitet. Kurz danach ist Aufbruch nach Canaima. Noch immer herrscht strahlender Sonnenschein. Da wir mit der Strömung reisen, werden nur vier Stunden zum Rückweg angesetzt. In so kurzer Zeit, so meinen wir, kommt bestimmt kein Regen auf, und verräumen unsere Regenjacken im Gepäck unter der Plane.

Seit gestern hat sich die Wasserführung des Churún sehr verändert. Es hat ja nachts nicht mehr geregnet, folglich ist der Fluss flacher und dadurch an den Stromschnellen sehr viel wilder. Wo gestern das Boot einfach darübergeglitten ist, gerät es jetzt immer wieder in eigenwillige Strömungen. Mit Muskelkater und bereits vom Vortag ordentlich beanspruchtem Sitzfleisch habe ich versucht, eine einigermaßen bequeme Stellung einzunehmen und die Beine unter der Bank vor mir ausgestreckt. Das Boot wird plötzlich von der Strömung erfasst und eine Weile lang mitgenommen. Jedes Gegensteuern ist zwecklos. Es treibt mit enormer Geschwindigkeit seitwärts in Richtung eines großen Felsens, vor dem das Wasser zu brodeln scheint. Wenn wir da dagegen knallen, reißt vielleicht das ganze Boot auseinander. Der vorne sitzende Bootsmann hat schon beide Beine und sein Paddel nach vorne ausgerichtet. So kann er sich vor einem Zusammenprall noch abstoßen, und das Boot dreht sich zumindest wieder in die richtige Richtung. Bei dem heftigen Aufprall hauen meine beiden Schienbeine mit aller Wucht von unten gegen die vordere Bank. Sofort werden sie blau. Zudem bluten sie. Aber es scheint nur eine oberflächliche Verletzung zu sein. Gebrochen ist zum Glück nichts. „Mal wieder ein länger bleibendes Andenken an eine meiner Touren erworben", denke ich. „Sag nochmal einer, beim Bootfahren könne man sich nicht verletzen." Da der Fluss auch weiterhin tückisch bleibt, traue ich mich nun nicht mehr, die Beine nochmal auszustrecken. Wegen der Felsen rechts und links kann man auch nicht die Arme auf den Bootsrand legen. So zu sitzen ist auf Dauer mühsamer als ein anstrengender Fußmarsch. Plötzlich taucht hinter uns eine beängstigend schwarze Wolkenwand auf, die die Sicht auf den Auyán-Tepui verdeckt. „Wir müssen hier ganz schnell weg", sagt José. „Gebt mir eure Kameras her, damit ich sie noch unter die Plane legen kann. Jetzt wird es gleich supernass." In großer Hektik holt er uns auch noch die Regenponchos aus dem Gepäck. Diejenigen von uns, die keine besitzen, bekommen als Notlösung schwarze Müllsäcke, in die sie sich für Kopf und Arme Löcher reißen. Dann eilen wir mit Vollgas vor dem sich androhenden Unwetter davon. Dadurch spritzt das Wasser mit einer Kraft ins Boot, als würde es von einem Wasserwerfer kommen. Auch von den Seiten her ziehen nun dunkle Wolken heran, riesig große, grelle Blitze zucken über den Himmel. Es ist eine gespenstische und beängstigende Atmosphäre. Wir sind mitten auf dem Wasser und noch lange nicht am Ziel. Inzwischen holt uns bereits der Starkregen ein. Es geht jetzt nur noch darum, vor dem Höhepunkt des Unwetters und den gefährlichen Blitzen davonzueilen. Stromschnellen, hohe Wellen, Steine – alles egal. Wir preschen durch, inzwischen vom Regen und dem aufspritzenden Wasser des Flusses trotz der Ponchos vollkommen durchweicht. Und mit den Füßen im mindestens knöchelhohen Wasser auf dem Boden des Bootes. Den Gang über die Insel neben den Rápidos de Mayupa erledigen wir im Sturmschritt. Nur weg hier! Endlich kommen wir am Puerto Ucaima an. Doch da ist kein Bus, der auf uns wartet. Inzwischen schüttet es. „Es sind nur fünf Minuten zu laufen. Geht ihr einfach schon mal weiter, wir warten auf den Bus und kommen mit eurem Gepäck nach", sagt der Guía, und alle eilen los. Irgendwann stelle ich fest, dass außer mir niemand mehr mitläuft. Um mich darüber zu wundern, fehlt mir die Zeit. Ich marschiere durch den Gewitterregen weiter durch das

Venezuela

kleine Dorf Canaima und bin auch tatsächlich nach etwa 20 Minuten die erste, die an der Lodge angekommen ist. Von wegen fünf Minuten! Der Weg zieht sich unglaublich hin. Der Bus setzt sich erst jetzt in Bewegung, um die anderen zu holen. Wo die allerdings abgeblieben sind, ist mir nicht klar. Doch ich hatte einfach etwas nicht richtig mitbekommen. Ja, wir sollten schon mal losgehen. Fünf Minuten lang bis zum Wasserfall Ucaima. Dort kann man sich besser unterstellen und auf den Bus warten. Das Unwetter geht in Canaima so schnell vorbei, wie es dort aufgezogen war. So gehe ich jetzt erst einmal durch den schönen großen Park der Lodge zum Strand hinunter, von wo aus man einen paradiesischen Blick auf die in die Lagune hineinstürzenden Wasserfälle hat, mit denen der Río Carrao in sieben nebeneinander liegenden Katarakten etwa 20 Meter über eine Schichtstufe des Tepui-Sandsteins in die große natürliche Canaima-Lagune mündet. Danach, noch immer auf der gleichen Linie, schließen sich, unterbrochen durch die Insel Anatoly, noch die beiden Wasserfälle Sapo und Sapito an.

Unser Curiara-Boot vor den Canaima-Fällen

Hinter dieser einzigartigen Kulisse wird nun auch der Blick auf die Tafelberge Nonoy, Kuravaina und Topochi wieder teilweise frei. Doch die Region mit dem Auyán-Tepui, aus der wir gekommen sind, ist noch immer in dichte schwarze Wolken gehüllt. Schade – sonst hätte heute noch ein Flug dorthin stattgefunden. Es muss fantastisch sein, den Tepui nach so einem Tag auch noch von oben her sehen zu können – die tiefen Spalten, Schluchten und Simas, die hohen Felspfeiler und Säulen, insbesondere die „Mil Columnas" (Tausend Säulen), sowie auch noch einmal den Salto Angel. Wir haben tatsächlich die vier dazu erforderlichen Interessenten zusammenbekommen, die miteinander eine Maschine chartern können, aber nun scheitert das Vorhaben am Wetter und am nächsten Morgen ist nicht mehr genügend Zeit dafür vorhanden. „Wir müssen halt noch einmal wieder zurückkommen", sagen wir. Ob das wohl klappt? Der nette brasilianische Fotograf aus unserer Gruppe reist morgen nach Santa Elena de Uairén weiter und nimmt von dort aus an einem Trecking auf den Roraima-Tepui teil, der direkt im Dreiländereck zwischen Venezuela, Brasilien und Guyana liegt. Ich beneide ihn für seine altersbedingt noch wesentlich bessere Fitness – so eine hammerharte Klettertour wäre leider schon lange nichts mehr für mich. Vielleicht kann ich aber einmal mit einem Helikopter über und auf den Roraima-Tepui fliegen. Das wäre eine gute, wenn auch sicher recht kostspielige Alternative. Eines ist sicher: Irgendwann in naher Zukunft möchte ich noch mal einen Tepui von oben kennenlernen, am besten dort auch aussteigen, herumgehen und mich ausgiebig umschauen. Ein leider jetzt erst einmal nicht zustande gekommenes Erlebnis führt auf diese Weise zur Planung von weiteren schönen Unternehmungen. Es ist unser erster Abend und leider auch letzter in der schönen Lodge. Wir sind fünf Leute: ein Paar und drei Einzelpersonen. Sie sind tatsächlich auf die Idee gekommen, für uns an drei verschiedenen Tischen zu decken! Das ändern wir aber sehr schnell. So eine gemeinsame Bootsfahrt und Wanderung bringt die Leute ja schließlich nicht umsonst zusammen.

Nach dem Essen erfahren wir das Programm für den nächsten Tag: Eine kurze Fahrt mit dem Kanu über die Lagune, dann eine Wanderung zu den Wasserfällen Sapo und Sapito. Dazu überqueren wir am nächsten Morgen in aller Herrgottsfrühe bereits vor dem Frühstück die Lagune im Boot bis zur Insel Anatoly. Dort steigen wir aus und wandern zu Fuß weiter bis zum Sapo-Wasserfall. Der Weg wird schmaler und führt direkt zum Wasserfall hin und dort dann unter der Hangkante entlang, über die die Wassermassen in die Lagune hinunterfallen. Der Pfad ist zwar recht glitschig, aber durch ein Seil gesichert. Also hat man keine Probleme, sich dort gefahrlos hinter dem Wasserfall fortzubewegen. Mit lautem Getöse donnert das Wasser direkt vor uns herunter, und wir schauen durch einen dichten weißen, nassen Vorhang. Auch wenn man ja eigentlich hinter dem Wasserfall entlanggeht, ist man dennoch patschnass, bis man auf der anderen Seite angekommen ist. Unsere Kleidung haben wir bis auf Badeanzug und Socken vor dem Wasserfall auf die Steine gelegt. Die Socken sollen das Rutschen auf den nassen Steinen verhindern.

Der bizarre Auyán-Tepui vom Fluss Carrao aus gesehen

Blick von der Lodge aus auf die Canaima-Wasserfälle

Der Salto Sapo

José und seine Partnerin haben unsere Fotoapparate in wasserdichten Beuteln für uns mitgenommen, sodass wir am Ende auch noch vom gerade durchquerten Sapo-Fall Fotos machen können. Der Rückweg führt uns auch noch zum Obergeschoss des Wasserfalls, dorthin, wo der Fluss auf die Kante zufließt, bevor er in die Tiefe fällt. Hier hat man noch einen herrlichen Blick über die ganze Lagune, den Salto Sapito und im Hintergrund auf die Tepuis Nonoy (Geier), den Curavaina (Reh) und Topochi (Blasrohr). Es sollte sehr schwer sein, irgendwo auf der Welt einen vergleichbar schönen Blick zu finden. Am liebsten würden wir noch stundenlang hier sitzen bleiben, aber José drängt zum Aufbruch, da heute Vormittag irgendwann unsere Abflüge stattfinden werden. Die Zeit ist viel zu schnell vergangen. Mindestens zwei weitere Tage wären für so ein wunderschönes Ziel wie Canaima sicher angebracht, wo man noch viel unternehmen, sehen und einfach genießen kann. Nach dem Frühstück und noch einem ausgiebigen Lagunenbad direkt bei meiner Lodge packe ich meinen kleinen Koffer und warte darauf, dass ich abgeholt werde.

Venezuela

Hinter dem Salto Sapo

Die obere „Etage" des Salto Sapo

Unsere Gruppe fliegt nicht gemeinsam ab, da wir mit unterschiedlichen Veranstaltern gebucht haben und zu unterschiedlichen Zielen unterwegs sind. So werden wir auch zu verschiedenen Zeiten zum nahen Flughafen gebracht. Dort treffen wir uns dann aber alle wieder, denn es ist noch immer kein einziges Flugzeug gestartet. So waren die Fahrten wohl wieder einmal eine Art Arbeitsbeschaffungsmaßnahme für die Fahrer der drolligen Busse. Dominic hat Stress. Er muss pünktlich seinen Anschlussflug nach Ciudad Bolívar bekommen, da er von dort mit recht engem Zeitfenster einen Anschlussflug nach Maiquetía nehmen muss und von dort aus anschließend gleich nach London fliegen soll. Auf seinem Ticket steht sogar groß und breit, dass er bzw. die Transportgesellschaft unbedingt auf die Einhaltung der Flugzeiten achten soll, damit alles klappt. Doch ausgerechnet sein Flug verspätet sich. Eigentlich hätte er bereits der erste sein sollen, der Canaima verlässt, aber sein Flugzeug ist noch immer nicht angekommen. Als wir ihn am Ende zurücklassen, liegen bei ihm die Nerven blank. In dem kleinen Flugzeug, in dem ich sitze, sind sogar noch zwei Sitze frei. Zudem fliegt es nach Cuidad Bolívar, wo auch Dominic hin will. Warum hat man ihn nicht einfach mitgenommen? Ich mache dem Piloten die Situation eindringlich klar. Der bricht daraufhin tatsächlich den Start ab und tuckert zum Flughafengebäude zurück. „Na also, er hat Einsicht gezeigt. Was für ein Glück für den netten Dominic!", denke ich. Aber stattdessen steigt jetzt ein venezolanisches Ehepaar ein. Nach welchen Kriterien hier die Abflüge erfolgen, ist schleierhaft. Sinnvoll ist es nicht. Wie jemand seine Probleme mit Anschlussflügen löst, ist den Piloten der kleinen Charterflüge offenbar herzlich egal. Dominic verpasst, wie ich später von Jochen höre, tatsächlich seinen Anschlussflug. So etwas spricht sich unter allen Reiseveranstaltern und Reiseleitern sehr schnell herum. Aber am nächsten Tag erfahre ich, dass er am Ende doch wenigstens den Flieger nach London noch, wie geplant, hat nehmen können. Im Gegensatz zu ihm, der viel zu spät in Ciudad Bolívar ankommt, bin ich laut Flugplan sogar mehr als eine halbe Stunde zu früh. Auch so etwas kommt hier vor.

Venezuela

Ungewohnte Nähe zum Piloten

Letzter Blick zurück

Venezolanische Problemlösungen

Im Garten des Isidro-Hauses

Schon vor ein paar Tagen ist mir auf der Fahrt zum Flughafen in Ciudad Bolívar ein schönes koloniales Gebäude in einem großen parkähnlichen Anwesen aufgefallen, das so ganz anders aussieht als alle anderen Gebäude hier in der Gegend. Es stellt sich heraus, dass es ein Freilichtmuseum ist, das Haus Isidro. In dem großen Garten ringsum wachsen sehr alte, hohe Bäume mit weit ausladenden Kronen. „Das ist so eine Art botanischer Garten mit einer Vegetation, wie sie hier eigentlich natürlicherweise vorkommen würde, hätte der Mensch nicht so vieles verändert. Dort gibt es sogar Teiche mit Kaimanen", erklärt mir Jochen. Na toll – das ist doch etwas für mich. „Und das Haus? Ist das eine Hazienda?" „Das war früher einmal eine. Heute befindet sich dort ein Museum. Dieses Anwesen gehörte einst der Familie Cornieles, die mit Simon Bolívar befreundet war. In ihrem Haus hat er die berühmte Rede von Angostura geschrieben, die er 1819 vor dem Kongress hielt. Darin verzichtete er auf die ihm angebotene Alleinherrschaft und rief stattdessen die Republik Großkolumbien aus. Im Museum gibt es noch Originalmöbel aus der Zeit, in der er hier gelebt hat. Darunter befindet sich sein Schreibtisch. Außerdem werden noch weitere Gegenstände ausgestellt, die aus der gleichen Epoche stammen." Das klingt interessant. „Können wir das mal anschauen?" Heute ist noch Zeit dazu. Schließlich ist mein Flugzeug ja schon so unerwartet früh gelandet.

Der Schreibtisch, an dem Bolívar seine berühmte Angostura-Rede geschrieben hat

Venezolanische Problemlösungen

Also parken wir vor der Türe und gehen hinein. Ein junger Mann führt uns herum und erklärt alles sehr anschaulich und interessant. Heute ist das Anwesen eine Gedenkstätte, nicht nur für Venezuela, sondern für alle Länder, die Bolívar damals im Unabhängigkeitskrieg erfolgreich gegen die Spanier geführt hat. Folgt man der Küste immer weiter nach Westen, über die Kolumbianische Grenze hinweg, kommt man nach Santa Marta. Dort war ich vor vier Jahren auf der Hazienda, in der Bolívar im Jahr 1830 verstorben ist.

Ein (noch fahrtüchtiges) Taxi in Ciudad Bolívar

Wenn man das eine Anwesen kennt, sollte man – wenn man dazu Gelegenheit hat – jedenfalls auch das andere ansehen, so meine ich. Leider kann man anschließend wegen der beißfreudigen Kaimane nicht noch den hinteren Teil des großen, naturbelassenen Gartens besichtigen. „Du hast gerade den Orinoco überlebt", sagt Jochen. „Da wäre es doch blöde, wenn dich ausgerechnet in der Stadt ein Kaiman anfällt." Wo er Recht hat, hat er Recht. Probleme mit Kaimanen brauche ich nicht.

Ich habe ein ganz anderes Problem. Eines, das eigentlich gar keines ist. Zumindest wäre es das daheim nicht. Aber hier ist es sehr lästig. In den letzten Tagen habe ich meinen Gel-Fingernagel am rechten Zeigefinger angestoßen. Dadurch tut er jetzt weh und hat sich hinten bereits etwas abgehoben. Jede Frau, die Gelnägel hat, weiß, wie unangenehm das dann ist. Es ist nur eine Frage der Zeit, und ich bleibe irgendwo hängen, und wenn ich Pech habe, reiße ich mir dann den ganzen Nagel ab oder sogar aus. Was tun? Ein Nagelstudio wäre jetzt die erste Wahl. In Venezuela? Das kann ich wohl knicken. Wenn jedoch überhaupt eine Chance zur Problemlösung besteht, dann hier in der Stadt. Morgen reise ich weiter in Richtung Los Roques-Inseln. Da muss ich zum Tauchen einen Neoprenanzug anziehen. Wie soll das denn mit so einem kaputten Nagel funktionieren? Nein, der lockere Gelnagel muss vorher irgendwie runter. Nur schaffe ich das nicht allein; schon gar nicht ohne Hilfsmittel. Ich schildere in meiner Posada dem Mädchen am Empfang mein Problem. Una Manicura, heißt es, sei für mich wohl das Richtige. „Wo gibt es denn hier sowas?" „Keine Ahnung. Geh mal morgen früh runter ins Zentrum, da gibt es Geschäfte. Da kannst du dich rumfragen", sagt das Mädchen. Na gut, ich habe also morgen ein Ziel: eine Maniküre suchen.

Die Plaza Bolívar im Zentrum

Dann ist da noch Problem Nummer zwei. In Deutschland unvorstellbar, dass man sich dazu überhaupt Gedanken machen muss: Meine drei Schürfwunden am Bein, die ich mir auf der Bootsfahrt am Orinoco zugezogen habe, tun ohne Pflaster ziemlich weh. Ich habe auch Angst, dass sie sich infizieren könnten, wenn sie ungeschützt sind. Aber ich habe bis auf ein letztes alle großen Pflaster schon auf-

Venezolanische Problemlösungen

gebraucht, die ich dabei hatte. Es war in den vergangenen Tagen ja ständig irgendwie nass – am Orinoco, am Carrao, im Regenwald, in der Lagune, unter dem Salto El Sapo – immer Wasser. Da ist der Pflasterschwund enorm. Ich brauche eine Apotheke oder Drogerie, die noch Pflaster zu verkaufen hat, noch dazu die größten, die es gibt. Das ist in Venezuela jedoch momentan fast ein Ding der Unmöglichkeit. Erst einmal eine Apotheke finden. Mein letztes Pflaster zeigen. „Haben Sie sowas?" „Nein, schon lange nicht mehr. Aber die nächste Apotheke ist die Straße runter, links und dann wieder geradeaus. Vielleicht haben die noch welches. Viel Glück!" Der nächste erfolglose Versuch. In der dritten Apotheke sehe ich im Regal ein Mittel gegen den Juckreiz nach Moskitostichen. Na toll – meines ist zu Ende. Wenigstens etwas. Pflaster gibt es allerdings auch hier keines. Schließlich in Apotheke Nummer vier liegen tatsächlich drei Päckchen Pflaster im Fenster – jede Packung mit einer Mischung von Pflastern aller Größen, auch der von mir gewünschten. Ich nehme alle drei. Für die nächsten fünf Jahre habe ich jetzt vermutlich genug Pflaster. Sie haben einen anderen Klebstoff als die bei uns in Deutschland – passend für die immer nassen Witterungs- und Schweißverhältnisse. Das erste, das ich aufklebe, hält fünf Tage lang durch. Trotz Tauchanzug, Schwimmen, Schwitzen, Duschen, Sonnenbaden. Es sitzt wie festgewachsen. Auch für das Nagelproblem finde ich eine Lösung. In einer Einkaufspassage haben ein Frisör und eine Maniküre ein gemeinsames Geschäft. Das kann ich von außen sehen. Die Türe ist mit dem Schlüssel von innen verschlossen, aber man lässt mich ein. Das Problem ist schnell erkannt. „Kann ich das hier machen lassen?" „Alle Nägel oder nur den?" Ein Blick auf die Uhr. „Ich habe nur eine Stunde, muss später noch mein Flugzeug nehmen." „Kein Problem!" Nun, die Frau legt umgehend los. Mit einer Nagelfeile und einer Nagelschere, dazu noch einem künstlichen Nagel, den sie immer wieder als Hebel einsetzt, macht sie sich an die Arbeit. Es tut ziemlich weh, aber sie schafft es, den defekten Gelnagel zu entfernen. Jetzt die anderen Nägel. Ich leide tausend Tode. Dann sind endlich alle ab. Jeder hat nun eine andere Länge, manche sind rund, andere eckig. Jetzt hoffe ich, dass sie anschließend noch alles wieder schön macht. Die Maniküre-Dame trägt einen Lack auf. War das eine Grundierung? Dann sieht sie mich lange an. Ich warte – sie auch. Sie steht auf, geht raus und raucht vor dem Laden eine Zigarette. Im Salon ist es derweil recht kurzweilig. Laute Salsamusik, eine Chefin, die ebenso laut mitsingt, Frisösen, Kundinnen und deren Kinder, die dazu tanzen – so etwas gibt es in Deutschland nicht. Eine Weile genieße ich die gute Stimmung, dann fällt mir aber mein demnächst stattfindender Flug wieder ein. Meine Zeit wird knapp. Wo bleibt die Frau, die meine Nägel jetzt noch machen soll? Ich habe ihr doch gesagt, dass ich es eilig habe! Ich gehe raus, wo sie in aller Ruhe mit der Kollegin sitzt und sich unterhält. „Wie geht das jetzt weiter mit mir?", will ich wissen. „Es ist doch schon fertig." Ich schaue auf meinen Nagelfriedhof. Das habe ich mir aber anders vorgestellt. Irgendwie erinnert mich der Anblick an die Tepuis von Canaima. Ich zahle die ausgemachten 1000 Bolívares. In einem anderen Laden erstehe ich eine Nagelfeile. Es ist die einzige, die sie dort noch haben. Glück gehabt. Dann kann ich das Problem jetzt wenigstens halbwegs selbst lösen.

Schöne und weniger schöne Fassaden

Venezolanische Problemlösungen

Trotz der Krise ist die Stadt munter, und es gibt viele Läden mit einer guten Auswahl. Allerdings sind das wohl genau die Sachen, die man in diesen Mengen nicht braucht. Schuhe beispielsweise. Die scheint es jedenfalls momentan ausreichend zu geben. Es fehlt nicht an allem, aber eben an den grundsätzlich wichtigen Dingen wie Nahrungsmitteln, Hygieneartikeln oder Medikamenten. An jeder Ecke werde ich nach Dollars oder Euro gefragt. Hätte ich noch welche, würde ich jetzt tauschen. Vor Los Roques brauche ich ja unbedingt noch Bolívares. Hier wäre die Gelegenheit zu einem guten Kurs günstig. Aber ich habe kein Cash in Devisen zum Anbieten. Die Geld-Beschaffung wird noch ein weiteres Problem werden, das unbedingt irgendwie gelöst werden muss. Da muss ich mal mit Nicky telefonieren. Vielleicht kennt der jemanden, der jemanden kennt, der jemanden kennt, der... So ähnlich geht es wohl. Allerdings gilt hier auch das Prinzip „Gibt's nicht gibt's nicht". Irgendwie geht am Ende doch immer alles.

Jochen holt mich gegen Mittag in der Posada ab. Zuvor verabschiede ich mich noch von den beiden netten Damen im Restaurant gegenüber, wo ich auch am Vorabend noch einmal sehr gut gegessen habe. Als ich gehe, bringen sie mich an die Türe und winken mir noch nach. Statt zum mir bekannten Flughafen von Ciudad Bolívar fahren wir nun nach Puerto Ordaz, wo sich ein wesentlich größerer Flughafen für „richtige" Flugzeuge befindet. Dasselbe Spiel wie immer: Einchecken durch Ankreuzen auf einer Liste. Dann trinken Jochen und ich gemeinsam noch einen Kaffee. Es ist noch ewig lange hin bis zum Boarding. Wie lange genau, weiß aber keiner. Vielleicht zwei Stunden, eventuell auch länger? Als Jochen gegangen ist, gehe ich durch die Kontrolle einen Stock höher. Es gibt einen Wartebereich A und einen Wartebereich B. Laut mehrfacher Durchsage muss ich für meinen Flug im Wartebereich A warten, die Dame beim Einchecken hat mich aber in den Bereich B geschickt. Auf dem von der gleichen Dame ausgestellten Boardingpass steht ebenfalls Bereich B. Was ist jetzt davon richtig? Zum Glück sind beide Bereiche durch einen Gang miteinander verbunden. Man kann also auch wechseln und hin und her laufen. Auf der Strecke dazwischen gibt es drei Gates, von A nach B in der Reihenfolge 1, 2 und 3. Allerdings steht noch immer nirgends etwas darüber geschrieben, wann welcher Flug von welchem Gate abfliegt. Nervig! Dazu ständig irgendwie akustisch kaum oder gar nicht verständliche Durchsagen, die eine Geschäftigkeit vortäuschen, die aber in Wahrheit nicht vorhanden ist. Es bewegt sich auf diesem Flughafen einfach gar nichts. Nach zwei Stunden, einem Snack, einer Cola und einem Cappuccino werde ich ungeduldig. So frage ich eine Dame, ob sie wisse, wo der Flug nach Maiquetía losginge. „Keine Ahnung. Aber den will ich auch nehmen. Bis jetzt haben sie dazu noch nichts gesagt. Alles läuft hier mündlich." Zwischendurch wechsle ich von A nach B und dann wieder zurück. Überall das gleiche: Nichts passiert. Dann wird

Venezuela

tatsächlich der Flug aufgerufen. Natürlich ausschließlich auf Spanisch. Die Anlage knistert. Was war jetzt das nochmal? Gate 2 und Wartebereich A, meine ich verstanden zu haben. Vom Wartebereich A aus hat sich inzwischen jedenfalls in Richtung der Gates eine Schlange gebildet. Direkt hinter Gate 1 ist jetzt eine Kette über den ganzen Durchgang gespannt. Ich muss aber, so meine ich gehört zu haben, zu Gate 2, also an Gate 1 vorbei und versuche deshalb dort noch durchzukommen. Ein aufgebrachter Herr schickt mich sofort wieder zurück: „Wir stehen hier alle an." „Ich will ja zu einem ganz anderen Gate." „Nein, das ist schon die richtige Schlange! Aber ihr Platz ist weiter hinten", sagt der Mann. Ich traue ihm nicht, zeige mehreren Personen mein Ticket. Entweder habe ich das mit dem Gate falsch verstanden oder die stehen hier tatsächlich alle falsch an! Ich füge mich letztendlich und reihe mich ein, weil mir ja auch gar nichts anderes übrigbleibt. Zu Gate 2 werde ich hier einfach nicht durchgelassen. Geteiltes Leid ist halbes Leid. Sie wollen wirklich alle nach Maiquetía, wie sich im Gespräch mit den anderen hier anstehenden Leute herausstellt. „Sie haben doch eben gerade Gate 2 durchgesagt", wage ich einen letzten Vorstoß. „Ja!", ist die Antwort. „Aber hier ist Gate 1!" „Ja", wird erneut kurz und knapp geantwortet, als würde das irgendetwas erklären. Da passt doch einfach gar nichts zusammen! Ich komme mir vor, als sei ich auf einem falschen Planeten angekommen. Dann kommt eine Frau vom Bodenpersonal und öffnet die Kette. Nun dürfen alle ein Gate vorrücken und wir stehen am Ende doch da, wo ich von Anfang an gemeint habe, hin zu müssen, an Gate Nr. 2. So hatten wirklich alle irgendwie Recht. Verrückte Welt! Aber jetzt muss es doch endlich mal klappen und das Boarding anfangen. Nein – alle werden aufgefordert, sich nach irgendwelchen Kriterien in vier Reihen hintereinander aufzustellen. Egal, wo ich stehe, es ist falsch. Mal heißt es nach Sitzplatznummern, mal nach Buchstaben, dann nach Alter. Kann das sein? Das habe ich wohl jetzt sicher missverstanden. Man schickt mich jedenfalls immer hin und her. Eine Frau sagt schließlich zu mir „Stellen sie sich doch einfach irgendwo hin. Das ist hier völlig egal. Die tun sich doch nur wichtig." So stehe ich zum Schluss bei den älteren Herrschaften an, die auch tatsächlich vorgelassen werden. In der Reihe „Ü 50". Hier ist man dem Alter gegenüber zuvorkommend. Geschafft. Jetzt fliege ich hier wieder ab. Verspätung? So zwischen ein und zweieinhalb Stunden. Der arme Kerl, der mich in Maiquetía abholen soll, wartet sich sicher schon die Beine in den Leib. Zum Glück kann ich ja nichts dafür.

Die hundert Farben des Meeres

Wo Träume blau sind

Während der Planung meiner Reise häufen sich die Negativ-Schlagzeilen über Venezuela und ganz speziell auch noch über Caracas. Die gefährlichste Stadt der Welt, Mord und Totschlag, humanitäre Krise, Hunger, ständige Proteste, gewaltsame Ausschreitungen, Niedergang der Wirtschaft, Ausfälle bei Trinkwasser- und Stromversorgung... solche und ähnliche Meldungen beherrschen die Presse. Auch das Auswärtige Amt rät von nicht dringenden Reisen nach Venezuela ab. Und schon gar nicht, so der allgemeine Tenor, solle man nach Caracas reisen. Auf dem Hinweg bin ich über die Route Medellín – Valencia in Venezuela eingereist und konnte so einen Aufenthalt in Caracas vermeiden. Nun aber will ich auf die Inselgruppe Los Roques, die etwa 140 Kilometer nördlich von Caracas in der Karibik liegt. Eine Nacht in Caracas – das muss man doch irgendwie auch lebendig überstehen können. Zudem liegt der Flughafen der Hauptstadt sogar 30 Kilometer außerhalb in der Stadt Maiquetía, also doch in einiger Entfernung zum gefährlichen Brandherd. Dort komme ich abends an und reise am nächsten Morgen schon früh wieder ab. Meine Koffer, so ist ausgemacht, deponiere ich dann im Hotel oder bei meinem lokalen Betreuer. Nach der Zeit auf Los Roques schlafe ich noch einmal eine Nacht im gleichen Hotel und am nächsten

Venezuela

Morgen geht es schon weiter nach Panamá. Es wäre also auch gar keine Zeit für irgendwelche Unternehmungen in der angeblich so mörderischen Stadt. Die kann ich, wenn ich es will, auch mal zu einem anderen Zeitpunkt noch anschauen. Auf dieser Reise jedenfalls nicht.

Nach der sehr verspäteten Landung werde ich von einem Mitarbeiter meiner Reiseagentur abgeholt, der mich nach kurzer Fahrzeit in meinem nahegelegenen Hotel abliefert. Dort können wir jedoch nicht einfach mit dem Auto vorfahren oder einen Parkplatz benutzen. Vor dem Gelände des großen Hotels gibt es eine verschlossene Schranke und mein Fahrer muss erst mal glaubhaft versichern, dass ich hier ein Zimmer gebucht habe. Zum Glück habe ich heute sogar mal den Voucher griffbereit. Der Wächter schaut ihn sich genau an und nimmt auch mich danach noch persönlich in Augenschein. Was macht er wohl, wenn ihm meine Nase nicht gefällt? Aber meine Nase scheint ihn zum Glück nicht zu interessieren, und wir dürfen zum Gebäudeeingang weiterfahren. Beim Eintritt ins Hotel erfolgt eine erneute Prüfung durch einen Wächter. Dann stehen wir lange Zeit am Tresen des Empfangs an. Die Dame, die vor mir noch dran ist, scheint ein Problem mit ihrer Reservierung zu haben. Sie hat zwar eine schriftliche Reservierungsbestätigung dabei, steht aber im Hotel nicht auf der Gästeliste. Die Diskussionen ziehen sich eine gefühlte Endlosigkeit hin. Was die Empfangsdame auch eingibt, der Computer spuckt immer die gleiche Antwort aus: Keine Reservierung. Doch man wäre nicht in Südamerika, wenn keine Lösung gefunden würde. Irgendwie scheint es am Ende wohl doch zu klappen. Alle sind zufrieden, obwohl die Dame nun das Hotel wieder verlässt. Eigenartig, aber nicht unsere Angelegenheit, meine ich. Oder doch? Tatsächlich habe ich kurz darauf das gleiche Problem – eine Reservierungsbestätigung, aber kein Zimmer auf meinen Namen. Auch nicht auf den Vornamen, wie in Südamerika so oft. Nein, einfach gar nicht. Zum Glück hat die Empfangsdame aber eben einen gleich gelagerten Fall schon einmal erfolgreich lösen können. Auch in meinem Fall stellt sich heraus, dass ich nur einfach im falschen Gebäude gelandet bin. Es gibt ein paar Meter weiter ein zweites, fast baugleich aussehendes Haus des gleichen Hotels. Da bin ich angemeldet. Beide Hotelteile haben im Internet nur eine einzige Adresse, jedoch offensichtlich zwei getrennte Computersysteme. Muss man das verstehen? Mir ist es jedenfalls völlig egal, solange ich nur endlich mal ein Zimmer bekomme. Im nächsten Gebäude klappt die Anmeldung sogar recht flott und mein Fahrer verabschiedet sich bis zum nächsten Morgen schon um kurz vor fünf Uhr. Mein ursprünglich gegen Mittag vorgesehener Abflugtermin wurde nämlich von der Gesellschaft auf sieben Uhr morgens vorverlegt. Spätestens um halb sechs Uhr soll ich einchecken. Das stört mich alles nicht, denn so habe ich nach dem etwas mehr als halbstündigen Flug ja noch einen ganzen Urlaubstag auf Los Roques zur Verfügung. Nach dem heute durch die Flugverspätung so verhackstückten Tag ist das eine gute Aussicht, die mich in gewisser Weise für die vielen Stunden auf dem Flughafen von Puerto Ordaz entschädigt. Um nun mit dem Lift bis zu der Etage zu fahren, in der mein Zimmer liegt, muss ich zunächst die Zimmerschlüsselkarte in ein Gerät in der Aufzugkabine einstecken. Es dauert eine kleine Ewigkeit, bis ich das nach langen erfolglosen Versuchen, die verschiedenen Knöpfe zu drücken, endlich herausgefunden habe. Zum Glück ist noch ein Mitfahrer eingestiegen, der diese Art von Fahrstuhlbenutzung bereits kennt. „Seguridad" (dt.: Sicherheit), sagt er zur Begründung. Schon die vierte Sicherheitshürde zwischen Verlassen des Flughafens und Zimmerbelegung. Doch mit jeder, die ich passiere, wächst ja meine persönliche Sicherheit. An sich gut – man muss nur vorher das Procedere kennen, mit dem man am Ende irgendwann mal im Zimmer landet. Dort packe ich zuerst einmal wieder den Koffer um für den Bade- und Tauchaufenthalt auf Los Roques. Man kann dorthin, zumindest gegen geringen Aufpreis, auch Übergepäck mitnehmen, also kann ich meinen Rucksack proppenvoll stopfen, ohne auf irgendwelche Limits zu achten. Wieder einmal reise ich jetzt in einen Nationalpark. Dieser hier ist einer der größten in der Karibik mit einer Größe von 2.251 Quadratkilometern und einem der größten Barriere-Riffe weltweit. Der Korallen-Archipel besteht aus insgesamt 42 Inselchen und über 200 Sandbänken. Ich habe vor, dort so oft es möglich ist, beziehungsweise so oft ich es mir finanziell leisten kann, zu tauchen. Über die Preise, noch dazu während der Wirtschaftskrise und Inflation, habe ich leider vorab nichts herausfinden können. Zuhause war ich jedoch zumindest sicher, zum Zahlen sei, wie sonst auch überall, meine Master- oder Visa-Card einsetzbar. Inzwischen habe ich jedoch bereits etwas Venezuela-Erfahrung. Mit Karten zahlt man hier nicht. Das mit dem Bezahlen wird folglich sicher kompliziert werden. Hoffentlich haben die Tauchbasen unter diesen Umständen überhaupt geöffnet. Auch das finde ich von daheim aus vor meiner Reise nicht heraus. Hier soll es zwischen den vielen bunten Stein- und Feuerkorallen etwa 200 unterschiedliche Krebsarten, über 60 Schwammarten, rund 140 verschiedene Weichtiere, circa 45 Arten von Stachelhäutern und mehr als 280 Fischarten geben, darunter auch Haie. Zu den weiteren Taucherhighlights zählen zudem noch Delfine und Meeresschildkröten. Hier nicht tauchen zu können, wäre für mich eine große Enttäuschung.

Die meisten der etwa 1.000 Roqueños wohnen auf der Hauptinsel Gran Roque. Ihre Vorfahren sind im letzten Jahrhundert von der wesentlich größeren, östlich gelegenen Insel Margarita hier eingewandert. Während der Langusten-Fangzeit kommen auch heute noch saisonal ein paar hundert Fischer aus Margarita hinzu. Die dritte große Bevölkerungsgruppe sind die Touristen. Um den Tourismus in Einklang mit dem Naturschutz zu halten, hat man bereits vor etwa 30

Venezuela

Jahren eine Zoneneinteilung geschaffen, die festlegt, in welchen Abschnitten welche Art von Aktivitäten gestattet sind, zudem soll die Zahl der Touristen begrenzt werden. Zum Zeitpunkt meiner Reise ist das kein Problem: Die Touristen bleiben, wie auch in den anderen Teilen Venezuelas, momentan weitgehend aus. Dabei lebt der Archipel zum größten Teil von den Einnahmen aus dem Fremdenverkehr. Es gibt etwa 60 Unterkünfte, die fast alle auf der Hauptinsel liegen. Es sind Posadas, von denen auch die billigsten noch Preise verlangen, die über dem normal üblichen venezolanischen Preis liegen. Aber da so vieles zur Versorgung der Touristen vom Festland eingeflogen werden muss, ist der hohe Preis normalerweise nachvollziehbar. Wie ist das aber, wenn es auch auf dem Festland nichts gibt, was eingeflogen werden könnte? „Du wirst nichts davon merken", hat Nicky mir geschrieben. Na, hoffentlich hat er Recht. Die erste Überraschung am Morgen des Abflugs ist, dass wir nicht zu dem Flughafen fahren, an dem ich gestern Abend gelandet bin. Für Chartermaschinen gibt es hier noch einen anderen Flugplatz. Obwohl man uns auf die Notwendigkeit hingewiesen hat, keinesfalls später als um diese Uhrzeit zum Einchecken da zu sein, ist das Gebäude dunkel und verschlossen. Wir sind die ersten. Nach uns kommen vier weitere Guías mit insgesamt sechs weiteren Touristen an. Bei jedem gibt es mehr oder weniger die gleiche Diskussion in leichten Variationen: „Die Flüge nach Los Roques gehen doch von hier ab, oder?" „Ja." „Aber ich habe eine Mail bekommen, in der steht, dass die Zeit zum Einchecken spätestens halb sechs Uhr ist." „Ich auch." „Na, aber der Flughafen ist doch noch geschlossen." „Ja." „Ist es auch sicher der richtige Flughafen?". Alle Guías holen ihre Mails heraus. Da steht es schwarz auf weiß. „Aber warum ist denn dann noch keiner vom Personal da?" „Das wissen die Götter." „Kann man denn irgendwo anrufen und fragen, was los ist?" „Nein, nur hier am Flughafen. Aber da geht niemand ran – es ist ja, wie man sehen kann, auch gar niemand da, der rangehen könnte!" Die erste Person, die dazu fähig wäre, kommt in aller Gemütsruhe um halb sieben an. Erklärungen oder Entschuldigungen gibt es keine. Die Guías fragen noch nicht einmal nach. In Deutschland würde sicher einer jetzt schon mit einer großen Beschwerde drohen. Da wir aber nur insgesamt sieben Passagiere sind, ist das Check-In und Boarding so fix, dass wir bereits kurz nach sieben Uhr losfliegen können. Die einzigen Ausländer außer mir sind ein sehr nettes niederländisches Paar. Die werde ich in den nächsten Tagen immer wieder sehen. Unterwegs ist plötzlich das Flugzeug voll mit einem geruchlosen Dampf, der aus einer Bodendüse entweicht. Alle Passagiere sehen schon ihr letztes Stündlein gekommen. Zum Glück ist ja der Pilot ansprechbar. Nein, das sei völlig in Ordnung so, das sei nur Wasserdampf. Das habe er extra so gemacht. O.K., glauben wir das einfach einmal. Daran ändern können wir sowieso nichts. Wenn der Pilot so ruhig bleibt, besteht wohl auch kein Grund zur Besorgnis.

Blick vom Faro Holandés auf Flughafen, Lagunen und den Ort Gran Roque (von links)

Der Flughafen von Los Roques neben der Lagune

Venezuela

Der Anflug über das Archipel ist sensationell: Türkisblaues Wasser, Korallenbänke, sattgrüne Inseln, riesige Bänke aus weißem Korallensand. Natur pur wie im schönsten Bilderbuch.

Vor dem Flugzeug steht schon ein Kofferträger mit einer Sackkarre. Den Weg zu meiner Unterkunft gehen wir zu Fuß. Das machen hier alle so. Autos gibt es auf der Insel keine außer einem Müllwagen. Es ist zudem auch noch nicht einmal fünf Minuten weit, denn der kleine Flughafen grenzt direkt an den Ort an. Die Straßen bestehen aus Sand. Fast alle Leute laufen folglich hier einfach barfuß. In dem hübschen, bunten Ort reiht sich eine Posada an die andere. Der Blick nach innen zeigt, wie schön sie alle sind. Auch meine ist sehr geschmackvoll und gemütlich. Drei Damen managen momentan den Betrieb, eine freundlicher als die andere. Zuerst mal gibt es für mich ein sehr üppiges Frühstück. Dann geht eine der Frauen mit mir zur Anlegestelle der Schnellboote. Hier ist es so üblich, dass man jeden Tag zu einer anderen Insel fährt, dort mehrere Stunden bleibt und dann zu einem vereinbarten Termin wieder von dort abgeholt wird. Im Preis inbegriffen sind neben dem Transport noch ein Sonnenschirm und ein Stuhl. Manche Inseln haben ein oder mehrere einfache Restaurants, auf andere muss man sich eine Lunchbox aus der Posada mitbringen. Es muss eine bestimmte Mindestanzahl von Leuten zusammenkommen, damit ein Ziel angesteuert wird, sonst lohnt sich die Fahrt für die Bootseigner nicht. Da es teurer ist, zu weiter entfernten Inseln zu fahren als zu den nähergelegenen, werden manche Inseln augenblicklich nur selten angesteuert. Bei Interesse meldet man sich dann am Vortag an und hofft, dass sich noch andere Leute für dieses Ziel finden. Es gibt bestimmte An- und Abfahrtszeiten. Um 9.30 Uhr fährt beispielsweise heute ein Boot nach Francisquí. Ich habe noch kein neues venezolanisches Geld für mich organisiert, muss aber schon gleich die Überfahrt inklusive Stuhl und Schirm zahlen. „Na, das ist doch kein Problem", sagt die Dame, die von der Posada mitgekommen ist. „Ich zahle das für dich jetzt und wir verrechnen es später". Sie zahlt, er schreibt meinen Namen auf. Abfahrtszeit ist in einer Stunde. Die nutzen wir, indem wir zur Tauchschule gehen. Dort mache ich gleich mit Beatriz, der Leiterin dieser Basis, drei Tauchtage aus. Hier gilt Vorabzahlung. Nur wie machen ohne Geld? „Kann ich mit Karte zahlen?" – Natürlich nicht. Das wäre auch fast schon ein Wunder gewesen. Doch wie soll ich jetzt bezahlen? Die Lösung heißt heute PayPal. Alles schön und gut, aber dazu braucht man Internet. „Gibt es das hier?" „Ab und zu, nicht immer." Na toll – und heute? Wo ich doch schon morgen tauchen will?" „Probiere es jetzt erst mal und wenn es nicht klappt, gibst du Bescheid. Ich reserviere dir einen Platz für morgen. Du bist sowieso die einzige." Ich bin ein Mensch der Generation 60 Plus. Ich habe zwar ein Android-Handy, aber ich bin damit nicht so firm wie Jüngere. Noch dazu ist es hier schwierig, damit zu üben und dabei irgendetwas Neues zu versuchen, da sich ausgerechnet heute das Internet immer wieder verabschiedet. Zwischendrin gibt es sogar einen kurzen Stromausfall im Ort. Und außerdem: Wie ist jetzt eigentlich mein PayPal-Passwort? Das habe ich nämlich vergessen. Habe ja keine Ahnung gehabt, dass ich das hier wissen müsste und mir deshalb auch nichts dazu gemerkt oder aufgeschrieben. Wer hat schon alle seine Passwords im Kopf? Ich zumindest nicht! Ich schicke also am Ende eine WhatsApp an meinen Haus-, Hund- und Gartensitter in Deutschland. Darin mache ich ihm alle Angaben, wo er bei mir im Haus dazu die nötigen Angaben finden kann und bitte ihn, das alles für mich zu erledigen. Am besten sofort, wenn die Nachricht ankommt. Und dann hoffe ich, dass die WhatsApp irgendwann auch tatsächlich mal losgeht. Das Unwahrscheinliche tritt ein: Es klappt. Zwölf Stunden später ist das Geld überwiesen.

Badefreuden

„Wo willst du heute Abend essen?" fragt meine Begleiterin. Eine schwierige Frage. Wo kann ich denn ohne venezolanische Bolívares einkehren? Aber 100 US-Dollar habe ich ja auch noch. Zuerst muss ich die allerdings tauschen. Kann ich das denn überhaupt auf dieser Insel? Klar, geht das, bekomme ich erklärt. Jemand, der Dollars tauschen kann – also ein Schwarztauscher – wird gegen 17.00 Uhr in die Posada kommen. Ich muss nur bereits vorher sagen, wieviel Geld ich tauschen möchte, und er bringt es dann passend mit. Soll ich gleich alles tauschen? Brauche ich so viel? Denn was einmal in Bolívares getauscht ist, nimmt wohl momentan keine Bank der Welt wieder zurück. Es verliert ja permanent an Wert. Andererseits bin ich demnächst auch noch einen Abend in Maiquetía. Ich entscheide mich nach langen Überlegungen dazu, alles einzutauschen. Als der Mann kommt, bringt er in einer großen Tüte wahre Geldberge mit. 100 Dollar entsprechen 100.000 Bolívares, das sind dann 10 dicke Bündel mit Gummiband, die eine Menge Platz brauchen und zudem auch ziemlich viel wiegen. Man nimmt zu allen Unternehmungen deshalb immer gerade nur so viel mit, wie man braucht. Wenn ich täglich die Bootstouren und das Essen zahlen muss, eventuell auch mal noch einen Kaffee trinke, komme ich mit diesem Kilo Geld vielleicht nicht wirklich weit. Ich muss wahrscheinlich gut haushalten. In Venezuela weiß ich nie, ob das Geld, das ich gerade bei mir führe, ausreichend, zu viel oder zu wenig ist. Bei solchen dicken Bündeln verliere ich die Übersicht. Um besser zu erfassen, wie weit ich mit meinem getauschten Geld komme, müsste ich wissen, wie die Preise hier so ungefähr liegen. Was kostet beispielsweise ein normales Abendessen? Erst wenn ich das abschätzen kann, weiß ich auch, ob ich mir irgendwie und irgendwo noch weiteres Geld beschaffen muss. Ich frage meine Begleiterin. „Los Roques ist teuer", erfahre ich. „Fast alles außer dem Fisch wird ja eingeflogen". Aha, also reichen 100.000 Bolívares für fünf Tage wohl eher nicht. Ich habe auf der kleinen Plaza einen Geldautomaten gesehen und frage die Haus-Dame danach. Sie lacht und winkt ab: „ Der ist schon lange außer Betrieb. Der wird gar nicht mehr aufgefüllt. Nein, nein, das Problem musst du anders lösen." Na toll! Wie denn? Heute Abend esse ich erst mal in meiner Posada. Das Geld von der Bootsfahrt steht da ja auch schon auf der Liste. Bis ich abreise und zahlen muss, habe ich vielleicht eine Lösung gefunden. Erst mal sind jetzt sechs Stunden Strandzeit angesagt. „Du kannst dort auch etwas essen. Da gibt es ein kleines Restaurant". Na, und wie soll ich das zahlen? Hatten wir das nicht eben schon gerade? „Lass es dort auf den Namen der Posada anschreiben", kommt der Rat meiner Begleiterin. „So machen wir das hier immer. Hier kennt doch jeder jeden. Kein Problem. Hier schleppt keiner so viel Geld mit an den Strand." Wieder ein Zahlungsproblem erfolgreich vertagt. Für heute ist die Versorgung erst mal gesichert.

Die Fahrt zur Insel Francisquí ist recht kurz. Der Bootsmann rammt mir dort gleich einen Sonnenschirm in den tiefen Sand und stellt meinen Stuhl darunter. Insgesamt stehen am ganzen Strand, den ich von hier aus sehen kann, nur sechs Schirme. So viele Leute sind heute hier. Ihnen steht ein langer, breiter Strand aus feinstem, weißem Korallensand zur Verfügung. Dazu türkisgrün, aquamarin und hellblau schimmerndes, kristallklares Meer, Palmen, im Inneren der Insel eine rosafarbige Salzlagune, natürliche Schwimmbecken, etwas weiter vom Strand entfernt ein paar wenige Schiffe, Katamarane und Jachten und bisweilen ein Kite-

Surfer. Am Ufer steht ein kleines Holzgebäude mit einer Terrasse. Bis jetzt tummeln sich dort nur Möwen, Reiher, Pelikane und Fregattvögel sowie auch drei schwarze, sehr zutrauliche Hunde, die mich freudig wie eine alte Bekannte begrüßen. Es stehen ein paar Tische herum und im Inneren sehe ich einen Mann, der gerade seine Küche putzt. „Kann ich später hier essen?", frage ich. „Ich habe aber kein Geld mit." „Kein Problem. In welcher Posada wohnst du denn?" Langsam verstehe ich das Prinzip mit dem Zahlen und die finanzielle Regelung auf Zeit beginnt mir tatsächlich Spaß zu machen. Ein Mann verleiht Schnorchel, Masken und Flossen am Strand. Da aber kaum einer hier ist, ist auch der Bedarf an seinen angebotenen Leihsachen gering. Genau gesagt, gibt es überhaupt keinen Bedarf. Mit ihm komme ich ins Gespräch, und er klagt sein Leid über die momentane wirtschaftliche Situation. Seine Lebenshaltungskosten und die seiner Familie laufen weiter, alle hängen vom Tourismus ab. Keine Touristen, kein Geld. „Hoffentlich ändert sich das bald. Wir sind hier alle am Anschlag", sagt er. „Komm, hier an meinem Stand ist heute sowieso nichts los, ich zeige dir mal die Insel!", schlägt er vor. Seine Sachen lässt er unbeaufsichtigt zurück, während er mich begleitet. Hier gibt es wirklich einen großen Vorschuss an Vertrauen. Man vertraut darauf, nicht bestohlen zu werden oder tatsächlich sein Geld irgendwann zu bekommen, für das man bereits eine Dienstleistung erbracht hat. Und das, was ich daran am schönsten finde: Es klappt.

Einer der vielen herrlichen Strände des Archipels

Venezuela

Die meiste Zeit dieses herrlichen Sonnentages verbringe ich unter meinem Schirm oder im Wasser. Die Sonne sticht wie durch ein Brennglas und ich will verhindern, mir sonst die Haut zu verbrennen. Zum Mittagessen kehre ich eine Stunde lang ein und esse einen Berg fangfrischer Langusten. Wenn schon auf Pump, dann auch richtig klotzen! Ich bin zudem der einzige Gast. Wenn der Wirt mir schon so viel Vertrauen schenkt, will ich wenigstens, dass es sich für uns beide am Ende lohnt. Da aber Langusten hier besonders reichlich vorkommen, ist das Essen noch nicht einmal teuer. Pünktlich wie ein Uhrwerk ist das Boot zur vereinbarten Zeit wieder zurück, um mich nach sechs Stunden Inselleben wieder abzuholen. Es war ein unglaublich schöner, fauler Urlaubstag. Bis zum Eintreffen des Schwarzgeld-Tauschers ruhe ich mich noch in der Hängematte aus, dann lasse ich mir von den drei Damen ein tolles Essen zubereiten. Und weil das Essen dermaßen gut ist, komme ich auf eine großartige Idee: Ich schreibe Nicky eine WhatsApp und frage ihn, ob ich denn meine Buchung für ein Zimmer mit Frühstück in der Posada auf ein Zimmer mit Halbpension aufstocken kann. Das könnte ich dann entweder nachträglich von Deutschland aus selbst zahlen oder sonst kann ich auch meine Tochter (wenn das Internet wieder mal geht) bitten, es jetzt gleich zu überweisen und ich zahle es ihr danach zurück. Nicky nimmt Kontakt zu dem Besitzer der Posada auf, der selbst nicht in Los Roques wohnt. Siehe da, es klappt tatsächlich so, wie ich mir das erhofft habe, wobei sogar noch eine weitere Finanzierungsvariante in Kraft tritt: Mein Reiseunternehmer streckt mir das Geld vor. Er schickt mir dann eine Rechnung nach Deutschland, und ich vergüte ihm diese Summe umgehend nach meiner Heimkehr. Nun kann ich in meiner Unterkunft an den nächsten Tagen ganz unbekümmert essen und trinken. Wieder mal ein Vorschuss an Vertrauen. Ein tolles Land, in dem so viele Leute so unkompliziert und entgegenkommend sind! Auf kreative Art habe ich nun dafür gesorgt, täglich gut zu essen, zudem noch tauchen zu können und für ein paar weitere Ausgaben habe ich schwarz getauscht. Sowas gibt es nur in Venezuela!

Nach dem Abendessen drehe ich barfuß noch eine Runde durch den schönen kleinen Ort und schaue dabei in die vielen erleuchteten Posadas hinein. Sie machen alle einen sehr ansprechenden Eindruck und auch das Essen der anderen sieht zumindest von draußen her sehr lecker aus. Ein wirkliches Nightlife gibt es allerdings nicht. Man ist hier ja im Naturpark, nicht am Ballermann. Am Ende gehe ich noch die paar Meter von meiner Posada aus ans Meer und lausche den Wellen, lasse mich von zahlreichen Fledermäusen umfliegen und genieße das Leben. Mehr Urlaub geht wohl nicht mehr!

Die hundert Farben des Meeres

Tauchausfahrt

Die nächsten vier Tage vergehen wie im Flug und sind dabei doch erfüllt von großer Ruhe und tiefem Genuss. Nach dem Frühstück gehe ich zur Tauchschule, die ich mehr oder weniger ganz für mich alleine habe. Zwei Tauchbegleiter und ein Bootsführer kümmern sich um mein Wohlbefinden und zeigen mir, wie abwechslungsreich die verschiedenen Stellen des Archipels sind. Um die Hauptinsel herum gibt es noch kleine Felseninseln. Hier ist die Fauna eine andere als an den weit außen liegenden Korallenriffen. Auf der Nordseite zur offenen Karibik hin ist es wieder anders als auf der Südseite, die dem Festland zugewandt ist. Auch die Fahrten zu den einzelnen Inseln sind wunderschön. Unter strahlend blauem Himmel leuchtet die Karibik in allen Farbtönen zwischen blau und grün auf, je nachdem wie tief das Wasser gerade ist. Mehrfach sehen wir vom Boot aus Delfine oder große Meeresschildkröten beim Luftholen. Einmal springt sogar eine wie ein Delfin mehrfach hintereinander aus dem Wasser. Das sieht fast so aus, als hätte ein Riese einen großen Stein über das Wasser flippen lassen. Woher die Schildkröte mit ihrem runden und flachen Körperbau allerdings dazu den Schwung holt, ist mir unerklärlich. „Das sieht man hier immer wieder", sagt Beatriz. Die Tierwelt unter Wasser ist überwältigend vielseitig, reichhaltig und bunt. So viele Hummer, Langusten und grüne Riesenmuränen wie hier habe ich noch an keiner anderen Stelle der Karibik gesehen. Hinzu kommen Mantas, die wie Vögel durch das Wasser zu fliegen scheinen und auch Ammenhaie, die unter und zwischen Felsen ruhen. Hier – wie auch schon an anderen Stellen der Karibik gesehen – hat sich der nicht heimische Rotfeuerfisch in den letzten Jahren sehr verbreitet. Dieser Fisch hat seine eigentliche Heimat im Pazifischen Ozean, wo er in Konkurrenz mit anderen seinen angestammten Platz im Beziehungsgefüge des dortigen Ökosystems hat. Zugegeben, diese bizarr gezackten, rot-weiß gestreiften Fische sind ganz besonders schön anzuschauen. Wahrscheinlich hat man auch deshalb erst viel zu spät reagiert. Aber die Menschen sind letztlich die einzigen Wesen, die den vernichtenden Siegeszug der eingeschleppten Räuber durch die Karibik noch stoppen oder zumindest verlangsamen können. Unbekämpft frisst er sich mit großem Appetit auf fast alle dort vorkommenden Fische und Krebse durch das Meer und vermehrt sich rasant. Zugleich gehen die Bestände der von ihm gefressenen Fischarten massiv zurück, unter ihnen Papageifische, Doktorfische und verschiedene andere Pflanzenfresser, die im Riff sonst dafür sorgen, dass die Korallenstöcke nicht von Algen überwuchert werden. So sterben lokal bereits die Korallenstöcke ab. Auf fast allen Karibikinseln, egal welcher Nation, gibt es inzwischen so etwas wie eine Rotfeuerfisch-Polizei. Auch unsere Tauchbasis hat sich der Bekämpfung dieser giftigen, schönen Räuber verschrieben. Da die Fische meistens irgendwo einfach unbeweglich auf Beute lauern, sind sie verhältnismäßig leicht mit der Harpune zu erledigen. Diese Mordmethode ist jedoch nichts für zart besaitete Tauchtouristen. Daher werde ich vorab gefragt, ob ich etwas dagegen habe, wenn die Guides während der Tauchgänge auch Rotfeuerfische töten. Als Ökologin bin ich dafür, als Tierschützerin sträubt sich in mir fast alles dagegen. „Nur bitte verlangt nicht von mir, dass ich aktiv dabei mitmache", ist meine Bedingung. Aber das würde ohnedies nicht geschehen, da die Basis nicht riskieren will, dass sich ein Kunde an den Giftstacheln der Fische verletzt. Das soll enorm schmerzhaft sein und auch etliche Nachwirkungen wie Muskelkrämpfe, Ohnmachten oder Schwellungen verursachen. Die beiden Tauchguides teilen sich die Aufgaben folglich auf: Beatriz kümmert sich beim Tauchen ausschließlich um mich. Der andere Guide geht währenddessen mit dicken Handschuhen, seiner Harpune und einer verschließbaren Tonne auf Jagd. Einmal kommen wir mit acht toten Beutetieren auf das Boot zurück. „Was macht ihr jetzt mit den ganzen Fischen?", will ich wissen. Nun, ich erfahre, dass sie besonders gute Speisefische sind. Ihr kerniges Fleisch wird hier vor allem als Cheviche[40] sehr geschätzt. Da ich so freundlich war, die Aktion während meines Tauchgangs zu tolerieren, werde ich am gleichen Abend zum Rotfeuerfisch-Essen eingeladen. Bei der Präparation kann ich anfangs sogar noch zuschauen. Jeder Fisch wird zunächst in ganz kleine Stücke zerteilt, die dann in reichlich Limettensaft eingelegt werden. Die Säure führt zur Eiweiß-Denaturierung, so ähnlich wie es beim Erhitzen gesche-

---

[40] Ein ursprünglich aus Peru stammendes Gericht, das in Lateinamerika sehr verbreitet ist. Es besteht aus kleingeschnittenem, rohem Fisch, der in Limettensaft mariniert und dann mit Zwiebeln und Gewürzen pikant angerichtet wird.

hen würde. Während dieser Ruhezeit, die für diesen Vorgang erforderlich ist, mache ich eine Schwimm-, Faulenz- und Sonnenbadetour auf eine der Inseln. In der Zwischenzeit wird mit Zwiebeln, Gewürzen, Kräutern, Chili und Gemüse das Cheviche fertig zubereitet. An diesem Abend esse ich daher gleich zwei Mal. Zuerst Cheviche in der Tauchbasis – einfach köstlich. Danach, fast schon satt, in meiner Posada das reguläre dreigängige Abendessen, das ebenso lecker schmeckt. Am Ende komme ich mir fast ein wenig so vor wie Max und Moritz, nachdem sie bei der Witwe Bolte alle Hühner geklaut und aufgegessen haben.

Sicher können solche Formen der Bekämpfung das Problem mit den eingeführten Raubfischen nicht lösen, aber so kann zumindest lokal und für eine gewisse Dauer den anderen Fischen und den Korallen geholfen werden, hier zu leben und sich zu vermehren. Schuld ist an dieser ganzen Misere mal wieder der Mensch. Wahrscheinlich hat einfach einmal jemand seine zu groß gewordenen Rotfeuerfische aus dem Aquarium ins falsche Meer ausgesetzt, als er sie daheim nicht mehr haben wollte. Auf natürliche Weise kann der Fisch nicht über Land vom Pazifik in den Atlantik eingewandert sein. Nun muss der Mensch wieder aktiv werden um den Schaden, den einer von ihnen angerichtet hat, wieder in den Griff zu bekommen. Ein Glück, dass der Fisch so lecker schmeckt!

Ein weiteres kulinarisches Highlight habe ich auf der Insel Crasquí, auch wieder mit Vorschusszahlung. Hier gibt es an dem vier Kilometer langen Strand gleich mehrere Lokale zur Auswahl. Sie sehen sehr hübsch und gemütlich aus. Überall laden Hängematten zur Siesta nach dem Essen ein. Ich kehre in demjenigen ein, wo der Wirt besonders nett ist. „Wenn du willst, kannst du auch jetzt schon in der Hängematte liegen", sagt er. „Eine so schöne Hängemattenposition findest du auf ganz Los Roques kein zweites Mal. In einer Stunde gibt es Essen. Ruh dich solange aus. Ich bringe dir schon mal ein Bier." „Bier am Mittag? Bei so einer Sonne und Hitze?" „Ist doch in Venezuela sowieso immer nur Leichtbier. Den Alkohol merkst du kaum." Ich lasse mich letztlich überreden. Ein kühles, erfrischendes Bier, ein Nickerchen in der Hängematte, Wecken-Lassen zu Hummer mit Knoblauchbutter, Reis und Salat, dazu ein weiteres Bier trinken, eine erneute Hängemattensiesta, am Ende noch ein Kaffee. Danach schwimme ich am Ufer entlang bis zu meinem Schirm und Stuhl zurück und warte auf das Boot, das mich wieder nach Gran Roque zurückbringt. Meine Fototasche, das Handtuch, und die Badetasche mit dem Geldbeutel darin haben die ganze Zeit am Strand gelegen. Hier wird nicht geklaut. Wir sind in Venezuela!

Venezuela

„Botuto-Telefon"

Eine Säule aus den hier sehr häufig vorkommenden Botuto-Schneckenhäusern

Die hundert Farben des Meeres

Im Strandrestaurant auf Francisquí

Das Auge isst mit: Hummeressen auf Los Roques

In der Posada habe ich seit dem zweiten Tag angenehme Gesellschaft. Ein nettes venezolanisches und ein ebenso nettes italienisches Pärchen sind gestern noch angekommen. Sprachtechnisch bringt mich diese Entwicklung allerdings fast an meine Grenzen. Untereinander sprechen wir alle Englisch. Die Italiener unterhalten sich miteinander auf Italienisch, das ich eigentlich viel besser sprechen kann als Spanisch. Mit den Hausdamen reden wir Spanisch. Am Ende sprechen wir alle ein wirres, lustiges Mischmasch aus allen drei Sprachen zusammen.

Am letzten Tag, den ich auf dem Archipel verbringe, tauche ich nicht mehr. Dadurch halte ich den empfohlenen zeitlichen Sicherheitsabstand von 24 Stunden zwischen dem letzten Tauchgang und dem Fliegen ein, um nicht eine Dekompressionskrankheit zu riskieren. So habe ich an diesem Tag viel Zeit, auch einmal das Land von Gran Roque zu erkunden, das ebenfalls eine Besichtigung wert ist. Noch dazu kann man dabei etwas über die historische Entwicklung des Archipels erfahren. Die Seefahrer maßen den kleinen Koralleninseln wohl lange Zeit keinen allzu großen Wert bei. Stattdessen waren sie bei Piraten beliebt, die hier unbehelligt ihre Schiffe warten konnten. Noch dazu in einer Zone, die frei von den ansonsten in der Karibik gefürchteten Wirbelstürme ist. Wichtig wurden die Inseln erst durch den Salzabbau in der Zeit zwischen dem 16. und 18. Jahrhundert. Um 1886 siedelten sich Fischer von den Niederländischen Antillen hier an und gaben denjenigen Inseln des Archipels, die bis dahin noch immer namenlos geblieben waren, Namen. Diese Namen enden sämtlich auf –quí. Die Erklärung für dieses Phänomen finde ich erst daheim mit Internet-Hilfe heraus: Auf den Niederländischen Antillen war neben Holländisch auch Englisch die Amtssprache. Und auf Englisch wird so eine kleine Koralleninsel „Key" genannt. Neben dem Salz wurde hier zudem noch Kalkstein abgebaut und zum Betreiben der Dampfschiffe wurden viele Mangroven zerstört. Dazu kam noch die Jagd auf Fische, Vögel, Muscheln und Schildkröten. Es grenzt fast an ein Wunder, dass alle diese ausbeuterischen Eingriffe nicht das ganze ökologische Gefüge vollkommen zerstört haben. Doch sie haben es zumindest sehr stark beeinträchtigt. Heute sind viele Inseln völlig frei von Mangroven. Stattdessen findet man fast durchgängig eine an die große Trockenheit und das besondere Gestein aus Meeres- und Korallen-Kalkablagerungen angepasste Vegetation. Auch wenn es regnet, bleibt hier kein Oberflächenwasser zurück. Angepasst daran kommt eine Vegetation aus trockenresistenten Pflanzen vor, insbesondere Kakteen. Auf einigen Inseln stehen vereinzelte Sträucher, die kleine, harte Blätter und oft auch Dornen haben. Die vom recht einseitigen pflanzlichen Nahrungsangebot abhängige Tierwelt ist ebenfalls stark eingeschränkt. Vor allen Dingen fallen enorme Mengen an anthrazitfarbigen, großen Eidechsen oder verschiedenen Insekten auf. Letztere begründen auch die Anwesenheit der vielen Fledermäuse, die ja Insektenfresser sind. Hinzu kommt die große Zahl an Seevögeln. Besonders auffällig sind unter ihnen vor allem die Pelikane. Stundenlang könnte ich ihnen bei ihrer Jagd auf Fische zusehen. Beim Sturz aufs Wasser legen sie in der Luft eine wahrhaft sehenswerte Schraube hin.

In den 1870er-Jahren wurde von den Holländern ein Leuchtturm erbaut, der bis Anfang der 50er-Jahre des letzten Jahrhunderts in Betrieb war. Heute ist er vor allem ein Ausflugsziel für die Touristen. Da der Berg mit dem Faro Holandés aber zu jeder Tageszeit voll von der Sonne beschienen ist, und es dort keine schattenspendenden Bäume gibt, ist ein Aufstieg nur in den frühen Morgenstunden oder kurz vor Sonnenuntergang einigermaßen erträglich. Wenn man dann auch noch auf der windabgewandten Seite aufsteigt, meint man von der Hitze fast geschmolzen zu werden. Dafür wird man oben mit einem wirklich tollen Blick auf das Meer, den Archipel sowie am Fuß des Berges die Salinen und den Ort Gran Roque belohnt.

Faro Holandés

An diesem Abend ziehen nach meiner Rückkehr plötzlich Wolken auf, und es bläst ein heftiger Wind. Die drei Haus-Ladies sind unruhig, denn es hat eine Wetterwarnung gegeben. So etwas bedeutet in der Karibik, noch dazu in dieser Jahreszeit, immer gleich Hurrikan-Gefahr. Zwar liegt Los Roques südlich der Hurrikan-Zone, aber auch hier kann es schon einmal heftige Unwetter geben. Tatsächlich gibt es nachts ein starkes Gewitter. Da in der Höhe auch am nächsten Tag noch immer Störungen und Turbulenzen durchziehen, weiß niemand, ob mein

Venezuela

Flug später überhaupt starten kann. Und wenn ja, wann das dann sein wird. Statt am Flughafen warten zu müssen, geht das in Los Roques allerdings sehr viel angenehmer: Man wartet in der Posada auf einen Telefonanruf. Bis zu diesem erfolgen sogar immer wieder Zwischenmeldungen und Anfragen. Darunter auch die Frage nach meinen weiteren Flugverbindungen. Offenbar will man wissen, ob man den Flug nicht einfach canceln kann, oder ob ich auch wirklich dringend von Gran Roque wegfliegen muss. Das letztere ist der Fall. Ich werde heute noch in Maiquetía erwartet und soll ja schon morgen nach Panamá weiterfliegen. Zudem soll das Unwetter hartnäckig sein und hier eine Weile hängen bleiben. Ob ich morgen überhaupt hier wegkäme, ist also auch nicht sicher.

Der zentrale Platz von Gran Roque

Immer wieder erfolgen Telefonate, dann die Aufforderung, jetzt gleich zum Flughafen zu kommen. Mein Gepäckträger holt mich ab. Gebäude gibt es am Flughafen keine. Die Abfertigung der fünf Passagiere erfolgt an dem letzten kleinen Haus an der Straße und im Freien. Das Gepäck wird mit einer ebensolchen Waage gewogen, wie auch ich eine mit dabei habe. Außer mir sind wieder die beiden Niederländer und auch ein italienisches Paar zum Flug bereit. Die ganze Straße steht ausgerechnet hier tief unter Wasser. Teils stammt es noch vom Regen der Nacht, zum großen Teil aber ist es auch Meerwasser, das von der Brandung während des Unwetters auf den Weg und den Flugplatzbereich gespült wurde. Um zum Piste zu gehen, müssen wir deshalb alle unsere Schuhe ausziehen und die Hosen hochkrempeln. Die Gepäckträger transportieren die Koffer über ihren Köpfen, damit sie nicht nass werden. Vor dem Flugzeug ziehen dann alle Passagiere und der Pilot erst wieder ihre Schuhe an. „Wir können von Glück sagen, dass wir hier noch wegkommen. Das soll heute noch ein richtig heftiger Sturm werden", sagt der Italiener. Tatsächlich entwickelt sich daraus in den nächsten Tag der verheerende Hurrikan Matthew, der auf vielen weiter nördlich gelegenen Karibikinseln, vor allem in Haiti und der Dominikanischen Republik enorme Schäden anrichten wird.

Check-In auf der Straße

Der Pilot hat, im Gegensatz zu allen anderen Piloten, die ich auf meiner Reise gesehen habe, keine Uniform an. Ganz allgemein wirkt er ziemlich derangiert und darüber hinaus vollkommen lustlos und unfreundlich. Das Flugzeug sieht nicht wirklich flugtauglich aus – es passt recht gut zum Piloten. Ich sitze rückwärts in der ersten Reihe. Auch das habe ich bislang noch in keinem Flugzeug erlebt.

Die Flughafenschalter stehen unter Wasser

Letzter Blick auf die Inselwelt des Los Roques-Archipels

Die hundert Farben des Meeres

Als endlich alle Passagiere in dieser kleinen, engen Kiste sitzen, steigt erst der Pilot ein. Ohne Rücksicht auf fremde Körperteile oder auf unser Schmerzempfinden bahnt er sich seinen Weg über uns hinweg, da der einzige Einstieg hinten ist. Warum er nicht bereits vor den Passagieren eingestiegen ist und die anderen Leute auf dem Flugplatz das Gepäck verstauen und die Türe schließen konnten, wird nicht klar. Zwischen ihm und den Leuten am Flughafen scheint gerade so etwas wie dicke Luft zu herrschen. Das Klima der Leute untereinander hat sich dem schlechten Wetter irgendwie angepasst und der Pilot bringt es auch noch ins Flugzeug mit hinein. Übellaunig setzt er sich hin und schiebt mir ohne Vorwarnung seinen Sitz mit einem Ruck ins Kreuz. Ich reagiere mit einem lauten „Aua". Ob er mich erschreckt oder mir sogar wehgetan hat, scheint ihm jedoch vollkommen egal zu sein. Sonst könnte er jetzt ja auch mal etwas Nettes sagen. Stattdessen legt er dem neben ihm sitzenden Italiener sogar ungefragt irgendetwas auf dem Schoß. Soweit es geht, schiebe ich erst einmal meinen Sitz wieder etwas zurück, da ich sonst gar nicht aufrecht sitzen und auch meinen Sitzgurt nicht schließen könnte. Andererseits muss der Pilot ja gut sitzen, um das Flugzeug lenken zu können. Sein gutes Sitzgefühl scheint mir dann doch wichtiger zu sein als meines, auf das ich nun eben verzichte. Es ist ja nicht für lange Zeit. So unbequem sitzend bin ich jedenfalls noch nie geflogen: Rückwärts zur Flugrichtung, mit leicht nach vorne geneigter Rückenlehne und meinem schweren Rucksack auf den Knien. Dazu noch mit einem dermaßen mürrischen Piloten, der die Passagiere ganz offensichtlich dafür bestrafen möchte, dass er ihretwegen heute seinen Job machen muss. Die Route erscheint uns gegen Ende der Strecke ganz anders auszusehen als noch auf dem Hinweg. Zudem fliegen wir bereits eine Dreiviertelstunde, also länger als auf dem Hinweg. Man sieht die Küste gar nicht mehr. „Nie im Leben fliegen wir nach Maiquetía", sagt die Holländerin ängstlich. Wir überfliegen jetzt das hohe Ávila-Küstengebirge[41] und danach taucht an seinem Fuß eine Großstadt auf. „Das muss Caracas sein", sagt der Holländer. „Da wollten wir doch keinesfalls hin", meint seine Frau. „Ich auch nicht", sage ich. „Aber jetzt kann man daran nichts mehr ändern". Gerne würden wir nach der Landung vom Piloten erfahren, wie wir nun von hier nach Maiquetía kommen sollen, der hat sich jedoch in Sekundenschnelle grußlos verdrückt, nachdem er wenigstens noch rasch unser Gepäck vor dem Flugzeug auf den Boden gestellt hat. Als Empfangskomitee sind

---

[41] Das **Ávila-Gebirge** (auch Ávila-Massiv) stellt einen Teil der venezolanischen Küstenkordillere dar, eines nach Osten abbiegenden Astes der ansonsten von Süden nach Norden durch ganz Südamerika verlaufenden Anden. Für seine Entstehung und Auffaltung ist ursächlich die Überschiebung der südamerikanischen durch die karibische Kontinentalplatte verantwortlich. Hier liegt eine auch heute noch sehr aktive geologische Zone, die die gesamte Küstenkordillere pro Jahr um ca. einen Zentimeter wachsen lässt. Die höchste Erhebung des Ávila-Massivs ist der Pico Naiguatá (2.765m), der dem Gebirge seinen Namen gebende Ávila ist 2.250 Meter hoch.

Venezuela

da für uns nur zwei erwachsene Hunde, Mama und Papa, mit ihren beiden herzigen Welpen. Dazu noch zwei weniger herzige, dafür aber ziemlich muffige Taxifahrer. „Welches Hotel", fragt meiner. „Welche Stadt ist das hier überhaupt", frage ich zurück. „Caracas!" Also doch. Die Stadt, die ich ja unbedingt vermeiden wollte. Dazu noch in einem klapprigen Taxi mit einem unfreundlichen Fahrer und in der bereits einsetzenden Abenddämmerung. Wir werden nicht nach Zielorten in die beiden Autos gesetzt, sondern angeblich nach Reiseveranstaltern, was aber auch nicht stimmen kann, da wir insgesamt drei verschiedene Veranstalter haben. Nachfragen und Vorschläge von uns prallen von den Taxifahrern ab, als seien sie nie erfolgt. Das italienische Paar, das ins gleiche Hotel will wie ich, sitzt also in einem anderen Taxi, was mir völlig unsinnig zu sein scheint. Ich sitze hingegen mit den Holländern zusammen, die nicht ins Hotel, sondern erst an den Flughafen von Maiquetía wollen, da dort jemand auf sie wartet, um sie in ihr Hotel zu bringen. Sie haben von ihm keine Telefonnummer und können ihn daher auch nicht erreichen, um ihm Bescheid zu geben. „Hoffentlich ist der Guía noch da, wenn wir endlich ankommen", sagen sie beunruhigt. Ich versuche gerade, Netzempfang zu bekommen, um auf irgendeine Art mit meinem Abholer über Ecken in Kontakt zu kommen. Doch auf der kurven- und bergreichen Strecke geht das Signal immer wieder weg.

Abrutschgefährdetes Elendsviertel am Fuß des Ávila-Gebirge hinter meinem Hotel

Die hundert Farben des Meeres

Unterwegs fängt auch noch der Taxifahrer an zu schimpfen: Das sei nicht ausgemacht gewesen, ihm habe man nur gesagt, er solle uns zum Hotel bringen, von Maiquetía sei keine Rede gewesen, wer ihm denn das jetzt bezahle usw. Wir verstehen seinen Unmut, aber er richtet sich an die Falschen. Schuld ist der Pilot. Soll er sein Problem doch mit dem klären. Aber vielleicht ja nicht gleich jetzt. Nichts zu machen, er hat bereits sein Handy in der Hand und zetert lauthals hinein. Ob er überhaupt noch ein paar Gedanken für die Straße übrig hat? Die ist nämlich auch nicht so ganz ohne. Ständig überholen wir unbeleuchtete Autos. Ich habe zudem ein ganz anderes Problem zu lösen: Mein Koffer war während meiner Abwesenheit bei meinem Fahrer daheim. Er bringt ihn zum Flughafen nach Maiquetía mit und wartet bereits dort seit mindestens drei Stunden auf dem Flughafen. Es tut mir sehr leid, ihm, auch wenn ich selbst daran ja schuldlos bin, seine Zeit zu stehlen. Seine Telefonnummer kenne ich nicht. Sobald wir auf der Strecke endlich mal Empfang haben, rufe ich daher Nicky an, der, selbst über 400 Kilometer weit weg von hier, am Telefon die Lage zu managen versucht. Er gibt dem Fahrer Bescheid, dann ruft er zurück. „Der Fahrer ist noch in Caracas", sagt er. Wie kann denn das sein? Er sollte mich doch soeben gerade noch auf dem Flughafen in Maiquetía abholen. Aber egal – er kommt jetzt direkt zu mir ins Hotel mit dem Koffer. So zumindest denke ich mir das. Nicky hat es gerade eben so mit ihm vereinbart. Deshalb steige ich auch nicht am Flughafen zusammen mit den Holländern aus, die sich jetzt auf die Suche nach ihrem Abholer machen, sondern lasse mich gleich bis zu meinem Hotel weiterfahren. Dort angekommen, warte ich aber erst mal eine ganze Stunde lang in der Lobby auf die Ankunft meines Fahrers und des Koffers. Dann rufe ich erneut Nicky an. „Was? Der ist noch immer nicht da?", fragt er. „Ich habe ihm gleich nach deinem Anruf Bescheid gegeben. Er wollte sofort losfahren. Jetzt müsste er doch schon längst angekommen sein. Ich rufe ihn gleich noch einmal an." WhatsApps, SMS und Telefonate zwischen mir, Nicky und dem Fahrer gehen danach etwa im Fünfminutentakt hin und her. Der so sehr erwartete Fahrer taucht nicht auf. Mal, weil er den Koffer erst noch daheim holen muss, dann weil er angeblich im Stau steht. Stau kann ich als Argument noch gelten lassen, aber das mit dem Koffer scheint mir eine faule Ausrede zu sein. Den müsste er nämlich längst im Auto haben. Er war ja, zumindest laut Plan, damit in Maiquetía auf dem Flughafen, um mich abzuholen und mir den Koffer dorthin auch gleich mitzubringen. Wieso war überhaupt zwischendurch mal davon die Rede, dass er noch in Caracas sei? Seine diversen Begründungen passen meiner Ansicht nach hinten und vorne nicht zusammen, zumal ja auch ich auf der gleichen Straße im Taxi unterwegs war. Da gab es weit und breit keinen Stau. Weder zwischen Caracas und Maiquetía, noch in Maiquetía selbst zwischen Flughafen und Hotel. Na gut, ein Stau kann sich auch schnell mal bilden. Vielleicht war hinter uns ein Unfall. Doch ich vermute nach all den Fehlmeldungen und Vertröstungen, die inzwischen bei mir eingetroffen sind, dass mein Fahrer eben doch ganz wo anders ist als da, wo er zu sein behauptet. In mir häufen sich Ungeduld und zunehmend auch Ärger an. Wenn man den Job hat, jemanden abzuholen und es passiert irgendetwas, weshalb man sich verspätet, ruft man doch an, gibt zumindest Bescheid, wie lange es noch ungefähr dauert, und entschuldigt sich. Das ist ja wohl selbstverständlich und im Handyzeitalter auch sehr einfach zu tun. Stattdessen hocke ich hier herum und habe keine Ahnung, wie lange das noch so weitergehen soll, weil die Erklärungen und Begründungen sich dauernd verändern und außerdem immer erst auf Nachfrage kommen. „Da ist doch etwas faul an der Sache", denke ich verärgert. Die Hotellobby ist vollkommen unterkühlt. Ich friere und mir tut aus unerklärlichen Gründen schon eine Weile mein rechtes Auge sehr weh. Der ständige, kühle Windzug der Klimaanlage macht alles noch viel unangenehmer. Hunger habe ich auch. Doch da ich immer um kleine Zeitabschnitte – 10 Minuten, 20 Minuten, gleich, eigentlich müsste er längst da sein, ich verstehe das auch nicht… – vertröstet werde, gehe ich auch in der Zwischenzeit nicht ins Restaurant, sondern bleibe in der Lobby sitzen. Ich muss ja auf meinen Koffer warten. Der Fahrer kommt erst nach über zwei Stunden an. Er ist auch nicht allein im Auto. Auf dem Beifahrersitz sitzt eine Frau. Ich bin stocksauer. Er entschuldigt sich noch nicht einmal. Murmelt nur etwas von Stau. Wahrscheinlich hat er meine Ankunft schlicht und ergreifend verschwitzt, das aber nicht zugeben wollen. „Wann holst du mich morgen früh ab?", frage ich. „Gar nicht, du fährst mit dem Shuttlebus vom Hotel", kommt als Antwort. Gut, dass ich noch nachgefragt habe, sonst hätte ich es vielleicht gar nicht erfahren. Heute habe ich an meinem letzten Tag noch das andere Venezuela kennengelernt: Die unfreundliche Muffelseite eines Landes, in dem ansonsten die Menschen enorm liebenswürdig und herzlich sind.

Als ich endlich in mein Zimmer gehe, sehe ich gleich in dem großen Spiegel hinter der Türe, dass mein schmerzendes rechtes Auge blutrot ist. So ein Mist! Und das in Venezuela, noch dazu am Abend vor der Weiterreise. Wahrscheinlich habe ich eine Bindehautentzündung vom Durchzug. Hoffentlich ist alles bis morgen wieder gut. Diese Hoffnung bleibt allerdings unerfüllt. Hingegen verlasse ich Venezuela mit einem Albinokaninchenauge. Mal sehen, ob ich in Panamá wenigstens irgendwelche Augentropfen bekommen kann.

Panamá

Viel mehr als nur ein Kanal

Vor der Skyline von Panamá-City

Das Reiseziel Panamá ergab sich für mich eher zufällig und wegen der Tatsache, dass Lufthansa ab dem 15.September sämtliche Flüge von und nach Venezuela eingestellt hat. Mein bereits gebuchter Flug, der mich ursprünglich Ende September von Caracas nach Frankfurt bringen sollte, fiel dadurch aus. Alternative Flüge führten über Paris, Madrid, Lissabon, Miami, Bogotá und Panamá, alle mit langen Zwischenaufenthalten im Transitbereich dieser Flughäfen. Daher kam ich auf die Idee, den achtstündigen Airport-Aufenthalt in Panamá-City einfach zu einem Städte-Kurztrip zu verlängern. Wann sonst würde ich nochmal nach Panamá kommen? Erst jetzt, nachdem ich es ein wenig kennengelernt habe, kann ich sagen: Bald! Dieses Land ist wunderschön, interessant und unbedingt eine Reise wert. Schade, dass ich nicht mehr als drei Tage dafür hatte! Drei Wochen wären sicher besser gewesen! Wie konnte es passieren, dass ich mir Panamá niemals als ein Urlaubsland habe vorstellen können? Was habe ich bis zu meiner

Reise noch mit dem Begriff Panamá verbunden? Genau genommen zu diesem Zeitpunkt nur drei Dinge: Den Kanal, der als das achte Weltwunder bezeichnet wird, die Affäre um die Panamá-Papers und Janoschs Traumstunde, in der Tiger und Bär ins schöne Panamá reisen wollen. Ich wusste zudem, dass Panamá früher einmal zu Kolumbien gehörte, sich aber 1903 auf Betreiben der USA hin davon abspaltete und selbstständig wurde. Die US-Regierung bezweckte damit, dadurch schneller den Bau des aus strategischen Gründen von ihnen als absolut notwendig erachteten Kanals zu erreichen. In Kolumbien habe ich deshalb oft Ressentiments gegen die USA ausmachen können. Heute, über 110 Jahre später, ist Panamá ein selbständiger Staat, der seine ganz eigenen Ziele und Interessen verfolgt. Der Kanal ist wichtig, aber er ist immer nur ein Teil des Landes Panamá, nicht das Land selbst. Und doch gäbe es den Staat Panamá heute ohne den Kanal wohl gar nicht. Beides – Kanal und Staat – gehört also zusammen wie Vorder- und Rückseite einer Münze. Erst recht, nachdem 1999 der Kanal auch offiziell von den USA an den Staat Panamá übergegeben wurde.

Wenn der Kanal so eine zentrale Rolle für den noch recht jungen Staat spielt, sollte ich mir, wenn ich schon einmal hierher komme, dieses Bauwerk jedenfalls auch anschauen und das am besten gleich von einem Schiff aus. Deshalb verlängere ich am Ende meine Reise. Der Flug von Venezuela aus kommt bereits am frühen Vormittag in Panamá an. Der nach Deutschland geht erst am Abend los. So kann ich an den beiden Flugtagen auch noch einiges unternehmen. Für den Kanal selbst buche ich dazwischen noch einen Tag dazu und gewinne, mit kleinen Abstrichen, drei Tage für den Panamá-Abstecher. Dann kann ich doch wenigstens Panamá-City und den Kanal kennenlernen. Das passt zwar zu meinem Ökourlaub, so wie ich ihn bis dahin gemacht habe, nicht wirklich dazu, ist aber unter den gegebenen Umständen die beste Lösung. Denn die Alternative, nach etwa neun Stunden Flugzeit noch eine ebenso lange Zeit auf dem Airport verbringen zu müssen, anschließend nach Frankfurt zu fliegen, zum Bahnhof zu wechseln und dort am Ende noch auf einen Zug warten zu müssen, schreckt mich zu sehr. Je mehr Etappen, desto mehr Verspätungen können jeweils dazukommen, sodass es Probleme mit den Anschlüssen geben kann. Zudem kommen ja auch zusätzliche Kosten für die Wartezeiten zwischendurch auf mich zu. In neun Stunden bekomme ich sicher auch irgendwann mal Hunger und Durst oder will mir etwas zum Lesen kaufen. Vielleicht brauche ich sogar am Ende ein neues Bahnticket. Am Ende kommt mich der Panamá-Abstecher in meiner Berechnung kaum teurer als das, was ich da vielleicht ausgeben müsste und wesentlich früher wäre ich auch nicht daheim. Man könnte, das gebe ich zu, natürlich die Berechnungen auch ganz anders anstellen und käme zu einem anderen Ergebnis. Im Grunde stinkt es mir ganz einfach, statt des ursprünglich geplanten Direktfluges einen so

Viel mehr als nur ein Kanal

viel längeren Flug mit Zwischenstopp machen zu müssen. Auf dem Weg in den Urlaub macht mir das weniger aus – da überwiegen Neugier und Vorfreude und das Wissen, dass ich mich ja anschließend lange Zeit gut erholen kann. Auf dem Heimweg will ich heim, so schnell wie möglich, weiter nichts. Gerade deshalb hatte ich die Flüge ja auch so gewählt: Den längeren nach Bogotá am Reisebeginn und den kürzeren von Caracas aus am Ende der Reise. Nach meiner Berechnung habe ich nun die Wahl, fast kostenneutral einen kurzweiligen Städtetrip zu machen oder Geld und Zeit auf langweiligen Flughäfen und Bahnhöfen zu verplempern. Zwei Aufenthaltsorte, die ich einfach nicht mag und die mir Stress bereiten können, wenn irgendetwas nicht reibungslos klappt. Das alles erscheint mir dann fast noch mühsamer als zu Fuß den Auyán-Tepui zu erklimmen. Daher ist es klar, welche Alternative ich für mich nach kurzer Überlegung schließlich wähle.

Die Bilder, die ich von Panamá im Kopf habe, lassen sich nicht mit meinen Vorstellungen von unberührter Natur zur Deckung bringen. „Schade", denke ich, „irgendwie ein Stilbruch, aber man muss eben auch bereit zu Kompromissen sein. Dadurch verhindere ich, dass die Rückreise einen großen Teil meiner Erholung schon wieder zunichtemacht. Panamá gehörte ja mal mit Kolumbien zusammen. So gesehen passt es vielleicht doch auch als Abrundung meiner in Kolumbien begonnenen Reise mit dazu." Das ist am Ende tatsächlich so, aber nicht nur wegen der historischen Verbindung zu Kolumbien. Es ist selbst auch ein Land mit vielen Naturparadiesen. Das hatte ich so nur gar nicht erwartet, da meine Vorstellungen von Panamá auf den Kanal und die oft gezeigte Skyline von Panamá-City beschränkt waren. Doch vor Ort werde ich erfahren, dass dieses Land, das ungefähr doppelt so groß wie die Schweiz ist, auf seiner relativ kleinen Fläche sogar 15 große und landschaftlich einzigartige Nationalparks besitzt: Mit einer Gesamtfläche von 2.600.018 ha entspricht die Größe dieser Schutzgebiete insgesamt etwa ca. 34,4 % der Fläche Panamás. Der Kanal ist sicher ein enormer Eingriff in den lokalen Naturhaushalt, aber man darf daran nicht das Bild eines ganzen Staates festmachen. Die „andere Seite" von Panamá ist nur leider noch viel zu wenig bekannt. Ganz allgemein steckt der Tourismus hier noch in den Kinderschuhen. Auf dem Flug nach Deutschland werde ich einen Herrn kennenlernen, der das Land einen Monat lang durchreist hat und von unberührten Stränden, üppigen Urwaldgebieten, Wildwasserfahrten, Indigenendörfern, Traumstränden und Unterwasserparadiesen schwärmt. Und das, so wie er betont, immer fernab von allen gängigen Touristenrouten, in landestypischen, schönen Unterkünften. Ohne jeden Schnickschnack, wie er es ausdrückt. Also gar nicht so viel anders als ich es in Kolumbien und Venezuela erlebt habe.

Panamá

Auch schon der Anflug auf Panamá zeigt ein ganz anderes Bild des Landes als das, was ich erwartet habe. Es ist eine Landschaft wie im kolumbianischen Chocó, die Region auf der anderen Seite der Landesgrenze. Die Indigenen gehören in beiden Ländern denselben Völkern an, den Emberá und Wounaan auf der Pazifikseite und an der Karibik den Cuna. Das Land ist hier wie da sehr dünn besiedelt. Straßen sind keine auszumachen. Sogar die Panamericana, die „Traumstraße der Welt", die durch die beiden amerikanischen Kontinente von Alaska bis Feuerland zieht, hat hier ein vorläufiges Ende, eine etwa 100 Kilometer lange Unterbrechung, bekannt als Tapón del Darién (Verschluss des Darién). Es gibt keine Möglichkeit, ihn mit einem noch so geländegängigen Landfahrtzeug zu überwinden. Hier endet die Straße schlagartig und dahinter kommt der undurchdringliche Dschungel. Ungefähr 20 Kilometer weiter beginnt mitten im Urwaldgebiet der Darién Nationalpark, der auf der anderen Seite an Kolumbien grenzt und mit seiner exotischen Vogelwelt zum Weltnaturerbe der UNESCO zählt. Obwohl der von Panamá-City nur ungefähr 150 Kilometer (Luftlinie) entfernt beginnt, scheint er auch für Panamenier so entlegen, dass viele von ihnen dort noch nie waren, was vor allem am Problem der schlechten Erreichbarkeit liegt. Nur per Flugzeug kann man zum Ort La Palma fliegen und von dort aus geht es mit Motorbooten oder zu Fuß weiter. Erst in Richtung Hauptstadt nimmt die Besiedlungsdichte allmählich zu. Dann löst zunehmend Weideland den Urwald ab, zudem werden Bananen, Yams und Reis angebaut. Die Siedlungsgebiete der Campesinos drangen hier erst Mitte des 20. Jahrhunderts entlang der Panamericana in die ursprünglichen Regenwaldgebiete vor. Dafür, dass man die Straße nicht weiterbaut, gibt es gleich mehrere Gründe. Einer davon ist der Naturschutz. Ein anderer sind die Bedenken, dass durch die Straße über die Landesgrenze in das kolumbianische FARC-Gebiet hinüber auch Kriminalität und Drogenproblematik in Panamá neuen Antrieb bekommen könnten. Noch vor allzu nicht langer Zeit war auch Panamá unter dem Machthaber Manuel Antonio Noriega (1983 bis 1989) eine Drehscheibe des Drogenhandels und hatte enge Verbindungen zum kolumbianischen Medellín-Kartell (zerschlagen 1993). Da die USA damals noch über Panamá Waffen an die Contra-Rebellen im Kampf gegen die linksgerichteten Sandinisten in Nicaragua lieferten, haben sie lange Zeit Noriegas Treiben in Panamá geduldet. Erst nach einem gescheiterten Militärputsch gegen sein Regime griffen die USA ein. Noriega sitzt heute in Miami im Gefängnis und alle seine Konten bei amerikanischen Banken wurden gesperrt. Die USA lösten zudem die Streitkräfte Panamás zunächst auf. Als Folge kam es aber zu massiven Plünderungen und chaotischen Zuständen, sodass zunächst wieder eine 13.000 Mann starke Truppe aufgestellt wurde. 1990 schaffte Panamá das Militär dann selbst ganz ab und änderte dafür sogar seine Verfassung. Heute will es weg vom Drogen-Image. Die Straße nach Kolumbien wäre aus Sicht vieler Panamenier daher ein unnötiges Risiko. Auch hier wird mit großem Interesse während meines Aufenthaltes der Ausgang des Referendums der Kolumbianer beobachtet. Die Dame, die neben mir im Flugzeug sitzt, und mit der ich unterwegs ins Gespräch gekommen bin, wohnt in Panamá-City. Sie zeigt nach unten auf die unberührte Naturlandschaft: „Das bleibt da unten besser so wie es ist. Erst mal abwarten, ob Kolumbien wirklich seine Probleme mit FARC und Narcotrafico in den Griff bekommt. Solange man das nicht sicher weiß, sollte man nicht noch hier die Türe für das erneute Eindringen von Problemen öffnen, die man endlich selbst überwunden hat. Uns geht es in Panamá heute gut, und das soll auch so bleiben."

Wie eine vollkommen andere Welt erscheint unter dem Flugzeug ganz plötzlich die Hauptstadt, deren Bild von Hochhäusern beherrscht wird. Darunter sind von den zehn höchsten Gebäuden Lateinamerikas alleine schon acht. 22 der Wolkenkratzer sind sogar über 200 Meter hoch. Diese Anderthalb-Millionen-Agglomeration steht im krassen Gegensatz zu den vorher überquerten fast siedlungsleeren Landschaften.

Ich werde von Guía Luis erwartet, der mich in einem Minibus zu meinem sehr zentral liegenden Hotel transportiert. Er überreicht mir eine Begrüßungsmappe mit Informationsmaterial und zum ersten Mal auf meiner Reise muss einen Voucher abgeben. Zum Glück habe ich ihn tatsächlich auch einmal griffbereit. Auf der 24 Kilometer langen Fahrt in die City bekomme ich schon meine erste Stadtführung. Morgen, so sagt er, hole er mich am Morgen zur Kanal-Tour ab. In meinem Hotel sei noch ein sehr nettes Ehepaar aus Deutschland – er Deutscher, sie Chinesin – beide habe er schon mehrere Tage durch Panamá begleitet. Sie und ich seien morgen seine Reisegruppe. Schön, auch mal wieder Deutsch sprechen zu können, denke ich. Vier Wochen Spanisch-Reden ist irgendwann doch einmal anstrengend für mich geworden. Mein erster Gang in Panamá-City führt mich in eine Apotheke nahe bei meinem Hotel. Sie macht nicht den Anschein, wirklich eine Apotheke zu sein. Es gibt dort auch Drogerieartikel, Postkarten, Sonnenbrillen, Kosmetik, Waschmittel, Socken usw. Ganz hinten im Eck befindet sich ein Tresen, dahinter eine etwa zwei auf zwei Meter große Schrankwand mit Schubladen. Ich zeige dem Apotheker mein Auge, um mir Tropfen oder Salbe zur Linderung zu kaufen. Er bleibt auf seinem Drehstuhl sitzen, rollt ein paar Zentimeter nach links, bückt sich zu einer Schublade und holt ein Fläschchen ohne Umkarton und Beipackzettel heraus. Das sei dafür genau richtig, meint er. Die aufgedruckte Schrift ist sogar mit Lesebrille kaum zu entziffern, nur dass das Mittel das Antibiotikum Gentamycin enthält, erkenne ich. Heißt das aber nicht, mit Kanonen auf Spatzen zu schießen? Wenn es nun wirklich doch nur eine Folge vom Durchzug ist und keine Infektion? „Nein", sagt der Apotheker, „Das sieht sehr schlimm aus, da brauchen Sie ein Antibiotikum". Wahrscheinlich hat er auch einfach nichts anderes. Bei uns wären diese Tropfen rezeptpflichtig. Hier sieht man das wohl ziemlich locker. Nun bin ich zumindest damit erst einmal irgendwie versorgt und hoffe, dass das Mittel auch wirkt. Nach einem ausgiebigen Stadtbummel gehe ich noch sehr gut und günstig essen und dann wieder ins Hotel zurück. Auf dem recht kurzen Weg muss ich an einer Baustelle vorbei. Dort spricht mich an einer sehr schlecht beleuchteten Ecke ein etwa 30 Jahre jüngerer Mann an. Wo ich herstamme. Ach, aus Deutschland. Ja das sei er einmal in Köln bei Freunden zu Besuch gewesen. Eine sehr schöne Stadt. Nette Leute, die Deutschen. Schöne Frauen. Ach, übrigens, ich sähe etwas verspannt aus. Ob ich eine Massage bräuchte? Er könne hervorragend massieren. Vorher könnten wir doch einen Drink zusammen hier um die Ecke in einer netten Bar nehmen… „He", denke ich. „Wenn wir erst mal aus dieser dunklen Ecke raus sind, wird es dich umhauen. Du bist jung und ich bin alt. Ein Monsterauge habe ich obendrein. Das siehst du hier alles im Dunkeln nur nicht. Oder doch? Vielleicht willst du ja auch nur mein Geld? Nein danke, ich habe selbst erhebliche Geldprobleme. Bleib mir bloß vom Leib". Aber das sage ich alles natürlich nicht. Stattdessen erzähle ich ihm, ich müsse schnell zurück ins Hotel. Mein Mann habe sich vorhin nicht wohl gefühlt und etwas hingelegt. Jetzt würden wir noch zusammen in die City gehen. Tatsächlich hat der junge Mann es plötzlich sehr eilig. Ich bin erleichtert, ihn los zu sein und froh, als ich im Hotel angekommen bin. Es hat zwar auf dem Dach einen Pool, zu dem ich jetzt noch gehen könnte, aber mit dem entzündeten Auge traue ich mich nicht in gechlortes Poolwasser hinein. Zudem bin ich ohnedies ziemlich müde. Deshalb gehe ich gleich ins Zimmer und ins Bett. Da schlafe ich auch bald tief und fest und schrecke in wilder Panik mitten in der Nacht von einem mörderischen Krach auf. Direkt vor meinem Zimmer heult eine durchdringend laute Alarmanlage. Ich kämpfe mich aus dem Bett. Aber da geht der Alarm zum Glück auch schon wieder aus und ich trete auf halben Weg zur Tür gleich wieder den Rückweg zum Bett an „So ein Mist. Das war ein Fehlalarm, hoffentlich schlafe ich jetzt wenigstens schnell wieder ein!". Es klappt. Kaum in neue schöne Träume abgedriftet, dasselbe Spiel: Ohrenbetäubender Lärm. Vielleicht brennt es ja doch? Lieber schnell mal nachschauen! Verschlafen haste ich im Dunkeln zur Türe und ziehe sie mit einem kräftigen Ruck auf. Dabei bekomme ich einen unglaublich heftigen K.O.-Schlag mitten in mein ohnedies bereits entzündetes Auge. Ich sehe tausend Sternchen und mir wird schwindelig. Hat mich einer erschossen? Lebe ich überhaupt noch? Ganz benommen stehe ich nun im Gang herum – kein Brand, dafür ein junger, nicht mehr ganz nüchterner Amerikaner, der sich für den Alarm entschuldigt. Er riecht nach Tabakrauch. Im Nichtraucherhotel. Blödmann! Ich könnte ihm an die Gurgel gehen. Stattdessen ziehe ich mich schnell in meinem noch immer dunklen Zimmer an und haste runter an die Bar. „Ich brauche sofort

Viel mehr als nur ein Kanal

Eis für mein Auge", sage ich zum Nachtwächter. Was der sich denkt, mag ich gar nicht wissen und zu näheren Erklärungen habe ich jetzt wirklich überhaupt keine Lust. Eilig trage ich meine Plastiktüte mit Eiswürfeln nach oben. Im Zimmer mache ich erst einmal Licht an und gehe ich dem Ursprung des Schlages auf den Grund: Ein dicker, stabiler Stahlbügel, mit dem man zusätzlich zum automatischen Schloss die Türe noch auf Kopfhöhe ein zweites Mal verschließen kann. Passt wie die Faust aufs Auge – in diesem Fall wirklich fast buchstäblich. Um mein rotes Auge schwillt das Gewebe bereits zu einem mächtigen Veilchen an und der Tränensack sieht aus wie bei einem alten Alkoholiker. Zum Glück verkauft die Apotheke nebenan auch Schminkzeug. So kann ich das alles am nächsten Morgen vor der Kanal-Tour wenigstens ein wenig abdecken. Den optischen Rest erledigt die Sonnenbrille. Schlimmer zu ertragen ist der Schmerz, denn ich habe mir, wie der Augenarzt in Deutschland einen Tag nach meiner Heimkehr diagnostizieren wird, Binde- und Hornhaut tüchtig verletzt. Gemäß dem Sprichwort, dass wer den Schaden hat, nicht für den Spott zu sorgen braucht, darf ich mir dann auch allerlei Sprüche meiner Freunde anhören: „Das hätte aber leicht ins Auge gehen können", ist darunter einer der besten. Jetzt habe ich also Schürfwunden an beiden Beinen hinten, vorne an jedem Schienbein eine offene Wunde mit jeweils einem riesigen blauen Flecken, nun noch ein Monsterauge mit Veilchen. Vielleicht sollte ich nun doch mal anfangen, etwas vorsichtiger zu leben. Aber abgesehen von allen diesen Kleinigkeiten bin ich so gut erholt wie seit Jahren nicht mehr. Daheim werde ich nur noch ein paar Blessuren auskurieren müssen.

Sich schrittweise von einem Naturlaub auf die sogenannte Zivilisation umzustellen, ist sehr angenehm. So bin ich immer noch im Urlaub, doch bereits in einer Stadt, die aus wirtschaftlicher Sicht sogar eine Weltstadt ist. Ich kann mich vom Mangelland Venezuela wieder an die andere Welt gewöhnen, in der es fast alles unbegrenzt zu kaufen gibt, was ich in meinem Alltag normalerweise brauche. Noch bin ich räumlich und zeitlich nicht zu weit entfernt, um vergessen zu haben, wie wenig selbstverständlich das ist und kann das vorhandene Angebot viel besser wertschätzen als noch vor meiner Reise. Auch einfach im Geschäft Geld aus dem Portemonnaie zu nehmen, statt am ganzen Körper aus Plastiktüten und Taschen Scheine zusammenzuklauben und eine gefühlte Endlosigkeit lang abzuzählen, ist einfach eine Wohltat. In Panamá gibt es sogar gleich zwei gültige Währungen. Die eine ist der Balboa, von dem aber heute nur noch Münzen in Umlauf sind. Da dieser mit einem Kurs von 1:1 an den US-Dollar gekoppelt ist, ist letzterer in Panamá auch das gesetzliche Zahlungsmittel. Münzen kursieren von beiden Währungen parallel. Das lästige Umrechnen, noch dazu nach Tageskurs des jeweiligen Schwarzhändlers, entfällt. In Panamá habe ich nach längerer

Zeit wieder eine realistische Vorstellung vom finanziellen Wert von Dingen, für die ich Ausgaben tätige. Das Leben ist in dieser Hinsicht im wahrsten Sinne des Wortes hier wieder für mich berechenbar und dadurch wesentlich einfacher geworden. Allerdings habe ich gar keine großen Ausgaben zu tätigen. Meine Touren, Hotel und Frühstück sind ja bereits vorab bezahlt. Genau genommen muss ich nur noch zwei Abendessen separat bezahlen. Naja, wenn ich nicht eine Frau wäre und so gerne Kleinigkeiten einkaufen würde...

Schiffe, die auf dem Pazifik auf Einfahrt in den Kanal warten

Luis holt uns drei gleich nach dem Frühstück ab. Wir fahren unter der Puente de las Americas durch, der bekannten Amerikabrücke mit der darüber verlaufenden Panamericana-Straße, in Richtung der „Calzada Amador". Diese schön gestaltete Straße mit ausgedehnten Grünanlagen zu beiden Seiten verläuft auf einem künstlichen Damm, der aus einem Teil des Materials angeschüttet wurde, das beim Ausbau des Kanals angefallen ist. Er verbindet heute die drei kleinen Pazifik-Inseln Noaos, Perico und Flamenco untereinander und mit der Stadt. Entlang der Straße kann man auf der Promenade flanieren oder Fahrrad fahren, in zahlreichen Restaurants einkehren oder auch im Meer baden und, egal wofür man sich entscheidet, bei allen diesen Tätigkeiten die eindrucksvolle Skyline des modernen Panamá-City genießen. Am Ende der Straße gibt es an der Marina von Flamenco den Ticketschalter für die sechsstündige Kanaltour. Diese ist so organisiert, dass wir von hier aus erst einmal mit großen Bussen gruppenweise nach Gamboa zur Abfahrtstelle der Schiffe gebracht werden, das etwa 25 Kilometer von der Marina

Viel mehr als nur ein Kanal

aus landeinwärts in Richtung Atlantik liegt. Von dort aus bringt uns das Schiff am Ende der Schifffahrt wieder zur Marina zurück. Luis kommt nicht auf das Schiff mit, da die Tour ab jetzt von einem speziellen Führer der Schiffsgesellschaft begleitet wird. Erst nach der Rückkehr wird er uns an der Flamenco-Marina wieder abholen und zum Hotel zurückbringen.

An den Miraflores-Schleusen

Auf dem Pazifik sieht man zahlreiche riesige Frachtschiffe in der Warteschlange auf Einlass in den Kanal warten. Sie haben ihre Passagen bereits monatelang vorher auf Tag und Stunde genau gebucht. Die hohen Kosten für die Durchquerung richten sich dabei nach der Größe und Dringlichkeit der Durchfahrt und müssen bereits vor der Passage bezahlt werden. Gerade erst drei Monate vor meiner Reise wurde eine weitere Schleusenstraße des Kanals in Betrieb genommen, an der neun Jahre lang gebaut wurde. Davor konnten nur mittelgroße Schiffe mit maximal 4.400 Containern – der sogenannten Panamáx-Klasse – den Kanal passieren, durch den neu ausgebauten Kanal passen nun sogar Schiffe der sogenannten Postpanamáx-Klasse. Sie können jeweils bis zu 13.000 Container transportieren und erreichen dabei sogar eine Größe von 336 Meter Länge und 49 Metern Breite. Dafür wurden neue Teil-Kanäle gegraben, die im Landesinneren in die alten Kanäle einmünden, die, ebenso wie die Fahrrinne im Gatún-See, erheblich vertieft wurden. Der Gatun-See liegt fast 26 Meter über dem Meeresspiegel und ist somit die höchste Stelle des Kanals. Von der Atlantikseite kommend, müssen die Schiffe auf dieses Niveau durch die Gatún-Schleuse gehoben, von der Pazifikseite kommend dort um das gleiche Niveau abgesenkt werden. Unsere Kanalfahrt wird aber nicht über den Gatún-See weiterführen, denn zum Atlantik bräuchte man für diese landschaftlich wahrscheinlich wesentlich schönere Strecke noch einmal zusätzliche sechs Stunden Fahrzeit. Nur einmal im Monat wird die vollständige Passage zwischen Atlantik und Pazifik angeboten – leider nicht während meiner Zeit des Aufenthalts. Um überhaupt ein Gefühl für den Kanal zu bekommen, ist die von mir gebuchte Halbtagestour jedoch auch schon ausreichend.

Im linken Bildhintergrund die erhöhte Postpanamáx-Rinne und die Centenario-Brücke über den Culebra-Durchstich

Nach einer Dreiviertelstunde Busfahrt sind wir in Gamboa angekommen, wo wir an Bord gehen und den „Wasserteil" unserer Tour beginnen. Dabei steigen wir im nördlichen Teil des Culebra-Cuts („Culebra" ist der Name einer Schlange und ebenso wie diese windet sich der Durchstich durch die Landschaft) an der Stelle in den Kanal ein, wo der Río Chagres in den Kanal mündet. Dieser „Cut" (Durchstich) durchschneidet auf einer Länge von 13,7 Kilometern die Kontinentalscheide und endet an den Pedro Miguel-Schleusen, kurz nachdem man unter der sehenswerten Puente Centenario (Jahrhundertbrücke) durchgefahren ist, die erst 2004 eröffnet wurde. In den Pedro Miguel-Schleusen wird das Schiff 10 Meter zum Miraflores-See abgesenkt und in den kurz danach folgenden Miraflores-

Viel mehr als nur ein Kanal

Schleusen schließlich erfolgt in zwei Stufen die Absenkung über weitere 16 Meter bis auf Pazifikhöhe. Unser im Vergleich zu den Ozeanriesen doch sehr kleines Passagierschiff muss vor der Pedro Miguel-Schleuse über anderthalb Stunden lang warten, bis endlich mal ein Frachtschiff kommt, hinter dem noch genügend Platz vorhanden ist, um in die Schleusenkammern dieser und der folgenden Schleuse mit hineinfahren zu dürfen. Dadurch dauert auch jede Fahrt unterschiedlich lange. Damit die Passagiere in solchen zeitlich nicht vorher absehbar langen Pausen bei Laune gehalten werden, gibt es ein gutes Mittagessen im Bordrestaurant. Ich sitze dabei mit dem sehr sympathischen Ehepaar aus meinem Hotel zusammen. Ohne die netten Gespräche mit den beiden wäre mir sicher irgendwann dann doch die Zeit recht lang geworden, zumal es irgendwann auch wie aus Eimern zu regnen anfängt. Dadurch wird der Aufenthalt am Oberdeck recht ungemütlich und wir sind froh, uns währenddessen am Tisch angeregt unterhalten zu können. Doch es gibt während der Wartezeit trotz des miesen Wetters ständig sehr Interessantes zu beobachten. Kleine, wendige Schlepper ziehen und schieben riesige Schiffe mit schweren stählernen Schleppseilen in die Kammern und zu beiden Kanalseiten „treideln" synchron arbeitende zugkräftige 1000 PS Lokomotiven auf Schienen, Mulas genannt, mit Stahlseilen die großen Schiffe zentimetergenau in die Kanäle. Das ist wahre Maßarbeit! Am Ufer befindet sich bei der Miraflores Schleuse auch ein großes Besucherzentrum, wo hunderte von Leuten die Vorgänge auf dem Kanal von einer großen Terrasse aus beobachten können. Morgen werde ich mit Luis ebenfalls hier stehen. Danach habe ich wahrscheinlich „den Kanal voll" vom Kanal. Es gibt hier schließlich noch mehr anzuschauen als den Kanal, mag er nun als achtes Weltwunder zählen oder nicht. Auch das moderne Stadtzentrum und die Altstadt von Panamá-City sind sehenswert. Daher bitte ich Luis darum, mit mir morgen den Aufenthalt an der Miraflores-Schleuse kurz zu halten und mir dafür lieber ausgiebiger die Stadt zu zeigen. Er freut sich darüber, denn ein Spaziergang durch die Stadt ist auch für ihn wahrscheinlich kurzweiliger als immer wieder auf der Besucherterrasse stehen und den gleichen Schleusenvorgang ansehen zu müssen. Ich bin kein Technikfreak, mich interessieren mehr Land, Leute und Natur als Schleusenvorgänge.

Der nächste Tag ist eigentlich nur ein Appetizer auf mehr, denn er ist viel zu kurz für einen umfassenden Eindruck von der Stadt. Doch schon am Abend muss ich meinen Rückflug nach Frankfurt antreten. Die einzige Möglichkeit, noch etwas mehr Zeit herauszuschinden, ist so früh wie möglich mit dem Tagesprogramm anzufangen. Wir gehören daher zu den ersten, die an diesem Morgen im Besucherzentrum von Miraflores eingelassen werden. Das Geschehen an der Kanalschleuse von der Terrasse aus zu überblicken, ist mindestens ebenso interessant wie die Tour auf dem Schiff. Zu meinem Glück ist gerade ein riesiges Schiff zum Durchschleusen gekommen. Im Gebäude gibt es auch ein sehr gut präsentiertes Museum über die Entstehung des Panamákanals, das man sich unbedingt ansehen sollte. Doch wenn man nur zwei halbe und einen ganzen Tag in Panamá ist, sollte man sich irgendwann einmal wieder von dem Kanalthema lösen. Mir wäre das sonst zu einseitig. Ich möchte auch von Panamá selbst schließlich noch etwas kennenlernen.

Eine Indigene der Cuna

Es ist Sonntag, die Geschäfte, Banken und Büros haben geschlossen. Daher herrscht nicht so viel Verkehr und es besteht auch Aussicht auf freie Parkplätze in der sehenswerten Altstadt. Das soll an Werktagen, laut Luis, ziemlich chaotisch sein. Panamá-City kann sogar gleich mit zwei Altstädten aufwarten. Die erste davon, Panamá la Vieja, liegt etwa zehn Kilometer außerhalb des Stadtgebietes und besteht nur noch aus Ruinen. Sie wurde 1519 gegründet und auf Anweisung von Gouverneur Juan Perez de Guzman 1671 in Brand gesetzt, bevor der berüchtigte und gefürchtete englische Freibeuter Henry Morgan sie angreifen und plündern konnte. Daraufhin wurde ungefähr 18 Kilometer davon entfernt, auf einer Halbinsel, zu drei Seiten vom Meer umgeben und mit starken Schutzmauern geschützt, die neue Stadt San Felipe errichtet, die heute Casco Viejo oder Casco Antiguo genannt wird und seit 1997 zum Weltkulturerbe der UNESCO gehört. Aus der alten Zeit sind recht wenige Originalgebäude erhalten, denn viele der Gebäude von San Felipe wurden bei einem Stadtbrand im 18. Jahrhundert ein Raub der Flammen.

Viel mehr als nur ein Kanal

Die heutigen Gebäude stammen aus dem 19. und frühen 20. Jahrhundert. Schmucke Kolonialbauten, liebevoll und stilecht restauriert, auch wahre Prachtbauten darunter, sehr schön neu gepflasterte Straßen, die sich dem alten Baustil hervorragend anpassen, sowie viele Kirchen und gepflegte Plätze, dazu die Stadtmauer, auf der man einen fantastischen Blick auf das „andere" Panamá hat: die Skyline von Panamá-City. Casco Viejo ist einfach ein „Hingucker". Mittendrin liegen die französische Botschaft und der Präsidentenpalast. Überall sieht man trendige Bars, Cafés, Restaurants und Geschäfte, von denen einige auch am heutigen Sonntag geöffnet haben. Viele verkaufen Kunsthandwerk der Indigenen. Das kann man aber auch direkt bei den Herstellern kaufen und ihnen sogar bei der Arbeit zuschauen. Dazu ist vor allem ein Gang auf der alten der Stadtmauer entlang geeignet, wo viele Indianer ihre Verkaufsstände haben. Die Frauen der Cuna-Indigenen aus der Atlantikregion stellen Molas her, das sind rechteckige, farbenfrohe textile Motivbilder aus bis zu sieben übereinanderliegenden Schichten von verschiedenfarbigem Baumwollstoff, die dann mit Schere, Nadel und Faden in traditionellen Mustern herausgetrennt, umgenäht und mit winzigen Stichen vernäht werden. Daraus fertigen sie traditionell die Vorder- und Rückseite ihrer Blusen. Doch die schönen farbenfrohen Bilder eigenen sich natürlich auch zu ganz unterschiedlichen Zwecken wie zur Herstellung von Geldbeuteln, Brillenetuis und Taschen oder einfach als dekorative Wandbilder. Auch in Europa kann man inzwischen Cuna-Molas kaufen, allerdings zu sehr hohen Preisen. Sogar in Panamá oder Kolumbien sind sie relativ teuer, aber es steckt ja auch eine Menge Arbeit und Material darin. Die Wounaan und Emberá-Indigenen aus der Pazifikregion verkaufen an ihren Ständen Schmuck oder wunderschöne Tiermasken sowie güeguerre, das sind Handtaschen, Teller, Schalen usw. aus dicht geknüpften verschiedenfarbigen Palmfasern. In Panamá, wo die Ozeane nur etwa 80 Kilometer auseinanderliegen, treffen die indigenen Kulturen ganz unmittelbar aufeinander, die im Nachbarland Kolumbien durch Gebirge und Sumpflandschaften auf natürliche Art voneinander getrennt sind und daher bis in die moderne Zeit wenig Berührung miteinander hatten. Panamá verbindet auf engem Raum Kulturen, Naturräume und Zeiten. Tradition und Moderne – hier finden sie zu einer Synthese zusammen und machen den besonderen Reiz des Landes aus. Der große Schmelztiegel dafür ist die Hauptstadt Panamá-City. Zudem verbinden Stadt und Staat auch in wirtschaftlicher Hinsicht die Regionen Amerikas und der Welt miteinander. Sinnbildlich dafür ist der bekannte Panamahut. Früher diente Panama als zentrale Zoll- und Sammelstelle für alle Warentransporte in die USA. Dazu gehörten auch die seit 1630 traditionell in Ecuador und Mexiko aus Fasern der Toquilla-Palme hergestellten Hüte, deren besonderes Markenzeichen ist, dass man sie ganz klein zusammenfalten kann, ohne dass sie irgendwelche Knitterstellen davon bekommen.

Panama-Hüte

Im alten Zentrum von Panamá-City

Viel mehr als nur ein Kanal

Nicht alle Panamenier haben Anteil am Wohlstand des Landes. So gibt es auch in Panamá-City vollkommen heruntergekommene Barrios (Stadtviertel). „In diesen Vierteln herrscht sehr viel Kriminalität", sagt Luis. „Man muss aber immer da durch, weil es keinen vernünftigen Weg außen herum gibt. Ich bin jedes Mal froh, wenn ich wieder von hier wegkomme!", meint er. Laut der Statistik leben rund 40% der Menschen in Panamá in Armut, 17% sogar in großer Armut. Viele von ihnen kommen in die Hauptstadt in der Hoffnung auf Arbeit, die sich dann jedoch nicht erfüllt. So ist bei vielen von ihnen das Abrutschen in die Kriminalität schon vorprogrammiert. Das ist das „andere" Panamá, das man als Tourist aber erst auf den zweiten Blick sieht, wenn man durch Slums, in entlegenere Regionen oder zu den Indigenengebieten reist. Panamá ist eben nicht einfach gleichzusetzen mit dem Kanal und der pulsierenden Großstadt Panamá-City, in der internationale Firmen und Banken, Hotels und Geschäfte das Bild bestimmen. Das ist allerdings in Europa noch immer eine weit verbreitete und viel zu einseitige Ansicht.

Bei Ebbe wird am Sonntag das Meer zum Cricket-Feld

Der Weg zum Tocumen-Airport führt auf der rechten Seite an ausgedehnten Mangrovewäldern vorbei. Dort überqueren wir ein kleineres Tal. Und hier, noch mitten im Stadtgebiet, sonnen sich am Ufer in aller Ruhe zwei große Krokodile. Auch das ist Panamá-City! Es ist eine Stadt mit vielen Facetten, noch dazu einer sehenswerten Umgebung in einem kulturell und naturräumlich abwechslungsrei-

Panamá

chen, wunderschönen Land. Meine drei Tage sind viel zu kurz für einen echten Eindruck, sie waren ja auch nur eine „Beigabe" zu meinem eigentlichen Urlaub, ein Lufthansa-bedingter Abstecher, der mir aber viel Lust auf dieses kleine Land gemacht hat. Ich ahne schon, wohin mich eine meiner nächsten Reisen führen wird!

Emberá-Mutter mit ihrem Kind

Wieder in Deutschland

Pannen und Diebe

Ich stehe etwas verloren auf dem großen Frankfurter Flughafen herum. Um mich herrschen Hektik und Betriebsamkeit. Ich hingegen bin einfach nur müde und innerlich noch lange nicht wirklich angekommen. Bis zur Abfahrt des Zuges habe ich zweieinhalb Stunden Zeit, eine Ewigkeit, wie mir scheint. Aber ich habe ja auch noch nicht das für mich reservierte Ticket gezogen. Dazu hole ich jetzt den Zettel aus der Handtasche heraus, auf dem ich alle wichtigen Daten und Zahlen notiert habe. Darauf steht auch die Nummer, die ich an dem Fahrkarten-Automaten eingeben muss, den ich hoffentlich hier bald finde. Wo könnten solche Automaten stehen? Wahrscheinlich in Richtung Bahnhof. Ich marschiere den Hinweisschildern nach. Gut, dass ich nicht gehbehindert bin – es ist ein unglaublich langer Weg, noch dazu mit Gepäck. Aber ich habe noch viel Zeit. Ich könnte mich mal zwischendurch an einem Cappuccino stärken. Nein, doch nicht. Ich habe ja gar keine Euro mehr. Dafür aber US-Dollars. Die tausche ich bei nächster Gelegenheit. Nun also endlich doch die Kaffeepause. Noch immer habe ich viel Zeit, die ich irgendwie füllen muss. Ich sollte zuerst mal das Ticket holen. Den Zettel mit der langen Eingabenummer habe ich in der Hand. Nun halte ich Ausschau nach Ticketautomaten. Irgendwann sehe ich gleich eine ganze Menge davon nebeneinander zu einer Art Insel miteinander verbunden. Zum Glück weiß ich ja schon vom Hinweg, wie man sie bedient. Aber sicherheitshalber habe ich mir alle nacheinander zu absolvierenden Schritte damals aufgeschrieben. Es kann folglich auch nichts schiefgehen. Eigentlich nicht. Aber… es kommt kein Ticket. Die eingegebene Nummer, so heißt es, sei nicht korrekt. Also hole ich jetzt das Originalschreiben meiner Reisebuchung heraus. Die Nummer stimmt. Wahrscheinlich ist der Automat defekt. Daneben stehen noch drei oder vier weitere. Ich möchte zu dem nächsten gehen. Ein Engländer weist mich darauf hin, dass dieser Automat schon der zweite sei, an dem er es eben erfolglos versucht habe. „Nehmen Sie einen anderen als meinen", sagt er. Wir wandern zu zweit weiter. Er will mir den Vortritt lassen. „Nein, ich habe noch viel Zeit", sage ich und lasse ihn erst einmal an die Maschine. Sie funktioniert nicht. Nun probiere ich es wieder. Ebenfalls erfolglos. „Vielleicht sind diese hier sämtlich gestört! Schließlich sind die hier stehenden Fahrkartenautomaten alle zu einem Block miteinander verbunden. Ich gehe lieber mal zu einem Automaten, der einzeln steht", hat der Engländer eine an sich gute Idee. Aber auch der Einzelautomat druckt weder ihm noch anschließend mir ein Ticket aus. Wir probieren noch zwei weitere Geräte. Dann beschließe ich, einen Schalter der Bahn aufzusuchen. Irgendetwas stimmt da doch nicht! Zum Glück ist ein Schalter auch schnell gefunden, doch im Büro und sogar noch vor der Türe steht bereits eine lange Schlange. Manche der anstehenden Leute haben es eilig, müssten eigentlich jetzt schon auf dem Bahnsteig sein. Sie sind total nervös und bitten andere in der Schlange darum, vorgelassen zu werden. Andere sind schlicht und ergreifend stinksauer. Ein Mann schimpft auf die Technik im Allgemeinen, eine Frau ganz konkret auf die deutsche Bundesbahn. Und so kommt man ins Gespräch und stellt nun fest, dass tatsächlich alle das gleiche Problem mit ihren Tickets haben. Alle haben eine Reservierungsnummer und das Ticket kommt nicht. Wie, bitteschön, sollte das jetzt ein nicht Deutsch oder zumindest Englisch-Sprechender verstehen, wie soll er sich hier behelfen können? Das sehen wir ziemlich bald. Zwei Südamerikaner sind völlig überfordert. Zum Glück sind sie mit ihrem Problem nicht allein, aber sie fragen sich sicher, und das völlig zu Recht, wozu in Deutschland eine Technik den Menschen ersetzt, wenn diese Technik ganz offensichtlich in so vielen Fällen nicht funktioniert und man dann doch wieder Menschen um Hilfe bitten muss. Wie sehr wünsche ich mir hier doch die liebe gute alte Bahnkartenverkaufsstelle zurück, wo man gesagt hat, wo man hin will und dann einfach bei einem Menschen aus Fleisch und Blut ein Ticket kaufen konnte! Als ich endlich drankomme, habe ich bereits 45 Minuten hier angestanden. Mit einem Fall wie meinem hat die Angestellte zum Glück ja inzwischen Routine. Gekonnt gibt sie meinen Namen, meine Adresse und noch ein paar Angaben ein – sie findet tatsächlich heraus, dass es sowohl mich als auch meine Reservierung gibt – na sowas – und dann druckt sie mir das Ticket aus. Ich halte es wie einen Schatz in der Hand und nehme das Ganze mit Humor. Ich bin ja erholt. Andere hingegen sind immer noch maulig und schimpfen mit der armen Frau am Schalter, die an der Misere gar keine Schuld trägt und stattdessen sehr darum bemüht ist, den ungeduldigen Reisenden aus ihrer Notlage herauszuhelfen. In ihrer Haut möchte ich wirklich nicht stecken! Einer will sogar einen „gesalzenen Brief" an die Bahnverwaltung schicken. „Na, sicher wird der dann wieder nur von einem Automaten gelesen!", denke ich bissig.

Ich habe jetzt ein Ticket und etwa 70 Euro aus meinen vorhin gerade eingetauschten Dollarbeständen und noch immer etwas Zeit. Doch das Gedränge zwischen Flughafen und Bahnhof verunsichert mich. Wo genau muss ich eigentlich hin? Am besten suche ich in Ruhe mein Gleis und setze mich da in der Nähe auf eine Bank. Dann bin ich doch wenigstens schon einmal am richtigen Ort. Zudem muss ich ja mal wieder herausfinden, an welcher Stelle der Wagen mit meinem reservierten Sitzplatz halten wird. Ein paar Meter daneben befindet sich ein Stand mit Kaffee und Backwaren. Ach ja, eine Brezel wäre jetzt gut. Dazu eine Cola.

Pannen und Diebe

Die paar Meter kann ich gehen, ohne das ganze Gepäck mitzunehmen. Ich kann es vom Stand aus im Blick behalten, außerdem bin ich ja jetzt in Deutschland. Hier wird sicher nichts geklaut. Stimmt, die Koffer und auch die Fototasche sind am Ende noch da, aber als ich in Basel aussteige, fehlen alle meine Geldscheine aus dem Portemonnaie. Wo und wann sie abhanden gekommen sind und wer da seine Hände im Spiel hatte, wird wohl nie herauszufinden sein. Die Handtasche war nur ganz kurze Zeit offen – direkt am Stand in Frankfurt auf dem Bahnhof. Eigentlich kann es nur dort passiert sein. Ich war abgelenkt, da ich die ganze Zeit auf meine anderen Sachen aufgepasst habe. Die Tasche, die mir über der Schulter hing, habe ich dabei zu wenig beachtet. Nun, ich habe Kolumbien, Venezuela und Panamá ohne Schaden überstanden – Länder, denen man die Gefahren von Mord, Totschlag und Diebstahl nachsagt. Aber beklaut worden bin ich erst nach meiner Ankunft in Deutschland. Um mich herum standen und saßen in Frankfurt wahrscheinlich nur Deutsche auf dem Bahnsteig. Mit einigen habe ich sogar gesprochen. Vielleicht war es der freundliche Herr, der mir noch mit dem Koffer geholfen hat oder die Frau, die über die regelmäßigen Verspätungen der deutschen Bundesbahn gemeckert hat. Vielleicht, vielleicht – na, eigentlich egal. Weg ist weg. Was würde wohl ein Südamerikaner dazu sagen, dem man das alles erzählt? Würde er auf die Idee kommen, zu bemerken, dass in Deutschland erst die viel gepriesene Technik versagt und man dann auch noch bestohlen wird? Entstehen so Vorurteile und Verallgemeinerungen?

Wie schon auf dem Hinweg sitze ich auf der Strecke zwischen Frankfurt und Basel praktisch ohne Bargeld im Zug. Das scheint bei mir zur Routine zu werden. Zum Glück holt mich meine Tochter dann am Bahnhof ab. Das Taxi zu bezahlen, hätte ich jetzt ja doch ziemliche Schwierigkeiten. „Mama, sowas passiert doch wirklich immer nur dir", sagt meine Tochter. Mag sein, aber dafür habe ich einen fantastischen Urlaub erlebt. Auch das ist mir passiert und hoffentlich nicht zum letzten Mal.

Wohin soll's denn als nächstes gehen ?

Anhang

Dank

Danke an alle, die mir bei der Reise in irgendeiner Form geholfen haben – Wim daheim beim Hüten von Haus und Hund, Anja, die ihn dabei unterstützt hat, wo sie nur konnte, Nicky von Flightandtrip bei der Reisevorbereitung, aber auch vor Ort bei der bisweilen recht kreativen Lösung unvorhergesehener Probleme. Zudem allen, die mich in Kolumbien, Venezuela und Panamá begleitet und geführt haben. Ich habe mich an allen Stationen so gefühlt, als sei ich in eine mir bis dahin unbekannte Familie aufgenommen und dann von Ort zu Ort weitergereicht worden. Viele Kontakte sind bis heute erhalten geblieben, und ich freue mich auf die nächste Reise und hoffentlich auch ein Wiedersehen. Ich denke da vor allem an Monika und Georg, Jochen oder Andreas und die Guías Clemente, José, Luis, Emerson und Sergio oder die besonders netten Wirtsleute und Angestellten meiner schönen Unterkünfte in Nuquí und auf Los Roques. Ihnen allen verdanke ich einen wunderschönen Urlaub, in dem sogar kleine Pannen zu ganz besonders wertvollen Erinnerungen wurden. Gerade in einer Zeit wie der Hyperinflation in Venezuela, die zur Zeit meiner Reise geherrscht hat, zeigt sich wahre Gastfreundschaft. Der dort an manchen Orten herrschende Mangel von Konsumgütern wie Toilettenpapier wurde durch das Vorhandensein von echten menschlichen Werten und Qualitäten wie Hilfsbereitschaft, Freundlichkeit und Lebensfreude – also durch Dinge, die unbezahlbar und ungleich wertvoller sind als die gerade mal fehlenden Konsumgüter – mehr als nur wettgemacht.

Danke auch an diejenigen, die bei der Veröffentlichung des Buches behilflich waren: Rudi Kinzinger, der mir mit Rat, Tat, konstruktiver Kritik und vielen guten Ideen zur Seite gestanden ist, sowie meine „Hausfotografin" und Tochter Anja.

Externe Bildquellen

Cover: Brüllaffe
Quelle: 123rf, ID: 23683539; Urheber: Michael Lane

Seite 3: Brüllaffe (auf Titelseite)
Quelle: http://clipart-library.com/clipart/c644259.htm

Seite 6: Karte
Quelle: Rudolf Kinzinger (auf Grundlage einer Karte der StepMap GmbH, Berlin)

Seite 17: Frankfurter Flughafen
Quelle: 123rf, ID: 63029050: Urheber: TEA

Seite 18: Einchecken auf dem Frankfurter Flughafen
Quelle: 123rf, ID: 45997308; Urheber: Veniamin Kraskov

Seite 18: Flug über die Andenketten
Quelle: 123rf, ID: 55036044; Urheber: Daniel Ferreira-Leites Ciccarino

Seite 53: Hauptverkehrsstraße in La Macarena
Quelle: dreamstime, ID: 4758346; Urheber: Vladgalenko

Seite 57: Abendliche Freizeitgestaltung in La Macarena
Quelle: dreamstime, ID: 49183411; Urheber: Vladgalenko

Seite 70: Skyline der Großstadt Medellin
Quelle: dreamstime, ID: 66535746; Urheber: Juan Carlos Tinjaca

Seite 70: Abends in Medellín
Quelle: shutterstock, ID: 515710321; Urheber: sunsinger

Seite 73: Buckelwal beim Sprung aus dem Wasser
Quelle: 123rf, ID: 66074313; Urheber: Andrey Gudkov

Seite 102: Wanderung bergauf und bergab zum Amphibienrefugium
Quelle: dreamstime, ID: 62182858; Urheber: Robin Runck

Anhang

Seite 103: Verschiedene Baumsteigerfrösche (gelbes Expl.)
Quelle: dreamstime, ID: 56494351; Urheber: Feathercollector

Seite 115: Medellíns ärmere Wohnlagen
Quelle: dreamstime, ID: 62059144; Urheber: Simonwehner

Seite 122: Leere Regale im Supermarkt
Quelle: 123rf, ID: 59109816; Urheber: Matyas Rehak

Seite 123: Gasflaschenkauf an der Straße
Quelle: 123rf, ID: 50320243; Urheber: urfl

Seite 127: Kolibri beim Blütenbesuch
Quelle: dreamstime, ID: 1464773; Urheber: Ryszard Laskowski

Seite 141: Tukan
Quelle: ThinkstockPhotos, ID: 186567335; Urheber: Eileen78

Seite 153: Rosa Flussdelfin
Quelle: ThinkstockPhotos, ID: 450061621 (1); Urheber: MikeLane45

Seite 154: Hoazins
Quelle: 123rf, ID: 22248005; Urheber: feathercollector

Seite 169: Zitteraal
Quelle: 123rf, ID: 66390954; Urheber: wrangel

Seite 170: Wasserschwein
Quelle: 123rf, ID: 13719609; Urheber: Rafal Cichawa

Seite 170: Grüne Pythonschlange
Quelle: 123rf, ID: 11387292; Urheber: yuri2011

Seite 171: Kaiman
Quelle: 123rf, ID: 41833888; Urheber: flaperval

Seite 171: Schön, aber sehr giftig
Quelle: 123rf, ID: 19561453; Urheber: Dirk Ercken

Seite 172: Roter Brüllaffe und ein Nachtaffe
Quelle: dreamstime, ID: 25705770; Urheber: Nicolas De Corte

Anhang

Seite 172: Kapuzineraffen
Quelle: shutterstock, ID: 128109293; Urheber: ziggysofi

Seite 174: Mündung des dunklen Caroní in den Orinoco – genannt Caronoco
Quelle: iStock-492810852; Urheber: Alfredo Allais

Seite 174: Industrieansiedlung (Aluminium) am Orinoco bei Ciudad Guayana
Quelle: iStock-505220344; Urheber: Alfredo Allais

Seite 204: Bizarre Lebewesen auf den Tepuis
Quelle: iStock-500542968; Urheber: evenfh

Seite 210: Hinter dem Salto Sapo
Quelle: iStock-521183803; Urheber: evenfh

Seite 210: Die obere „Etage" des Salto Sapo
Quelle: 123rf, ID: 68136421; Urheber: Matyas Rehak

Seite 212: Letzter Blick zurück
Quelle: 123rf, ID: 61148094; Urheber: Matyas Rehak

Seite 260: Emberá-Mutter mit ihrem Kind
Quelle: iStock-458295003; Urheber: Tam_Le_546

Seite 269: Autorin
Urheber: Anja Fricker Stüber

Die Autorin

Marion Fennel-Stüber arbeitete über 40 Jahre lang als Lehrerin für Biologie, Geografie und Geologie an Gymnasien, zunächst in Heidelberg, später im Landkreis Lörrach. Andere Lebensräume, Kulturen und Sprachen übten von klein auf eine Faszination auf sie aus, und Reisen wurde ihre große Leidenschaft. Dabei scheut sie auch nicht davor zurück, solche Räume der Erde zu besuchen, die abseits der gängigen Touristenrouten liegen. Sie reist als Individualtouristin auf eigene Faust und sucht sich bei Planung, Organisation und Durchführung kompetente Hilfe. Das Programm ihrer Reisen bestimmt sie selbst nach ihren eigenen Interessen, Neigungen, Zeitvorgaben und auch begrenzten finanziellen Möglichkeiten. Mit offenen Sinnen, einem hohen Maß an Flexibilität und viel Humor meistert sie unterwegs Hürden, mit denen sie daheim noch gar nicht gerechnet hatte. Perfekte Planung – so ist sie überzeugt – ist bei einer Reise ohnedies nicht das Wichtigste. Gerade das Unerwartete sorgt dafür, dass man beim Reisen wirklich voll und ganz von seinem Alltag loskommt. Anhand von Anekdoten lässt die Autorin ihre Leser teilhaben an ihren Erlebnissen, Erfahrungen, Denkprozessen und Recherchen, sowie an der Beseitigung und Klärung von Missverständnissen und Irrtümern und allerlei Problemen, die sich unterwegs ergeben. Als Geowissenschaftlerin und Biologin verfügt sie über viel Hintergrundwissen, das sie auf unterhaltsame Art weitergibt.

Weitere Bücher der Autorin:

**Transformationen –
der Weg nach vorne führt zurück**
2012
*Aus der Aufarbeitung ihrer Erinnerungen schöpft
die Autorin neue Kraft und Lebenszuversicht.*

ISBN: 978-3-8316-1572-8
Paperback, 270 Seiten
97 (tw. historische) Abbildungen
Preis: 20,90 €

**Der Arsch der Welt hat tolle Backen
Kolumbien – einmal und gern wieder**
2016
*Ganz auf eigene Faust entdeckt die Autorin ein
wunderschönes Reiseland.*

ISBN: 978-3-7392-2752-8
Paperback, 168 Seiten
101 Abbildungen
Preis: 16,99 €

**Weit weg mittendrin –
als Frau allein durch Kolumbien**
2016
*Kommen Sie mit auf eine weitere Kolumbienreise
der Autorin.*

ISBN: 978-3-9443-6586-2
Paperback, 280 Seiten
52 farbige Abbildungen
Preis: 16,80 €

Anhang

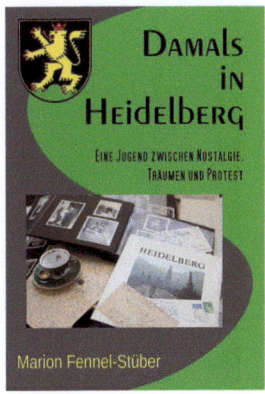

Damals in Heidelberg – Eine Jugend zwischen Nostalgie, Träumen und Protest
2016
Eine glückliche Kindheit und Jugend in Heidelberg wird für die Autorin zur Basis ihres Neubeginns.

ISBN: 978-3-8423-8224-4
Paperback, 256 Seiten
54 (tw. historische) Abbildungen
Preis: 14,99 €

Sämtliche Bücher (außer „Transformationen - ...") sind auch als **eBook** verfügbar !

Viele weitere Informationen und Presseberichte über die Autorin und ihre Bücher sowie Details über geplante, aktuelle und bereits erfolgte Lesungen und Vorträge finden Sie auch auf der Facebook-Autorinnen-Seite:
https://www.facebook.com/MarionFennelStueber?fref=ts
oder der Autorenseite bei Amazon:
https://www.amazon.de/Marion-Fennel-St%C3%BCber/e/B00W1ESR62